池田大作先生の指導選集［下］

広宣流布と世界平和

聖教新聞社

目次

第三部　広宣流布と世界平和

池田大作先生の指導選集［上］

池田大作先生の指導選集［中］

一、本書は、第一部「幸福への指針」、第二部「人間革命の実践」、第三部「広宣流布と世界平和」の三つの柱で構成され、全三十一章にわたり、池田大作先生の重要な指針が収録されている。

第一部「幸福への指針」では、創価学会が目指す絶対的幸福とは仏の生命を開くことであるとして、そのための具体的な実践が示されており、さらに生老病死とどう向き合うかが論じられている。

第二部「人間革命の実践」では、池田先生の根幹の思想ともいうべき「人間革命」をテーマに、勇気と智慧と慈悲を輝かせていく仏法者の生き方が、さまざまに語られている。

さらに第三部「広宣流布と世界平和」では、「広宣流布」即「世界平和」という日蓮仏法の社会的目的に光を当てて、創価学会の理念と運動、人間主義の組織やリーダーのあり方、創価学会の柱として三代の会長が示した師弟不二の精神など、重要な内容が展開されている。

一、それぞれの指針について、ポイントがより明瞭に伝わるよう、冒頭に簡単な説明文を付した。また、スピーチは会合の名称・日時・場所を明記するなど、それぞれ出典を明示した。その際、単行本は原則として書名のみとした。また、『人間革命』『新・人間革命』は巻数・章名を入れた。なお、会話文の箇所は同書の山本伸一の発言からの引用となっている。

なお、世界の読者に、よりわかりやすく、より正確に伝わるよう、著者である池田先生の了承を得て、部分的に省略するなど必要最小限の編集作業を施した。対談の場合は、読みやすさを考慮し、対談相手の発言を略して、池田先生の一連の文章としてまとめた。

また、語句の簡単な説明などを添える場合は、（＝　）で挿入した。

一、『新編　日蓮大聖人御書全集』（創価学会版、第二七八刷）からの引用は（御書〇〇ジペー）で示した。

一、『妙法蓮華経並開結』（創価学会版、第二版）からの引用は（法華経〇〇ジペー）で示した。

一、肩書、名称、時節等については、掲載時のままとした。

第三部　広宣流布と世界平和

第二十四章　広宣流布の組織

24-1　善き友と進むのが仏道のすべて

創価学会は、広宣流布を推進するうえで、地域の地区・支部等の組織を大切にして、座談会や協議会、教学の勉強会など、自行化他にわたる、さまざまな活動を展開しています。

なぜ組織が大切なのか。何のために組織があるのか――。本章は、仏法の実践における組織の重要性、また創価学会の組織の意義、さらに学会伝統の座談会について、池田先生の大切な指導を収録しています。

冒頭の節では、善き友と進むことの大切さを強調した釈尊の教えを通して、同志と共に切磋琢磨していくなかに仏道修行があり、自他共の成長があると語っています。

池田先生の指針

「中国青年平和総会」（一九九五年五月七日、東京）

釈尊の弟子の一人に、阿難がいる。ある時、釈尊に阿難が尋ねた。（『大正新脩大蔵経2』、『南伝大蔵経16上』参照）

「私が考えてみますに、私どもが善き友をもち、善き友と一緒に進むことは、すでに仏道の半ばを成就したに等しいと思われます。この考え方は正しいでしょうか」

〝善き友をもつことが、仏道修行の半ばを意味する〟――とは、あるいは、大げさに聞こえる表現かもしれない。実際、阿難も、遠慮がちに釈尊に聞いたのかもしれない。

しかし、釈尊は、こう答えた。

「阿難よ、その考え方は、正しくない。善き友をもち、善き友と一緒に進むということは、仏道の半ばではなく、仏道のすべてなのである」

同志と一緒に進み、一緒に苦労することは、仏道の半ばでなく、すべてなのである。この釈尊の心、仏法の精神を、そのとおりに実行してきたのがわれわれである。

皆と一緒に進むことは、確かに面倒な時もあろう。たいへんな時もある。

一人で好き勝手に生きるほうが気楽であるにちがいない。しかし、それでは、わがままになり、本当の仏道修行はできない。いつしか必ず正しき仏道から外れてしまう。結局は、孤独で、わびしい苦悩の境涯になってしまおう。

さまざまな人がいるなかで、さまざまな苦労を経験しながら、一緒に進もう、一緒に成長しようと励まし合っていくところに、切磋琢磨があり、仏道修行がある。

ここに本当の人間の道があり、本当の自由がある。

24-2 創価学会は「善知識」の集い

人を善に導き、仏道の実践に向かわせる働きを「善知識」といいます。創価学会の組織こそ、この「善知識」の集いであると強調しています。

池田先生の指針

「豊島・台東・墨田・目黒区合同総会」
（一九八七年十二月十二日、東京）

学会の組織は、どこまでも広宣流布の推進のためにある。また一人一人の信心の〝成長〟と〝成仏〟への軌道をささえ、守りあっていくためにある。その意味で、広布の組織とは数限りない「善知識」の集いであるといってよい。

大聖人は「三三蔵祈雨事」で、冒頭から「善知識」の必要性を強調しておられる。

「夫れ木をうえ候には大風吹き候へどもつよきすけをかひぬれば・たうれず、本より生いて候木なれども根の弱きは・たうれぬ」（御書一四六八ページ）

——木を植えた場合、たとえ大風が吹いたとしても、強い支柱で介添えすれば倒れない。反対に、もともと生えている木であっても、根が弱いものは倒れてしまう——。

「甲斐無き者なれども・たすくる者強ければたうれず、すこし健の者も独なれば悪しきみちにはたうれぬ」（同ページ）

——人間においても同じである。力弱くふがいない者であっても、助ける者が強ければ倒れない。逆に、少々壮健な者でも独りであれば、悪道では倒れてしまう――。

これらは道理である。誰人も異論はないにちがいない。仏法の教えはつねに、こうした万人が納得せざるをえない〝道理〟の延長線上に説かれている。このことをあらためて確認しておきたい。

すなわち成仏の道においても、たとえ最初は信心弱き者であっても、強いささえを得れば倒れない。反対に、なまじっか自分は信心が強いと思っていても、三障四魔の吹き荒れる悪路を一人で歩みとおすことは容易ではない。そのために、どうしても同志が必要である。善知識が必要であり、信心の組織が必要となる。

もちろん成仏は一人一人の修行であり、努力による。他のだれをも頼らず一人立って歩みきる覚悟が必要である。組織や同志は、その個人の修行を励まし、啓発しあうという意義をもつ。あくまでも個人の成仏の完成を助ける補助の役割である。そしてまさに、この補助の役割であるがゆえに重要なのである。

さらに「されば仏になるみちは善知識にはすぎず、わが智慧なににかせん、ただあつきつめたきばかりの智慧だにも候ならば善知識たいせちなり」（御書一四六八ページ）

――ゆえに仏になる道は善知識にまさるものはない。わが智慧が何の役に立とうか。ただ暑さと寒さを知るだけの智慧だけでもあるならば、善知識を求めて近づくことが大切である――と。

仏の道は甚深であり、その智慧ははかりがたい。それにくらべれば、どんなに賢く見えても凡夫の智慧など、わずかなものである。ゆえに成仏する道は正しき善知識につく以外にない。そうすれば、善知識の力で、誤りなき成仏への軌道を進んでいけるのである。

　大聖人が「わが智慧なにかせん」と仰せのごとく、どんな大科学者、大医学者も、自分の生命、人生を解決できる智慧があるわけではない。また、大政治家、大富豪であるといっても、絶対的な幸福への法則を知っているわけではない。

　にもかかわらず、皆、わずかばかりの「わが智慧」をたのみ、謙虚な求道の心を見失う。ここに不幸の因がある。

　知識イコール幸福ではなく、富イコール幸福でもない。また地位や名声イコール幸福でもない。わかりきっているようにみえて、この厳粛な事実に深く鋭く目をこらす人は少ない。しかし、この一点にこそ、だれもが人間の幸福の精髄を明かした仏法を、真摯に求めていかねばならない重要なゆえんがある。

　そして仏法を求めるとは、具体的にはすぐれた善知識を求めることともいえよう。大聖人が「仏になるみちは善知識にはすぎず」と断じておられるとおりである。

　「善知識」とは、本来、人を仏道に導き入れる〝善因縁の知識〟をいう。知識とは知人、友人の意味である。仏、菩薩、二乗、人天を問わず、人を善に導き、仏道修行を行わせる、正直にして偽りなき「有徳」の者が善知識である。当然、人界の私どももまた、立派な善知識の働きとなる。

　善知識の働きには、修行者を守って安穏に修行させ（外護）、また互いに切磋琢磨しあい（同行）、さらに仏法の正義を教えて善行へ向かわせること（教授）などがある。

すなわち「勤行をしましょう」「会合に行きましょう」「御書を拝読しましょう」等々、広宣流布のほうへ、御本尊のほうへ、妙法と成仏のほうへと〝指し導く〟指導者の皆様方こそ、尊き「有徳」の善知識なのである。

学会は善知識の集いである。信行を増進し、広布を伸展させる団体である。世界の民衆を正法に導き、成仏への道を歩ませる重要な使命がある。

そのために、重要なことの一つは、相手を大きく包容していく広々とした心である。

「陰徳陽報御書」には、「又此の法門の一行いかなる本意なき事ありとも・みずきかず・いわずして・むつばせ給へ、大人には・いのりなしまいらせ候べし」（一一七八ページ）との一節がある。

この御書が全体のごく一部しか残っていないので、断定はできないが、〝この法門の人々とは、たとえどんな不本意なことがあっても、見ず、聞かず、言わずして、仲良くしていきなさい。おだやかにして、祈っていきなさい〟と拝せられる。

当然、根本である信心の大綱は、きちんと指導していかなければならない。そのうえで、私的なことについては、いちいちこまかく指摘したり、非難しあったりすることは賢明ではない。人それぞれに個性があり、生き方がある。生活環境も違う。互いに尊重しあい、仲良くしていくことこそが大事である。

互いに、凡夫の集いである。当然、不本意で、気にいらないこともあるにちがいない。

これは少々、飛躍するが、御書には「日蓮は此の法門を申し候へば他人にはにず多くの人に見て候へども・いとをしと申す人は千人に一人もありがたし」（一四一八ページ）とある。

〝この法門を弘めるゆえに、他の人とはくらべられないほど多くの人々に会った〟――広宣流布のために、多くの人々に会ったと述べられている。私もじつに大勢の方々にお会いした。皆様もまた、広布の活動ゆえに多くの人々と会われている。

〝しかしそのなかで、真にいとおしいと思った人は、千人に一人もなかった〟――大聖人が、一切衆生への大慈大悲に立たれていることはいうまでもない。そのうえで、人柄のよい本当に立派な人というのは、なかなかいるものではない、との言と拝せよう。

この御述懐も、私どもの立場からも、まことにそのとおりであると納得できる。皆、未完成の人間である。当然、一人一人がそれぞれ自分を立派に完成させていかなければならないが、その途上にあっては、さまざまな欠点もある。また人間同士、ある程度、好き嫌いがあることも、いたしかたない面もあろう。

かといって、自分の気にそまぬことをいちいち指摘しあったり、互いのあら探しばかりしていたのでは、とてもやりきれない。まして、そうした低次元のいさかいから、感情的なもつれができ、もっとも大切な信心まで破るにいたっては、本末転倒である。

ゆえに、たとえ不本意なことがあっても、広々とした心で、忍耐強く、大きく包容し、より強盛な信心に立てるよう激励していくことである。また大きな立場から、成長を祈ってあげることである。そうしていけば、本人の信心の深化とともに、しだいに人間的にも成長をめざしていくにちがいない。

人類五十億（＝二〇二一年現在の世界人口は、七十八億七千五百万人）。私どもは、その先覚者である。妙法を弘め、すべての人々の善知識となって救済していかねばならない。その意味において、現在の学会員は一人一人が、限りなく尊き使命の人である。ゆえに互いに尊敬しあい、励ましあって、仲の良い前進をお願いしたい。

24-3 人間のための組織

未来部・青年部の友に向けて、仏道修行における組織の重要性について、さまざまな角度から、わかりやすく語っています。

『青春対話』

池田先生の指針

創価学会は、「広宣流布」という大目標、すなわち仏法によって全人類を幸福にし、世界平和を築くという、崇高な大目的に向かって進む団体です。その目標は、一人が頑張って達成できるものではない。社会のあらゆる立場で活躍する一人一人が団結し、組織をつくって初めて実現できるのです。

日蓮大聖人には六老僧が、釈尊には十大弟子がいた。これも組織です。組織をつくって、皆を成長させ、守りながら、仏法を弘める戦いをされたのです。

組織が最初にあって、その中に人間がいるのではない。人間と人間の絆が最初にあって、それを広げていって自然発生的にできたのが学会の組織です。だから、どこまでも、どこまでも「人間のために組織がある」。「組織のために人間がある」のではない。この一点を諸君は永久に忘れてはならない。

そして一生涯、不幸な人、悩める人の最大の味方となって生き抜いてもらいたい。「人間のための組織」である創価学会を大事にし、尊敬し、支え、発展させていってもらいたい。これは私の遺言です。

人間の「善」の心を結集し、大きな価値を生むために組織がある。善の心を結集し、より発展させ、より強くするために、組織体をつくり、神経を通し、血液を流す。組織がなければバラバラです。善の組織によって、人間は、より以上に善になるし、より以上に進歩できる。

人間を横に――脇道に、それさせないで、より以上に向上させていく。幸福の方向へ、成長の方向へと正確に軌道に乗せていく。そのために組織がある。その意味で組織は手段です。目的は、人間の幸福です。

創価学会は不思議な団体です。これほど清らかな、これほど裏表のない、これほど温かく、麗しい世界は、ほかには絶対にない。
諸君は社会の醜さを知らないから、そのすごさがわからないかもしれない。しかし、私は断言しておきます。創価学会のような世界は、ほかにはありません。諸君のお父さん、お母さんをはじめ、草創以来の先輩が、傲慢な人間にののしられ、バカにされながら、歯を食いしばって築いてきた「民衆の城」です。

批判する人がいる。では、批判する人が代わりに「絶対に幸福になる方法」を教えてくれるのか。そうではない。そうではないと知った民衆が、「幸せになろうね！」と励ましあい、「不幸な人を救っていこう！」と団結して、できあがったのが創価学会です。厳粛です。崇高です。民衆が民衆のために、民衆自身の力でつくりあげた、最高の民主主義の結晶です。

人間尊厳の大仏法を広宣流布している唯一の団体は創価学会です。人類の希望の太陽なのです。ゆえに戸田先生は、「私の命より大切だ！」とおっしゃった。私も同じ気持ちだ。

組織がいやだからと言って、一人でいれば自由か。一人でいれば、自分を見失わないか。そうとは言えない。自分自身が勝手気ままに生きるのは、本当の自由ではない。

自由とは、正しい軌道にのっとって生きるということです。地球が太陽の周りを回る。少しでも軌道が狂えば破滅です。ロケットだって軌道にのっとっていけば、悠々と大宇宙の旅を楽しめる。これが自由です。

スポーツにもルールがある。軌道がある。ルールを勝手に破るのが自由か。そうではない。ルールにのっとって自在に技を駆使できるのが自由です。

ともあれ目標がなく、自分勝手の人生は、自暴自棄の人生になってしまう。組織には、さまざまな人がいる。だからこそ、刺激を受けて成長ができる。スポーツでも、一人で練習しているだけでは、自分の実力は、なかなかわからない。大勢の人のなかで、もまれてこそ成長がある。

皮がついた真っ黒のサトイモも、盥の中に入れて、かきまぜると、だんだん、みんな皮がむけて、ピカピカに光ってくる。人間をイモにたとえると失礼かもしれないが（笑い）、人間も人間関係のなかでしか磨かれないのです。

「一人でいる」のは、いいようで、自分だけの世界に小さく固まってしまう。組織の中にいないと、多くの人が見えなくなる。そして、自分の存在がわからなくなる。

また、組織がないと、烏合の衆であり、自分勝手になってしまう。羅針盤のない船が、大海原を航海するようなものです。結果は、迷子になるか、難破する以外にない。

組織は「方便（仮の手段）」です。完全ではない。私も若き日に当時の組織の雰囲気になじめなかった。当時の学会は文化性も何もなくて、どうしても好きになれなかった。

そういう心を戸田先生は見抜かれて、私に、こう言ってくださった。

「それならば、大作、お前が本当に好きになれる学会をつくればいいではないか。うんと苦労し、真剣に戦って、お前の力で、理想的な学会をつくれ！」と。

学校、家庭でも同じです。学校という組織にいるのだから、「学校のなかを、より向上させていこう」。家庭という組織にいるのだから、「家庭をより向上させていこう」という心が大事だ。これらは道理であり、その道理に立った法が仏法です。「全部、自分が変えていくんだ」——その主体性こそ仏法の生き方です。この仏法を知るために、また知らせていくためにできたのが、広宣流布の組織です。

24-4 境涯を広げるには

自身の境涯を広げていくためには、多くの人のなかで切磋琢磨し、自分の生命を磨いていくことが大切であると語っています。

池田先生の指針

「本部幹部会」（一九九七年七月九日、東京）

「境涯を広げる」には、どうすればいいか。それには「人間関係を広げる」ことである。

組織を嫌い、だんだん閉鎖的になり、一人になり、それで自由だと思っている——こういう人は、どこか調子が狂ってくる場合が多い。

大事なのは「人間と人間のつながり」である。「人間と人間の打ち合い」である。内外の多くの人々と結び合い、つき合っていくことである。その人は、その分だけ生命が広がる。豊かな人生になる。

タゴールは言う。

「人間は孤立すると、自己を見失う。すなわち人間は、広い人間関係のなかに、自らのより大きく、より真実な自己を見出すのである」（『人間の宗教』森本達雄訳、レグルス文庫）

孤立すると自分を見失う。

広い人間関係の中にこそ「より大きな自分」を見つけられる――タゴールの考えは仏法に通じる。学会の理念に通じる。

会合で話すだけの幹部。組織の機構上の幹部。それだけでは本当の幹部のあり方ではない。

そうではなく、自分自身が「人間として」どう成長するか、「人間として」どう大勢の人の面倒をみるかである。多くの人と誠実に接するがゆえに幹部なのである。

人と接しない人は、自分に閉じこもり、わがままになり、小さな考えになり、自己中心になりがちである。要するに、組織を嫌う人は薄情なのである。そこに慈悲はない。切磋琢磨もない。

ゲーテは言う。

「他人を自分に同調させようなどと望むのは、そもそも馬鹿げた話だよ」「性に合わない人たちとつきあってこそ、うまくやって行くために自制しなければならないし、それを通して、われわれの心の中にあるいろいろちがった側面が刺激されて、発展し完成するのであって、やがて、誰とぶ

つかってもびくともしないようになるわけだ」（エッカーマン『ゲーテとの対話〈上〉』山下肇訳、岩波文庫）

自分の言うことを聞かない人、自分と反対のことを考える人を避けてはいけない。そういう人と調和し、納得させていってこそ修行である。

それでこそ、全体が前進できるし、自分が成長する。どんな人物と差し向かいで会っても、びくともしない自分になれる。

私も、世界中の指導者と語り合ってきた。それだけの力ができてくるのである。

一人でも多くの人と語った人が勝利者である。人の面倒をみてあげた分だけ、勝利である。いろんな人々と、がっちりギアをかみ合わせて、広宣流布へと向かわせてあげた分だけ、自分が勝つ。

24-5 民衆の善なる力を結集

広宣流布を進めるうえで組織の重要性に着目した牧口先生、戸田先生の先見を踏まえながら、民衆の善なる力の結集である創価学会の連帯の深き使命を語っています。

池田先生の指針

「本部幹部会」（一九九四年十一月十二日、東京）

牧口先生が、入信されたのは一九二八年（昭和三年）。五十七歳の時である。戸田先生も、同じ年、牧口先生に続いて入信されている。当時、二十八歳の青年であられた。

また、この年は、私が生まれた年でもある。

牧口先生は『創価教育学体系』の中で、こう記されている。

「法華経の信仰に入らなかったならば、余が善良なる友人知己のように、なるべく周囲の機嫌を損ねぬように、悪い事は見ても見ぬ振りをし、言いたいことも控え目にして、人に可愛いがられなければ損であるという主義を守っていられたであろう」

「けれども誰も彼もが皆この賢明なる主義であったなら、国家社会はついにどうなるべきであろう」（『教育改造論』、『牧口常三郎全集6』第三文明社）

他人との衝突を避け、悪を見て見ぬ振りをする、事なかれ主義。だれもが皆、この姿勢で、ずるがしこく、〝上手に〟立ち回るようになれば、社会はどうなるか。

悪人がどんどんはびこり、善人が迫害される社会になってしまう。仏法者として、それを放置することはできない――。

ゆえに、先生は、「善の戦い」すなわち「悪との戦い」に、決然と立ち上がられたのである。「悪への挑戦」を開始されたのである。

〝悪を見て、放置してはならない〟――これが、真実の仏法の教えだからである。

「悪人は結託する」――牧口先生は、こう喝破された。

悪人は何かしら弱みをもっており、孤立していては安心できない。ゆえに、他人と共同し、とくに強者の保護のもとで、その身を守ろうとする、と。また共通の敵に当たるために、たやすく結束をする、と。

〈「悪人は孤立しては安心してはいられないほどに生存上の欠陥をもっているがために、たちまち他人と共同し、ことに強者庇護のもとに在って、その身を防禦しようとするのである」「犯罪者は何処にあっても、常に戦々兢々として発覚を怖れるがゆえ、共同の敵に当たるためには、容易く結束をなしてそれにともなう窮屈や圧迫を忍ぶ」（『教育改造論』）〉

いつの時代も変わらぬ悪の方程式を、牧口先生は見抜かれていた。

現代にも通じる、牧口先生の「哲学」であり、「予見」である。先生は、まことに不思議な、偉大な方であられた。

しかし、「悪人たちの結託」に対して、善良な人は、なかなか力を合わせることができない。それはなぜか。

「善人は自分に弱味のないので、孤立して対抗力を形成することをしないから圧迫され勝ちである」（『小学校長登用試験制度論』、『牧口常三郎全集8』第三文明社）

つまり、善人は悪人と違い、自分に弱みがないので、わざわざ団結しようとしないというのである。その結果、どうなるか。

「強くなってますます善良を迫害する悪人に対し、善人はいつまでも孤立して弱くなっている。一方が膨大すれば、他方はますます畏縮する。社会は険悪とならざるを得ないではないか」（『教育改造論』）

結託し、どんどん強くなる悪の力。孤立し、ますます弱くなる善の力。それでは、社会はすさみ、暗くなる。険悪となっていく。現代の日本そして世界も、牧口先生の言葉のとおりになってしまったといえないだろうか。

こうした悪の結託を打ち破るためには、明確な形として、「戦う善の力」を連帯させなければならない。ゆえに牧口先生は、民衆の善なる力の結集をめざして、「創価教育学会」を創立されたのである。

〝理論や理屈だけではだめだ。現実のうえで、民衆が、正義に連なっていくために、何ものにも壊されない「善の組織」「正義の組織」をつくろう〟

これが、学会の創立にこめられた、牧口先生、戸田先生の心であられた。

（＝一九三〇年十一月十八日の『創価教育学体系』第一巻発刊の日をもって創立とした。その後、賛同者が増え、発会式は一九三七年に行われた）

戸田先生も、出獄され、戦後の荒野に一人立たれた時、まず「学会の組織」の再構築に手を着けられた。

組織の再建に奔走された。そこから、あらゆる一切の戦いを始められたのである。

戸田先生は、つねづね、「学会の組織は戸田の命よりも大事だ」と言われていた。

私もまた若き日より、「組織」の重要性に注目していた。ちょうど、そのころは、労働組合などのさまざまな組織が活発に活動していた。

入信前のことである。戦後間もないころ、何人かの青年たちと一緒に勉強会を開いた。その折、ある大学の教員が語っていた。

「論ずることも大切かもしれない。しかし、これからは組織をつくったほうが勝つ。どんな理論をもっていても、組織をつくったものにはかなわない」と。

この言葉は、今も忘れられない。そのような時に、私は戸田先生に出会った。学会という組織に出あったのである。戸田先生が学会の再建を始められたころであった。

「この人は、あの学者の言ったことを実行している。不思議な人だ」――こう私は直感した。青年の鋭き眼で、戸田先生のすごさを見つめたのである。

ともあれ、わが創価学会は、今や、「世界一の民衆の組織」になった。

私どもは、牧口先生の「創立の志」を受け継いで、「善と良識の連帯」を、世界に、広く、強く結んでいる。さらに、このスクラムを広げてまいりたい。

邪悪の魔性が、いくら束になろうと、創価学会は、びくともしない。

この学会の今日の栄光は、すべて牧口先生が命を賭し、戸田先生が命を賭して、権力の魔性と戦い抜かれた「功徳」であることを知っていただきたい。

24-6 座談会こそ創価学会の生命線

地域の同志が集い、共に励まし合っていく、創価学会伝統の「座談会」にこそ、人間共和の縮図があり、広宣流布の脈動があると語っています。

池田先生の指針

『法華経の智慧』

座談会は〝大河〟です。あらゆる活動は、その大河に注ぎ込む〝支流〟です。

友好活動も各種会合も、すべて座談会という〝大河〟に合流して、〝民衆の世紀の大海〟へと進む。その大河の両岸には、広大な「人間文化の沃野」が開け、豊かな実りを結んでいく――。

座談会にこそ学会の「心」がある。戸田先生は、よく語られた。

「初代の会長は、自分が真っ先に行って、一人が来ると、その一人の人とじっくり話しあう。二人目の人が来ると二人と、三人来ると三人と話しあって、じつに懇切丁寧に教えてくださった」と。

戸田先生は、こうも言われている。

「ただ一人でもいい。その一人の人に全力で法を説き、体験を語り、広布のこと、人生のことを心から話しあっていけばよいのだ。二人でもいい、御本尊の話をして、感激しあって帰る座談会にしてほしい。三人も来れば、〝大勢〟というべきである」

「号令」ではない、「心」です。「人と人」の語らいなのだから、「人」を大事にしなければ。その結果として、にぎやかで盛大な座談会が定着していくのです。

「伝統の座談会」と呼ぶのも、〝長年、続いている〟からではない。座談会を根本に、一人一人を大事にしてきた、その「心」が、学会の伝統なのです。

学会はつねに、無名にして健気なる「民衆」を、励まし抜いてきたのです。そこに座談会の〝魂〟がある。

世間から見れば、人数も少ない、だれに注目されるのでもない――これほど地味な集いもないでしょう。

しかし座談会には、大宇宙を貫く法を説ききった「哲学」がある。どんな人をもつつみゆかんとする「潤い」がある。どんなに宿命に打ちひしがれていても、〝もう一度、頑張ってみよう〟と奮い立たせずにはおかない「希望」がある。

笑いあり、涙あり、感動あり。決意と感謝の心が響きあい、悩みが勇気に、疲れが充実に変わる〝庶民のオアシス〟、それが学会の座談会です。

この小さな集いに「人間共和の縮図」がある。「民主主義の実像」がある。「信仰と家庭と地域とを結ぶ広布の脈動」がある。尊い仏子を、大切な友を、幸せにせずにおくものかという「心」がある。その心が「法華経の心」なのです。

釈尊の結論である法華経も、壮大な「座談会」です。

人生を模索し、真摯に問いかける求道の人々。体験を通し、譬喩を駆使して、誠実に答えていく釈尊。そのやりとりを見て聴いて、ともに「境涯を開く喜び」につつまれる人々。その決意の発光、連動、感応の妙——。

牧口先生は「大善生活実験証明座談会」と名づけました。「大善生活」とは、妙法を根幹にした「信心即生活」のすばらしさ、社会と人々に尽くす「人間革命」の生き方を、だれにも納得できるよう、事実の姿で示そうということです。学会の座談会は、その発祥の時点から、広々と民衆に開かれている。

学会の座談会は、社会に「智慧」と「活力」を送る草の根の広場です。

功徳の体験を聞いて決意する。「よくぞ戦い、よくぞ打ち勝ったな。そうだ、私も宿命転換できるのだ。私も頑張ろう！」

奮闘する友をたたえる。「この人のように、この人を模範に、私たちも成長しようではないか」と。

それが一生成仏への励みになり、広布への使命感を呼び起こす。

牧口先生が逮捕（一九四三年七月六日）されたのは、座談会に出席するために訪れた伊豆の下田であった。そのころ、座談会は特高刑事が監視するなかで開かれ、神札問題等で何度も圧迫を受けながら、先生は一歩も退かれなかった。座談会は、権力に対する精神闘争の熾烈な〝戦場〟でもあったのです。

また大聖人の宗教改革の闘争も、今の「座談会」とも言うべき対話の集いから始まったと見ることができる。

このように座談会の「伝統」には、大聖人以来、牧口先生、戸田先生以来の「偉大なる闘争の精神」がこめられている。その精神を満々とみなぎらせて、一回一回の座談会を、楽しく、明るく開きゆく意義は、どれほど大きいか。

道なき現代に、人類の幸福への「確固たる軌道」を切り開いていく。この生き抜く「強さ」「明るさ」を、大座談会運動から脈動させたいのです。

「あなたの心」へ！「あの友の心」へ！——と。

24-7 広宣流布は座談会から始まる

「対話」「希望」「励まし」に溢れた座談会こそ、日蓮仏法の正しき実践の在り方であると強調しています。

池田先生の指針

「随筆　人間世紀の光」

（「伝統の『座談会』の思い出」、『池田大作全集137』）

「私には、創価学会の発展の秘訣がわかるような気がします。学会には、自由と平等があるからです」

高名な文化の指導者であるウンカルト＝サイフ

エルトさん（＝元オーストリア文部次官）が、日本の各地で学会員と膝詰めの座談、対話を重ねた結論である。

まったく、その通りである。

学会の座談会には「対話」がある。「自由」がある。「平等」がある。「哲学」がある。そして「希望」がある。

毎月、座談会の週になると、私の胸は躍る。

日本中の、あの町この町。会場の窓からは、温かな光がこぼれている。明るい歌声が聞こえてくる。朗らかな笑いが響いてくる。

どんな語らいが生まれているのだろう。

どんな決意がみなぎっているのだろう。

私は、そっと会場の後ろに座って、皆様方の一言一言に、心から拍手と声援を送りたい思いである。

私は座談会が大好きだ。

御聖訓には、「心ざしあらん諸人は一処にあつまりて御聴聞あるべし」（御書九五一ページ）と仰せである。

つまり、皆が集まり、御書を学び合い、互いに励まし合い、信心を深め合う座談会こそ、日蓮仏法の正しき実践の在り方なのである。

ある時、牧口先生に、一人の青年が意見を述べた。

「座談会ではなく、もっと大規模な講演会形式にした方がいいと考えますが……」

先生は、言下に答えられた。

「いや、それは違う。人生に対する問題は対話でなくては相手に通じない。講演だけでは、聞く方は他人事にしか感じないものだ。

日蓮大聖人の『立正安国論』にしても問答の形式ではないか」

牧口先生は、たった一人のためにも、遠路をいとわず訪ねられた。相手が一人いれば、そこが座談会になった。

先生の信念は獄中にあっても微動だにしない。

「さあ、問答をしよう！」

相手は取調官である。

「よいことをしないのと、悪いことをするのと、その結果は同じか、違うか」

理路整然と、宗教の正邪を論じ、折伏されたのだ。

戸田先生も、ご自身の会長就任式で、「広宣流布は一対一の膝詰めの対話からだ」と叫ばれた。

「一は万の母」である。

「たった一人でもいい。目の前の一人に、この大仏法を語らずにはおくものか！」

広宣流布の拡大は、この歴代会長の一念から始まったのである。

24-8 麗しき創価家族の世界

創価学会は、妙法で結ばれた〝家族の集い〟であり、慈愛と安らぎと励ましに満ちた、最高に仲の良い麗しき和楽の世界であると語っています。

池田先生の指針

「アメリカSGI青年研修会」

（一九九〇年二月二十五日、アメリカ）

仏法の世界の基本を確認する意味で、少々語っておきたい。

それは、私どもは、妙法で結ばれた〝家族の集い〟であるということである。広布の組織は、生命の安らぎと充実のホーム（家庭）なのである。

御本尊に照らされて、だれもが「ああ、ホッとするなあ、うれしいなあ、元気が出てくる」と、安心できる集いであっていただきたい。

たとえば、仕事や勉強で疲れて、やっとうちに帰ったとたん、「遅いじゃないか！　今まで何をやってたのか！」（笑い）とどなられたのでは、だれだっていやになる。家に寄りつかなくなってしまう。それと同じで、会合にどうしても遅れたり、出られない場合もある。その人を叱る資格はだれにもない。

反対に、苦労して、やっと駆けつけたのだから、「ああ、よく来たね、よく帰ったね」と、あたたかく出迎え、ほめたたえるのが、本当の〝家族〟であり、〝ホーム〟である。

弘教やさまざまな活動は、実践している本人が功徳を受け、幸福になるためにある。組織のためでもなければ、ましてリーダーのためでもない。一生懸命やっている人を叱るなんて、叱った人のほうが「軽善」（＝仏子を軽んじる）の罪をつくる。

弘教は、大聖人の仰せであるゆえに、行うことが修行である。しかし、その結果として、信仰するかどうかは、機根など、基本的には相手の問題である。

「発心下種」（＝相手が入会した場合）も「聞法下種」（＝法を聞いたが、その時は入会しなかった場合）も、功徳は同じである。弘教を実践したこと自体が、仏の使いとなっているのである。その人を最高に尊敬すべきである。

「ご苦労さま、仏の種子をまくことができた。よかったね。すばらしいね」とほめたたえ、喜び合って、兄弟のごとく、姉妹のごとく励まし合っていくことである。その楽しき家族の姿にふれてこそ、やがて、より多くの人々が正法を求めてくるようになることは間違いない。愛情と安らぎこそ〝ホーム〟の命なのである。

荒々しき現実社会においては、競争と緊張はやむをえない。また、エゴのぶつかりあいもあろう。しかし、いったんＳＧＩ（創価学会インタナショナル）という〝ホーム〟に戻ったら、伸び伸びとくつろぎ、笑い、生命の栄養をとって、ふたたび明日への活力が出てくるように、心をくだくのがリーダーの役目なのである。

夜間勤務など、不規則な時間帯の人もいる。受験や仕事の都合で、しばらく集中的に忙しい人もいる。その人たちは、今はなかなか会合には出られない。けれども、信心を胸に自分の課題に立派に挑戦している。実証を示そうと戦っている。こういう人を、相手の立場に立って理解してあげられるリーダーであってほしい。

　ともかく「会うだけで楽しい」「会合に出るとくつろげる。おもしろいし、有意義である」「笑いがいつも絶えない」――各地で繰り広げられる会合が、すべて、こうした集いであっていただきたい。

　その仲良き〝仏子の集い〟は、全宇宙の仏菩薩が見守っている。この世でもっとも尊貴なる世界である。

「家族」は平等である。一応、立場の違いはある。しかし、全員が御本仏の仏子である。権利も平等である。むしろ上になるほど責任は重い。

　大聖人は、門下の婦人を、こうやさしく励まされている。

「いかなる事も出来候はば是へ御わたりあるべし　見奉らん・山中にて共にうえ死にし候はん」（御書一二二二㌻）――（もし、蒙古軍が攻めてきて）どんなことでも、困ったことがあったら、私のもと（＝身延）へおいでなさい。お会いしますよ。この山で、一緒に、飢え死にしましょうよ――。なんという大慈悲であろうか。

　苦しい時も、喜びの時も、一切を分け合っていく。これが家族である。そうすれば、苦しみは半分に、またそれ以下に、喜びは二倍に、またそれ以上になっていく。

「家族」を結ぶのは、命令でもない。権威でも威嚇でもない。情愛であり、和気であり、思いやりである。

　一人でも不幸な人がいれば、家庭全体も幸福ではない。ゆえに、一人ももれなく幸せになるように、一人も不幸な人、退転するかわいそうな人が出ないように、真心込めて祈り、皆で守り合っていっていただきたい。そうした人間同士の〝絆〟が、真の〝団結〟を生むのである。

権力とか権威とか、いわゆる〝軍隊調〟の強制やしめつけ等は、いざという時はもろいものである。

要は、仏法は「一人」の人の幸福のためにある。広布の組織も同じである。組織のために人間がいるのではなく、人間のために組織がある。「一人」の人を抱きかかえて、幸福へ、成仏へと守っていくための組織なのである。

24-9 創価学会仏とは

戸田先生が語られた「創価学会仏」の意義について触れ、広宣流布遂行の和合僧団である創価学会の崇高な使命を強調しています。

池田先生の指針

「随筆　人間世紀の光」（「本門の師弟の出発」、『池田大作全集137』）

日蓮大聖人は、「日蓮が慈悲曠大ならば南無妙法蓮華経は万年の外・未来までもながるべし」（御書三二九㌻）と仰せである。

末法万年尽未来際まで一切衆生を救いきっていく、永遠不滅の妙法を一閻浮提に広宣流布するのだ！

この尊き仏意仏勅の使命を誓願し、勇んで戦乱と苦悩に満ちた現代に出現したのが、偉大な創価学会である。

ある時、戸田先生は、その「創価」の誉れを、私に語ってくださった。

「『創価学会仏』――未来の経典には、こう学会の名が記されるのだよ」

五体に感動が走った。

法華経の不軽品に、「威音王仏」という名前の仏が登場する。実は、この仏は〝一代限り〟ではない。

最初の威音王仏の入滅後、次に現れた仏も威音王仏と言った。そして「是くの如く次第に二万億の仏有し、皆同一の号なり」（法華経五五六㌻）と。

つまり、二万億もの仏が、みな同じ「威音王仏」という名前で、長遠なる歳月、衆生を救済してきたことが説かれているのだ。

先生は、これは、威音王仏の名を冠した「組織」「和合僧団」とはいえまいか――と鋭く洞察されていた。

個人の今世の寿命は限られている。しかし、広宣流布に戦う根本精神をば、師匠から弟子へ脈々と受け継ぎ、一つの組織体として活動し続けるならば、それは「民衆を救済し続ける」恒久的な仏の生命力をもつことになる。

わが創価学会には――

民衆の苦悩の暗闇を破り、勇気と希望を与えゆく慈悲の大光がある。

敢然と邪悪を打倒し、正義を叫び抜く師子吼がある。

宿命を転換し、自他共の幸福を築きゆく、信心の大確信がある。

そして、いかなる三障四魔の大難にも打ち勝つ、異体同心の和合があり、金剛不壊の師弟の大城がある。

我ら創価の師弟に、三世永遠に途切れることなき「仏に成る血脈」（御書一三三七㌻）が滔々と流れ通うことは疑いない。

ゆえに戸田先生は、もしも未来に仏が経典を作られるならば、大聖人に直結した広宣流布遂行の和合僧団――創価学会に、「仏」の名を冠されることは当然であろうと断言されたのだ。

かくも崇高なる使命と大偉力をもった、創価学会なのである。

大聖人はある門下に、もし亡くなったら、梵天・帝釈等に「日本第一の法華経の行者・日蓮房の弟子なり」（御書一四九八㌻）と名乗りなさいと、教えられた。

私たちもまた、日蓮大聖人の末弟として、偉大な創価学会の師弟として、一生涯、いな三世永遠に戦い抜くのだ。晴れ晴れと指揮を執るのだ！

24-10 創価学会を永遠ならしめるために

小説『新・人間革命』第30巻〈上〉「大山」の章では、「創価学会仏」について触れられ、仏意仏勅の創価学会を永遠ならしめていくための重要な要件が三点にわたって記されています。

池田先生の指針

『新・人間革命30上』(「大山」の章)

かつて戸田は、「学会は、この末法にあって、これだけ大勢の人に法を弘め、救済してきた。未来の経典には、『創価学会仏』という名が厳然と記されるのだよ」と語っていたことがあった。

「創価学会仏」とは、初代会長・牧口常三郎、第二代会長・戸田城聖という師弟に連なり、広宣流布大誓願の使命に生きる同志のスクラムであり、地涌の菩薩の集いである。

その「創価学会仏」を永遠ならしめていく要件とは何か。

第一に、一人一人が「広布誓願」の生涯を生き抜くことである。人生の根本目的は広宣流布にあると深く自覚し、苦悩する人びとと同苦しながら、「力あらば一文一句なりともかたらせ給うべし」(御書一三六一ページ)との御聖訓を心肝に染めて進んでいくのだ。

第二に、「師弟不二」の大道を歩み抜くことである。死身弘法を貫いた創価の師の魂を受け継ぎ、師の教えを徹して学び、自らの行動の規範とするのだ。つまり、日々、心に師をいだき、師と対話し、〝師ならばどうするか〟と考え、戦い生きることである。

第三に、「異体同心」の団結である。日蓮大聖人は、「異体同心にして南無妙法蓮華経と唱え奉る処を生死一大事の血脈とは云うなり」（御書一三三七ページ）と仰せである。広宣流布のために、それぞれが心を一つにし、全力を発揮していくなかにこそ、信心の血脈が流れ通うのである。

学会は、「創価学会仏」なればこそ、永遠なる後継の流れをつくり、広宣流布の大使命を果たし続けなければならない。

第二十五章　異体同心の団結

「異体同心」――この日蓮仏法の柱には、あらゆる違いを認め合い、尊重し合いながら、万人の生命に等しく尊極の仏性を見いだしていく、人間共和の希望の思想が輝いています。

本章では、日蓮大聖人が広宣流布実現の最重要の条件とされた、この「異体同心の団結」について、池田先生がさまざまに示した指導を紹介します。

25-1 広宣流布の実像は異体同心に

池田先生は語っています。

「『異体同心』とは、目的を成就する手段にとどまらない。広宣流布の姿それ自体が、『異体同心』の理想像である。自他共の幸福のために、励まし合って前進する麗しい人間の連帯を築くことこそが、日蓮仏法の世界なのだ。この『異体同心』という哲学にこそ、人類が分断や争いの宿命を転じ、恒久平和を開いていく希望の鍵がある」

『新・人間革命17』（「緑野」の章）

池田先生の指針

大聖人は仰せである。

「総じて日蓮が弟子檀那等・自他彼此の心なく

水魚の思を成して異体同心にして南無妙法蓮華経と唱え奉る処を生死一大事の血脈とは云うなり」（御書一三三七ページ）

この御文は、「生死一大事の血脈」、すなわち生命の究極の法が、いかにして仏から衆生に伝えられ、衆生の生命に顕現するかについて、一つの結論を述べられた箇所である。

「自他彼此の心」とは自分は自分、他人は他人というように、自分と他人とを差別する、断絶した心である。たとえば、自分の利害ばかり考えて他者を顧みないエゴイズム、無関係を決め込む心、あるいは敵対視、また、己の感情を根本にした生き方といえよう。

皆の心がバラバラに分断された、そんな集団に仏法の血脈が通うことはない。ゆえに大聖人は、そうした生き方を厳しく戒められたのである。

また、「水魚の思」とは、切っても切れない同志相互の、密接不可分な関係を、深く自覚することである。互いに、広布の使命に生きる同志を、なくてはならない尊い存在として支え合い、敬い合っていくことが、「水魚の思」の姿といえよう。

また、「異体同心」とは、それぞれの個性、特質を最大限に生かしながら、広宣流布という大目的に心を合わせて前進していくことである。

大聖人は、総じては、御自身の生命に流れる血脈は、この「異体同心」の団結のなかに伝わり、「広宣流布」の大願に生きる、一人一人の生命に脈打つことを明言されているのである。

大聖人は、さらに「今日蓮が弘通する処の所詮是なり」（御書一三三七ページ）と仰せである。「異体同心」の姿こそ、今、大聖人が弘通される最も肝要なことなのであると言われているのだ。

一般的に、団結というのは、目標を成就するための一つの手段と考えられている。しかし、正法をもって万人を幸福にするための「異体同心」の姿は、それ自体が人間共和の縮図であり、広宣流布の実像である。いわば目的ともいえよう。

そして、「異体同心」で進んでいくならば「広宣流布の大願も叶うべき者か」（御書一三三七ページ）と仰せになっているのである。

25-2 「異体」とは「同心」とは

「異体」とは、また「同心」とは、どれほど深い意義を有しているかを論じつつ、異体同心の団結こそ広宣流布の要諦であり、それを現代に実現してきたのが創価学会の組織であると語っています。

池田先生の指針

『生死一大事血脈抄講義』

「異体」とは、人それぞれに個性、特質、立場等が異なることです。「同心」とは、目的観や価値観が同じこと、また、特に大聖人の仏法では、「妙法への信心」と「広宣流布の大願」を同じくすることです。

いわば、法を中心として「個」と「全体」の調和する姿が、仏法の「異体同心」です。この言葉には、多彩な人材群が、互いに触発しあって広宣流布へ前進していく躍動の姿が凝結していると言っていいでしょう。

「異体同心」についての大聖人の教えの要点を述べれば、第一に、異体同心こそ万事において「事を成就するための鍵」「勝利の要諦」であると強調されています。

第二に、特に仏と魔との戦いである末法広宣流布においては、「異体同心の団結」が絶対に不可欠である。そして、いかに広宣流布を妨げる悪の勢力が強くても、「異体同心の団結」があれば、必ず勝ちこえていけるとの大確信を打ち込まれています。

異体同心は、いわば「法華経の兵法」の究極であると言えます。「法華経の兵法」とは、要するに「祈り」です。なかんずく、異体同心とは、「心を一つにして祈る」ことにほかなりません。

異体同心の祈りがなければ、どんな策や方法論を立てても、広宣流布は進まない。根本の異体同心の強き祈りがあれば、そこには大きな勢いが生まれ、かりに異体異心の者が出たとしても、悠々と吹き飛ばして前進していくことができます。

広宣流布への祈りを根幹とする異体同心の前進には、勢いがあり、勝利への力があります。さらにまた、その中で前進している人々は仲がよく、労苦があっても楽しい。その勝利のリズム、躍動のリズムを築くための要諦は、ひとえに「同心」にあります。

私が今、願うことは、この尊き異体同心の勝利のリズムを、後継の青年たちに完璧に受け継いでもらいたいということです。そのためにも、勝利の鍵となる「同心」について、何点か、その意義を確認しておきたい。

一つは、「同心」とは「広宣流布の大願」であるということです。

熱原の法難の渦中、大聖人は若き南条時光に、「願くは我が弟子等・大願ををこせ」(御書一五六一ページ)と呼びかけられました。「同じ一生であるならば、広宣流布のために命を捧げよ!」との大聖人の烈々たる叫びであられます。

「広宣流布の大願」は、大聖人直結で広布大願を受け継いだ初代、二代、三代の師弟の心そのものでもあります。三代の師弟は、この大願を一瞬も忘れずに不惜の行動を貫いてきました。これこそが異体同心の核心なのです。

次に、「同心」とは、「同志を尊敬する心」であらねばなりません。

法華経の広宣流布の精神は「万人の成仏」を確信することに基づきます。その広宣流布のための異体同心の和合僧は、万人に仏性があるという法華経の哲学を反映した世界です。不軽菩薩は、一切衆生に仏性があり、法華経を持てば必ず成仏できると確信して万人を礼拝する礼拝行を立てました。法華経を持たない人に対しても尊敬したのです。いわんや、御本尊を持ち、広宣流布に戦う同志は必ず仏になれる人です。法華経を持つ人を〝仏の如く敬うべし〟と、法華経普賢品にも説かれています。

異体同心とは、万人を尊敬する仏法哲学に基づく人と人との絆です。「同心」とは、同志が互いに尊敬し合っていく心にほかならないのです。

第三に、「同心」とは、「師弟不二の信心」にほかならない。異体同心の核心は、自身の心を、仏の心、広宣流布の指導者の心である広布大願に合わせていく「師弟不二の信心」にあります。

日興上人は師弟不二を貫き、「大聖人直結」の和合僧団を築かれました。反対に、五老僧は、権力を恐れ、師弟を忘れてしまったがゆえに、広宣流布の大道から外れてしまった。まさしく師敵対とは、異体異心そのものです。

三代の師弟によって示された広宣流布に戦う根本精神が異体同心の組織の中に脈動していくとき、創価学会は、民衆を救済する仏の大生命力を恒久的に持ち続けることになります。

そして、そのような仏の力を具えつつ、いかなる三障四魔の大難にも打ち勝つ「異体同心の和合僧」「金剛不壊の師弟の大城」として聳え立つのが、創価学会の組織なのです。

ゆえに戸田先生は、「未来の経典には『創価学会仏』の名が記される」と予見なされました。

大聖人に直結した広宣流布遂行の和合僧団である創価学会は、それ自体が仏そのものなのである。これが、戸田先生の大確信であられた。

戸田先生は幾度も、「戸田の命よりも大切な学会の組織」と語られました。

私も、何よりも大切な仏意仏勅の和合僧団を、戸田先生の命そのものとして、お預かりしてきました。そして「異体同心」を根幹の指針として、この創価学会を大発展させ広宣流布を進めてきました。

どうか、これからも、「異体」を「同心」にしていく信心の努力と誠実な行動によって、三代の師弟が築いた仏意仏勅の和合僧団を拡大していっていただきたい。
それ自体が、広宣流布の道であり、世界平和への確かな前進だからです。

25-3 「仏の如く互に敬う」

なぜ異体同心の団結が大切であるかを明快に示し、広宣流布の組織にあっては、大目的に立って、仲良く、互いに仏として尊敬し合っていくことが大切であると強調しています。

池田先生の指針

『御書の世界』

すべての人の個性が重んじられ活かされていく団結を、大聖人は「異体同心」という言葉をもって見事に示されているのです。

「異体同心」こそ、人間を尊重し、人間の可能性を最大限に開花させる、最高の組織論と言える。

「異体」――各人は、使命も適性も状況も違っている。

「同心」――しかし心は一体でいきなさいというのです。

「異体異心」では、バラバラになってしまう。

「同体同心」というのは、個性を認めない集団主義であり、全体主義になってしまう。これでは、個々の力を発揮させていくことはできない。

使命のない人などいません。一人一人に偉大な可能性がある。それを実現させるには、どうすればいいのか。

一人が人間革命すれば、皆に勇気を与える。希望を与える。確信を与える。触発が触発を生み、その連鎖によって、偉大な変革のエネルギーが発揮されるようになる。

大聖人は、門下に、つねに〝仲良く、互いに励ましていきなさい〟と指導されていた。

「法華行者逢難事」には、つね日ごろから、皆が集まっては、大聖人の御手紙を読んで法門の学習をしたり、一生成仏・広宣流布を目指して語り合っていた様子がうかがえます。今で言えば、座談会や協議会などでしょう。

もともと、仏道修行そのものが独りで成就できるものではない。「名聞名利の風はげしく仏道修行の灯は消えやすし」（御書一四四〇ページ）だからです。

皆で励まし合って、支え合って前進していくのです。互いに善知識となっていくのです。

仏道修行はつねに障魔との戦いです。絶えず悪縁・悪知識のなかで修行をしていかなければならない。

現代人が日常生活のなかで仏道修行をするには、「如蓮華在水」（法華経四七一ページ）とあるように、悪縁のなかで人間として光り輝いていくなかにしか、凡夫の成仏の道はない。

だからどうしても善知識の集団が仏道修行の成就のためには不可欠となる。

崇高な目的観に基づいた団結が、いかに重要であるか。大切な広宣流布の組織を絶対に壊されてはならない。破壊は一瞬、建設は死闘です。

一番分かりやすいのは池上宗仲・宗長兄弟の団結の闘争です。父・康光が兄・宗仲を勘当した事件は有名だ。二人の父・康光の背後には、極楽寺良観の画策があったこともよく知られている。

この時に、兄・宗仲を勘当し、弟・宗長に家督を譲ろうとする動きがあった。それで、弟の宗長は、家督を継ぐか、信心を貫くかで少し迷う。最終的には大聖人から激励を受けて、兄と行動をともにしようとする。

大聖人は池上宗仲の勘当事件を解決する鍵は「団結」にあると見抜かれていた。それも、兄弟の夫人たちも合わせて四人が団結することが魔を破る急所であると教えられている。「兄弟抄」の一番最後は、兄弟と夫人たち四人が強く団結していきなさいという指導で結ばれます。

人間の集団だから、〝仲が良い〟〝あまり良くない〟とか、相性の面で〝好き〟〝嫌い〟があるかもしれない。ある意味で、人間としてそうした感情があることは当然と言える。無理して考える必要もない。

しかし、好き嫌いにとらわれて仏道修行をおろそかにするのは愚かです。そこに魔がつけ入るすきができてしまう。格好の餌食となってしまいます。

だから大聖人は同志間で悪口を言い合うことを厳しく戒められている。

「心に合わないことがあっても語り合っていきなさい」（御書一一七二ページ、通解）

「少々の過失は見逃してあげなさい」（御書一一七六ページ、通解）

「不本意なことがあっても、見ず、聞かず、言わずで、仲良くしていきなさい」（御書一一七八ページ、通解）

「皆仏」です。相手も仏身ならば、誹ることは仏を誹ることになる。

「皆仏」だから、互いに尊敬し合うのです。創価学会の組織は「当起遠迎、当如敬仏」（法華経六七七ページ）の精神に満ちあふれていなければならない。

人を誹る癖がつけば「不断悪念に住して悪道に堕すべし」（御書一三八二ページ）とまで仰せです。だから「仏の如く互に敬う」（御書一三八三ページ）のです。法華経の宝塔品で釈迦と多宝が互いに席を分け合ったように、仲良くしなければならない、とも仰せです。

大切なのは「広宣流布を目指す信心」です。必死に広宣流布のために戦っていれば、いがみ合っている暇などない。敵の目の前でいがみ合う愚を、大聖人は幾度も戒められている。「鷸蚌の争い」であり、「漁夫の利」であると厳しく教えられています。

どこまでも「同じ志」に立って、語り合うことです。

次元は違うかもしれないが、「対話」は善です。

連帯を築き団結を創るからです。「拒絶」は悪です。分断を招き破壊をもたらすからです。まず会うこと、そして話すことです。相手と違う面があるのは当然です。しかし、話し合えば、違いがあっても信頼が芽生える。社会にあっても、対話は平和の礎であり、拒絶は戦争の門です。

大聖人は、門下につねに対話を勧め、異体同心を勧められている。

「他人であっても、心から語り合えば、命をかけて助けてくれる」（御書一一三二ページ、通解）、「くれぐれも駿河の人々は皆、同じ心であるようにと伝えてください」（御書一四三五ページ、通解）等々。枚挙にいとまがないほどです。

「妙法の同志は、今世でつねに語らい、霊山浄土に行っても、うなずきあって語り合いなさい」（御書九〇〇ページ、通解）とも言われています。広宣流布をともに戦った同志の絆は永遠だからです。

〝あの人とは今世だけでけっこう〟と思う場合もあるかもしれないが（笑い）、互いに境涯を革命すればいいのです。「蘭室の友に交りて麻畝の性と成る」（御書三一ページ）です。人間は変わるものです。また、善く変わらなければ信心ではない。「鳩化して鷹と為り雀変じて蛤と為る」（同ページ）です。

妙法の同志は尊敬し合っていかなければならない。険路の広宣流布の遠征の道をともどもに励まし合っていくのです。互いに善知識の存在として、異体同心の団結で進むのです。

25-4 竹林の〝根っこ〟のように

青年との対話のなかで、異体同心の要点を明快に語っています。

池田先生の指針

『青春対話』

日蓮大聖人は、わが弟子は「異体同心で進め」と仰せだ。大聖人の御命令です。大聖人の仰せのとおりに実行するのが、本当の信仰者です。

異体同心というのは、現代で言えば「組織」ということです。「異体」というのは、人それぞれ、姿も立場も、状況も使命も違う。しかし「心」は――信心は「同心」でいきなさいというのです。「異体異心」では、バラバラです。「同体同心」というのは無理やり、形も姿も心まで統一しようというのです。ファシズムであり、自由はない。だれもついてこられず、格好だけ合わせている。結局、「同体異心」になってしまう。

「異体」とは個性を生かすということです。「同心」とは、信心を根本に、心を一つにしていくことです。本当の団結です。

異体同心――それは、竹林に譬えてもいい。竹は、一本一本バラバラに生えているようで、地下の根っこ（地下茎）では、がっちりとつながっている。

信心の世界も同じです。根っこの部分――心が同じであり、目的が同じであってこそ、一人一人が天を突く勢いでまっすぐに伸びていける。

また、「たとえ、一人になっても自分は前進する」という「一人立つ」強さがあってこそ、真の団結はできる。決して互いに寄りかかるということではない。

25-5 「仲がいい」ことが最大の宝

異体同心とは「仲がいい」ということであり、それが創価学会の最大の宝であると語っています。

池田先生の指針

「本部幹部会」（二〇〇〇年七月十八日、東京）

仲良きことは美しきことである。仏法は「人間共和」の教えである。「調和」の世界である。「仲がいい」ということが「異体同心」であり、学会のいちばんの宝なのである。

陰で文句を言ったり、不平不満をこぼし、陰湿な策をめぐらすのは、利己主義であり、自分中心主義である。偏見であり、独善である。「破和合僧」の大罪になってしまう。

何かあれば、直接、話しあい、すっきりと納得しあっていくべきである。

聡明に、どこまでも信心根本に、ともに前進する――ここに理想的な「和合僧」の道がある。

壮年部・男子部は、婦人部・女子部に対して、言葉づかいをていねいに。決してどなったり、横柄な口をきいたりしてはならない。そんな資格もない。

男女同権である。大聖人は「男女はきらふべからず」（御書一三六〇ページ）と仰せである。

女性を尊敬し、大切にしていく「紳士」であっていただきたい。これが学会の伝統である。

またリーダーは、あたたかい、ねぎらいの言葉をかけていくことである。

「ありがとう」「ご苦労さま」「事故に気をつけてください」「風邪をひかないように」――そのひとことで、心があたたまる。さわやかな人間性の薫りが広がる。人間と人間のうるわしい絆こそ学会の世界なのである。

あたたかい心。

信心の心。

同志愛の心。

団結の心。

広宣流布の心。

そして「信心」の魂の結合の組織――これが創価学会である。これで進みたい。

25-6 「一つ心なれば必ず事を成ず」

物事を成就するための要こそ異体同心の団結であり、とくにリーダーが皆を敬い、心を合わせて前進していくなかに、確かな広宣流布の道がつくられ、福徳の人生が広がっていくと語っています。

池田先生の指針

「SGI総会」（一九八九年十月四日、東京）

御書に「一つ心なれば必ず事を成ず」（一四六三ページ）――心を一つに合わせれば必ず物事を成就できる――と記されている。

物事を成し遂げるために大事なのは、人数ではない。役職や立場でもない。心を一つに合わせられるかどうかである。心を一つにするとき、そこに、確かな未来の建設への〝核〟が生まれる。

物事が成就しないのは、異体同心の心がないからである。とくに幹部が〝自分は偉い〟〝私はこうなのだ〟と思って、他の人と心を合わせていこうとしないのは、自分の〝わがまま〟にとらわれた姿である。それは、自分の利害のために組織を利用する心になりかねない。妙法の世界では、そのような生き方は絶対にあってはならない。

その意味で、壮年部と婦人部と青年部が、皆で尊敬しあい、信頼しあって進んでいただきたい。若い人には若い人の〝特権〟があり、力がある。年配者には年配者の経験と知恵がある。

各国でも最高会議を行い、お互いに意見を言いあい、聞きあって、皆の総意で活動を進めていただきたい。ひとりよがりの行動や、独裁、独善は、仏法の精神ではない。

ともかく、皆で仲良く、心を合わせていこう――これを第一義としていただきたい。婦人部を軽視したり、青年部を見くだしたりするようなことがあってはならない。また、自分の利害のために、感情で人を叱ってはいけない。

どこまでも、お互いが尊敬しあい、信頼しあっていただきたい。そして〝一緒にやりましょう。一緒に進みましょう〟という、うるわしい励ましあいと、心を一つにした連帯があるところに、福徳に満ちた人生と広布の世界が幾重にも広がっていくことを確信していただきたい。

25-7 「心」とは不退の「信心」

戸田先生の指導を通して、異体同心の深き意義を語っています。

池田先生の指針

「本部幹部会」（一九八七年十二月四日、東京）

戸田先生は、「異体同心の心というものは、心ではないのです。異体同心の心は、信ずる心です。信仰が同じという意味です。それが異体同心である。その心が強ければ強いほど、いかなることがあっても、青年は敗れることはない」（『戸田城聖全集4』）と述べられた。

異体同心とは、気が合うとか、そのような表面的次元の問題ではない。生命をかけて御本尊を信じ、何があっても大聖人の御生命から離れない。どこまでも、ともに進んでいく。その不退の「信心」こそ、異体同心の「心」である。その信仰の一念と広宣流布という目的が同じであるゆえに、同志であり、異体同心なのである。

この同心の「心」が、何かあるごとに、ぐらついたり、ひるがえったりしたのでは、真実の同志とはいえない。また自身が人生の敗残者となってしまう。

戸田先生が「その（信心という異体同心の）心が強ければ強いほど……青年は敗れることはない」と言われたことを、深く銘記しなければならない。

25-8 団結の鍵は「一人立つ信心」

真の異体同心の団結を可能とするのは、無責任なもたれ合いを排し、自らが一人立つ信心で真剣に祈り戦うことであるという重要なポイントを綴っています。

池田先生の指針

「随筆　新・人間革命」

（「勝利の鉄則」、『池田大作全集132』）

仏法は、和楽であり、団結であり、異体同心である。皆が尊極の仏であり、使命深き地涌の菩薩である。

ゆえに互いに尊敬し合い、仲良く助け合っていくことだ。そうすれば、人生と広布の勝利は間違いない。絶対に無敵である。

仲が悪ければ、皆が苦しむ。不幸であり、破滅であり、地獄である。

団結は力である。

団結は正しい。団結は美しい。団結は楽しい。

堅固な団結は、必ず各人の「境涯の拡大」をともなう。広宣流布の回転に心を合わせれば、自分中心の小さなエゴの殻を破っていけるからだ。

学会と共に！　同志と共に！　正義の師弟が共々に！　その心があればこそ、偉大なる人間革命の山を登ることができるのだ。

では、団結の鍵は何か。

それは、一見、矛盾するようであるが、自らが「一人立つ」ことである。自分が真剣に祈り、強くなることだ。

「誰かがやるだろう」と、安易に考えている限り、どこまでいっても、真の団結を築くことはできない。他を頼む、無責任なもたれ合いは、所詮、脆弱な〝烏合の衆〟に終わるからだ。

「青年よ、一人立て！　二人は必ず立たん、三人はまた続くであろう」――これが戸田先生が示された広宣流布の方程式であった。

25-9 創価学会の根本精神

麗しい異体同心の団結こそが広宣流布推進の鉄則であると語り、創価学会の根本精神ともいうべき、SGI結成の折の宣言に触れています。

池田先生の指針

「SGI代表協議会」（二〇〇二年十一月十五日、東京）

広宣流布は万年の長征である。少しもあせる必要はない。今は、一人また一人と、人材を育て、揺るぎない土台をつくることである。

そのうえで、それぞれの国の広布の伸展を拝見して、一つ言えることがある。それは、大きく発展しているところは、中心幹部が和気あいあいと仲良く団結しているということである。

御書には「異体同心であれば万事を成就できる」（一四六三㌻、通解）と仰せである。

仏法は、一面からいえば「人間学」である。人間としての振る舞いが、いかにあるべきか。どう振る舞えば、どのような結果が示されるか――このことを透徹した人間観察から説いたのが仏法である。

万事を成ずるためには、異体同心でなくてはならない。これこそ、広布推進の鉄則である。

反対に、「異体異心」であれば「城にいる者が城を破るようなものである」（御書一三三七㌻、通解）とも大聖人は戒めておられる。

「魚は頭から腐る」という言葉がある。幹部になればなるほど、心を一つにしていくことである。自分が苦労した人は、他人の苦労もわかってあげられる。自分が努力したからこそ、他人の努力の尊さがわかるのである。

今、ＳＧＩの組織活動を進めていくうえで、具体的に「合議の体制で和楽の組織」「青年を大切にし、後継者の育成」「女性の声を大切にし、壮年部、婦人部、青年部が団結」等の点を皆で心がけている。

この流れを、ますます強め、深めてまいりたい。これこそ、大聖人の「異体同心」の仰せに合致した、理想的なあり方であるからだ。

仏法の世界にあっては、全員が平等であり、尊厳である。皆に使命がある。皆が、等しく、日蓮大聖人の直弟子である。

ゆえに、皆が意見を言える。また、皆の意見を聞く。そして、皆で協議するという組織の雰囲気がきわめて重要となる。現実に、学会本部も、そうなっている。

グアムでのSGI結成のとき、私は申し上げた。

「皆さん方は、どうか、自分自身が花を咲かせようという気持ちでなくして、全世界に妙法という平和の種を蒔いて、その尊い一生を終わってください。私もそうします」

私は、グアムでの言葉どおり、世界中を東奔西走してきた。皆様も尊い地涌の使命に生き抜いてこられた。今、その種が、芽を出し、枝を伸ばし、葉を茂らせて、希望と幸福と平和の花を、世界中で、咲かせつつあるのである。

25-10 人類の融合をリードする力

異体同心の団結は、あらゆる難に打ち勝って広宣流布を前進させていく原動力であるとともに、人類を平和と共生へと導いていく哲学であると指摘しています。

池田先生の指針

『御書と青年』

大聖人が仰せになられた「異体同心の団結」が、どれほど強く尊いか。

あの熱原の法難を勝ち越えたのも、「異体同心の団結」があったからです。

若き日興上人は、折伏の大闘争の指揮を駿河地方（＝静岡県中央部）で執られました。大聖人の御心を、農村の門下にも、そのまま伝え、師弟直結の信心を打ち込んでいかれたと考えられます。

さらに、当時の身分や立場などの垣根を越えて、互いに平等で尊敬し合う同志の連帯を強めていかれました。ゆえに、いかなる迫害にも屈しない金剛不壊の和合僧が築き上げられたのです。

「熱原の三烈士」の殉教は、何ものにも負けない、真の民衆仏法の確立を告げました。「異体同心の団結」は、師匠の御心を根幹として、不二の弟子が最前線に分け入って創り上げていくものである。このことを、日興上人は示してくださったのです。

牧口先生と戸田先生が、広布を進めるために創立された「異体同心の組織」が学会です。

「異体同心なればかちぬ」（御書一四六三ページ）と大聖人は仰せです。また、勝つことが「異体同心の実証」なのです。

いずこの国にあっても、わが友は、皆、仲良く団結し、良き市民、良き国民として、社会に貢献し、信頼を勝ち得ておられる。

あくまでも「異体同心」であって「同体同心」ではない。皆、それぞれ大切な個性がある。職業も違う。年齢や性別、性格も、千差万別です。

「御義口伝」には「桜梅桃李の己己の当体を改めずして」（御書七八四ページ）とあります。それぞれの持ち味を、最大限に発揮していけるのが大聖人の仏法です。

「異体同心の団結」は、一人一人がわが使命の舞台で最高に輝きながら、広宣流布という無上の目的へ共に前進するなかで生まれる。それは人から言われてではない。「自発能動」の団結であり、「自体顕照」の連帯です。

どこまでいっても大事なのは、一人一人の幸福です。人生の勝利です。「一人の宿命転換」「一人の成長」が一切の根本なのです。

御書には「松栄れば柏悦ぶ 芝かるれば蘭なく情無き草木すら友の喜び友の歎き一つなり」（九三四ページ）と仰せです。

友の喜びを、わが喜びとする。友の活躍を心から讃えていく。苦難の時は一緒に悩み、励ましを送る。共に笑い、共に泣いて、人生の幾山河を越えていく。この人間性輝く、温かな結合に、真の「異体同心」が生まれるのです。

戸田先生は、わかりやすく言われていた。

「君も苦労しているか、君も貧乏しているか、君も苦しいか、お互いに信心を奮い起こそうではないか――これを異体同心というのです」と。

大聖人が若き南条時光に教えられた法華経の一節に、「我等と衆生と皆共に仏道を成ぜん」（御書一五六一ページ）とあります。

「皆共に」です。皆で仏道修行をし、共に向上していこう、勝利していこうとの誓願があれば、おのずと「異体同心」になるのです。

有名な「異体同心事」で大聖人は仰せです。

「異体同心なれば万事を成じ同体異心なれば諸事叶う事なし」（御書一四六三ページ）

「日蓮が一類は異体同心なれば人人すくなく候へども大事を成じて・一定法華経ひろまりなんと覚へ候」（同ページ）

どんなに人数が多くとも、どんなに権勢を誇ろうとも、心がバラバラでは勝利を得ることはできない。反対に、たとえ人数が少なくても、各人が広宣流布へ「心」を合わせる「異体同心の団結」があれば、万事を成すことができると結論されている。

〈「なぜ、創価の異体同心には、人類の融合をリードする力があるのでしょうか?」との青年の問いに対して〉

第一に、深い「哲学」があるからです。

第二に、たゆまぬ「行動」があるからです。

第三に、一貫した「勇気」があるからです。

異体同心には、万人が皆、平等であり、尊極の生命であるという法華経の「哲学」が裏づけにあります。

日蓮仏法には、人種や民族、階層、男女などの差別がまったくありません。大聖人は「一人を手本として一切衆生平等」（御書五六四㌻）であり、「男女はきらふべからず」（御書一三六〇㌻）と宣言されています。

「万人の成仏」という可能性を信じ抜いているからこそ、「異体」の「同心」が成り立つ。一人一人が妙法の力によって最大に輝いているからこそ、最高の調和が可能になるのです。

創価の異体同心が、なぜ強いか。たゆまず対話の「行動」を積み重ねているからです。手を抜かないからです。

組織の異体同心といっても、人類の結合といっても、原理は同じです。友のもとへ、何度も何度も足を運ぶ。立場や肩書ではなく、一人の人間として語り合い、心を結んでいく。その堅実な繰り返しから、真実の和合が生まれるのです。

また社会にあっては、どんなに不信の壁が立ちはだかっていても、爪を立てる思いで、誠実に対話を繰り返してきた。だからこそ、妙法は、世界に広まったのです。

仏法は峻厳です。「月月・日日につより給へ・すこしもたゆむ心あらば魔たよりをうべし」（御書一一九〇㌻）と仰せの通り、油断すれば、魔に付け入る隙を与えてしまう。魔とは分断を狙う働きでもある。

一人一人が自らを人間革命しながら、広宣流布の大願のために心を一致させる「鉄桶の団結」こそが、魔を打ち破り、「異体同心の勝利」を実現するのです。

「異体同心」の「心」とは「広宣流布を願う心」です。「同志を尊敬する心」です。「師子王の心」です。その究極は「師弟不二の心」です。

苦しい時こそ、題目を朗々と唱え抜くことです。題目は師子吼です。

大変な時こそ、けなげな同志に、声を惜しまず、ねぎらいと励ましを送り続けることです。

第二十六章　幸福に導くリーダー

26-1　指導者革命

創価学会の目的、広宣流布の目的は、万人が幸福な人生を生きることにあります。皆を断じて幸福に導かんとする池田先生の偉大なリーダーシップがあったればこそ、創価学会は、あらゆる三障四魔を勝ち越えて、世界広宣流布の黎明を開くことができました。

本章は、創価の永遠の指針ともいうべき池田先生の指導者論を紹介します。冒頭の節では、牧口先生、戸田先生の指導者論を紹介しつつ、創価のリーダーとは、皆を徹底して敬い、励まし、皆に尽くし抜いていく人であり、指導者革命の体現者であると語っています。

池田先生の指針

「ＳＧＩ総会」（一九九六年六月二十三日、アメリカ）

皆様は、それぞれの社会、地域にあって、無償で、大勢の仏子のことを、わが子のごとく祈り、守り、尽くし、励ましておられる。その姿は、まさに、偉大なる菩薩の振る舞いであり、尊き仏の境涯に通じる。

御書に「教弥よ実なれば位弥よ下れり」（三三九ページ）――教えが正しいほど（功徳が大きいので）修

行の位や機根の低い人たちをも救うことができる——とある。

これは「法」について述べられているが、「指導者」に約していえば、信心が深まるほど、同志を敬い、より多くの人に尽くしていかねばならない、と拝することもできよう。

因果の理法に照らして、今、多くの人々を大切にし、面倒をみた福運によって、生々世々、多くの人々に守られ、ささえてもらえる境涯となる。今世の仏道修行は、生々世々、大指導者となりゆく修行なのである。

牧口先生も、『創価教育学体系』において、「指導者革命」を提唱されていた。すなわち、民衆が、権力者が生きのびるための〝手段〟にされる時代を終わらせなければならない。そして、自己の生活をささげ、民衆に貢献していく新たなリーダーを陸続と輩出していかねばならない、と。

リーダーは、いわゆる「上に立つ」人ではない。ましてや、「自分は特別」とし、民衆を見くだすなどということは、論外である。皆の中に入っていこう、皆を尊敬していこう、皆から謙虚に学んでいこうと思った瞬間に、偉大な指導者へと出発できる。ここに、牧口先生の「指導者革命」の一つの焦点もあった。

会員のため、広布のためなのか、それとも、自分中心で学会と会員を利用しているのか。その、目には見えない一念の差は、やがて大きな違いとなって現れる。

戸田先生は言われた。

「きょう、ここに集まった人たちは学会の幹部であり、自分自身が幸福になると同時に、自分の指導している人たちが、幸福にならなければいけないと考えている人ばかりだと思います。
自分が幸福になるぐらいは、なんでもない。かんたんなことです。他人まで幸福にしていこうというのが信心の根底です。そのように、まっすぐに御本尊様を拝んで信心を強くし、信仰のためには、何もいらないという気がなければ、ほんとうの指導はできないと思う」（『戸田城聖全集4』）と。

どうか、リーダーとして、〝皆を断じて幸福にしてみせる〟〝皆を必ず勝たせてみせる〟との誓願を、炎のごとく燃やしていただきたい。

具体的には、リーダーは、メンバーをほめたたえ、励ますことが大事である。感情で怒ったり、どなったりするようなことは、決してあってはならない。

仏子をほめたたえていく人は、王者の山であるヒマラヤのごとく、揺るぎない大福運の人生を築くことができる。

また大聖人は仰せである。

「法華経の功徳はほむれば弥功徳まさる、二十八品は正き事はわずかなり讃むる言こそ多く候へと思食すべし」（御書一二四二ページ）

――法華経の功徳は、ほめれば、いよいよ功徳が多くなる。法華経二十八品は、教えそのものはわずかである。ほめる言葉こそ多くあると、知っておかれるがよい――。

まず「ほめること」である。人間である以上、さまざまな感情の起伏があるのは当然である。

だからこそ、リーダーは、たとえば、開口一番、「サンキュー！」「ご苦労さまです！」と気持ちよく、皆に声をかけていく心がほしい。そうすれば、相手も自分も、すがすがしい。喜びが広がり、功徳が増していく。

26-2 心の大きな人に

皆を大切にする人、皆から学ぼうとする人、皆に安心と喜びを与える大境涯の人が、創価のリーダーであると語っています。

池田先生の指針

「SGIアメリカ本部開館記念勤行会」

（一九九三年九月十八日、アメリカ）

「心の大きい人」は幸せである。そうなるのが信心である。「心の大きい人」になっていただきたい。

大きな海には、何でも入る。小さな池には、少しのものしか入らない。

日蓮大聖人の仏法は宇宙大である。その信仰者である私どもも、「大きな心」に、あの友、この友を容れ、人を大切にし、家族を大切にし、ともに人生を楽しみながら、すばらしい、大いなる人生を生きてまいりたい。

もちろん、悪に対しては徹底して厳しく戦わなければならない。そのうえで、友には寛大に、人の幸せを考えてあげる余裕のある人であっていただきたい。

ああ、あの人は病気だ。あの人は経済的に悩んでいる。なんとか激励してあげよう――そう思い、祈り、動いてあげられるのが仏法者である。かりに自分は苦しくても、人には喜びをあたえる。その人が菩薩である。

自分は何があっても大丈夫だ。自分は心配ない。それよりも、あの人を救おう。あの人に希望をあたえよう。そういう「大きな心」の自分自身になっていただきたい。

それが仏道修行である。この修行の山を登れば、必ず盤石な福運が生命に積まれていく。

「皆から学ぼう」という余裕をもっていただきたい。

〝あの人の信心は立派だ。学ぼう〟〝あの人の家庭生活はすばらしい。学ぼう〟――だれからでも何か学ぶものがある。

つねに学ぶ謙虚さは、その人の大きさの表れである。

とくに、リーダーは、組織の立場が上というだけで、何でも自分が偉いように慢心してしまう。そういう傾向がある。そして、いばったり、立派な人を下に見たりする。それでは人々が離れる。自分の福運も消してしまう。

リーダーは、立場が上になればなるほど、「皆から学ぼう」という姿勢を強くもっていただきたい。まして仏眼・法眼すなわち「信心の眼」で見れば、メンバーは皆、仏様であり、諸天善神なのである。

リーダーとは「人に喜びをあたえる」人のことである。これがリーダーの根本要件である。一般的にも、人を悲しませたり、傷つけたり、抑えつけたりする人は、リーダー失格である。いわんや仏法の世界である。立場に傲って、いばるリーダーは、周囲からも嫌われ、自分自身をも不幸にしてしまう。

リーダーは、「あの人に会ったら、本当に『安心』した。『納得』し、心が安らぎ、『勇気』がわいてきた。『自信』がつき、『希望』が出てきた」
――そう言われるよう、努力してほしい。

上から号令し、命令するようなことは絶対にあってはならない。

友に、ふくよかな「安穏」をあたえゆく、優しいリーダーであっていただきたい。自分には厳しく、人には優しい。それが「信心が強い」人なのである。

26-3 自ら模範を示す

インド独立の父ガンジーのエピソードを通して、リーダー自身が自ら率先して実践し、自らを革命してこそ、相手の心を変革することができると訴えています。

池田先生の指針

「アジア平和文化会議」

（一九九九年二月二十一日、沖縄）

ガンジーのお孫さんのアルン・ガンジー氏が子どものころ、こんな経験をしたそうである。

とても甘い物が好きな男の子がいた。ガンジーのいた研修道場（アシュラム）に、両親とともに来ていた。

七歳くらいの男の子だった。甘い物を食べすぎて、全身に湿疹ができていた。

親がどんなに言い聞かせてもだめだった。隠れて甘い物に手を出してしまう。

悩んだ母親は、男の子を連れて、ガンジーのもとにやって来た。

母親の話を聞いて、ガンジーは言った。

「わかった。わたしが子どもに話してあげよう。ただし、十五日だけ待ってほしい。十五日たったら、また来なさい」

母親は、わけがわからなかったが、言われたとおり、十五日後に、やって来た。

するとガンジーは、男の子だけを自分のそばに呼んで、何か短い話をした。時間にして、たった三十秒ほど。それだけで、ガンジーの話は終わった。

それなのに、どうしたことか、男の子は、それ以来、ぴたりと甘い物を食べなくなった。母親は驚いた。

「まあ、ガンジーさんは、どんな魔法を使ったんだろう？」

後日、母親はガンジーのもとに行って、何を話したのか、聞いてみた。

ガンジーは答えた。

「わたしは別に魔法なんか使ってないよ。わたしは自分ができないことを、人に命じることはできない。だから、男の子に『甘い物を食べないように』と話す前に、私自身が十五日間、甘い物を断ったのだ。そのために、あなた（＝母親）に『十五日間、待ってほしい』と言ったのだ。子どもが来た時、私は『あれから十五日間、自分も甘い物を口にしないで、きたんだよ』と教えた。そして『君の病気が治って、君がまた甘い物を食べられるようになるまで、私も甘い物は食べない』と、男の子に話したのだよ」

つまり、「自分も頑張る。だから君も頑張れ！」――ここにガンジーの成功の秘密があった。

孫のアルン・ガンジー氏は語る。

「指導者、教育者は、みずから模範を示して初めて、人々を引っ張ることができます。これがガンジーの信念であり、カリスマ的な（神秘的なまでに人を引きつける）ガンジーの指導力の秘密でした。非暴力の真髄は、人を教育する力であり、教育とは『模範を示す』ことなのです」と。

創価学会の発展の秘訣も、指導者が模範を示したからである。「みずから実践」し、「みずから苦労」してきたからである。そうでなければ官僚主義になる。口先主義になる。

日本の国も行き詰まりきっている。その処方箋は、さまざまに論じられている。

「こうすればいい」「ああすれば良くなる」。それはそれで結構だが、一つだけ欠けていることがある。それはじつに単純なことである。

「言っている人間が、模範を示せ！」ということである。

すばらしい話をしている当人が、その話を、そのまま実践したら、あっというまにすばらしい国になるはずである。しかし、現実は反対である。「自分は利己主義で生きて、人には我慢と忍耐を説く」ような指導者が多すぎる。

例の男の子の家では、家族みんなが甘い物が大好きで、いつも食べていた。それでいて子どもにだけ「甘い物はやめなさい」と言っても、聞くわけがなかった。

インドの独立運動の時、あの厳しい戦いに、どうして人々は耐えられたのか？　ある時は「とても無理だ」というような苦しい課題もあった。

それでも人々がガンジーに従ったのは、なぜか？

それは「ガンジーは自分がやっていないことを、人々には要求しなかった」からである。デモの時も、自分が先頭に立った。いつも「いちばん大変な所」に行った。じつは、ここに非暴力の真髄がある。

「まず自分を革命する。それを通して、相手の心を変革する」。これである。

26-4 心をつかむ慈愛と知恵

一人一人の状況や心情に応じてこまやかに心を砕き、柔軟に聡明に接していく慈愛や知恵こそが、価値創造のリーダーの要件であると語っています。

池田先生の指針

「本部幹部会」（一九九六年二月二十四日、東京）

日蓮大聖人は仰せである。

「人のものををしふると申すは車のおもけれども油をぬりてまわり・ふねを水にうかべてゆきやすきやうにをしへ候なり」（御書一五七四ページ）

――人がものを教えるというのは、車輪が重かったとしても油を塗ることによってまわるように、また、船を水に浮かべて進みやすくするように教えるのである――。

大切なご指導である。車輪が重いのに、油も差さずに無理やりまわせば、壊れてしまうであろう。人にものを教えるということも同じである。「この人の心を軽くしてあげるためには、今、何を話してあげればよいのか」「あの友が生き生きと前進するには、どう励まし、何をしてあげるのが、いちばんよいだろうか」。このように心をくだくことである。

相手が何を思っているかも考えずに、一方的に〝指導〟したとしても価値がない。相手が、おなかがすいているのに、長々としゃべる（笑い）、体の調子が悪いのに、ただ頑張れ、頑張れ――これでは頑張ろうと思っている人でさえ、いやになってしまう。

相手が求めているものをあたえる。何をしてあげればよいかを考える、手を打つ――この慈愛が大切なのである。慈愛から知恵は生まれる。

たとえば男子部、学生部には、どんなむずかしい話をするよりも、「おなかがすいているだろう。おそばでもごちそうしてあげよう」と言ってあげたほうが、発心する場合もある（笑い）。なかなか広布の活動が進まないで悩む女子部員に、「心配しなくてもいいよ。私がやっておくから」と、言葉だけでも（笑い）かけてあげれば、どれほど安心をあたえることができるか。

事実、広宣流布の結果を出そうという、その「心」があれば、それだけですばらしいことなのである。

画一的な指導はいけない。一切法が、すべて仏法である。宇宙全体が、森羅万象が、すべて仏法なのである。

大きく、広々と考えていくべきである。柔軟に、また自在に知恵を使って、皆を元気にしていくことである。それが本当の「強盛な信心」である。

妙法の大確信をもって、こまやかに心をくだき、柔軟に、聡明に、友の心に応えていく。これがリーダーの条件である。そうでなければ、多くの人の心をつかむことはできない。広宣流布はできない。こういうリーダーが増えていけば、広宣流布はさらにさらに拡大していく。

26-5 組織はリーダーで決まる

組織を発展させていくためには、何よりもリーダー自身が人間革命に挑み、自らの境涯を開いていくことが重要であると強調しています。

池田先生の指針

「牙城会大学校五期生大会」（一九九〇年八月二日、静岡）

広布の伸展にともない、組織が大きくなっていく。問題は、組織の発展・規模に、人間の成長が追いついていくかどうかである。もし、それができなければ、組織を〝幸福のための手段〟として使いこなすことができなくなる。そして逆に、組織の歯車として人間が使われていくような、会員を手段化してよしとする〝組織悪〟に陥ってしまうであろう。

要するに「人間」と、官僚的命令系統で組織を動かそうとする「組織力学」との競争であり、「心」と「形」との競争であるともいえよう。

そこでもっとも大事なことは何か。それは、組織の前途を担うリーダー自身が、月々日々に境涯を開きゆくことである。〝組織は、ある意味で、その中心者の器以上にはならない〟ということである。

人々の先頭に立つリーダーが、真剣に学び、懸命に戦い抜いて、「人間革命」し、境涯を開いていく以外に、組織をよくしていく道はない。まず自分自身の中に、人間的な組織の発展をもたらす「因」を築いていく――こうした信仰の基本に絶えず立ち戻って出発する。これがまた、大聖人の「本因妙の仏法」の精神にのっとった生き方である。

私は、いかなる広布の法戦に臨んでも、真っ先に進んで戦い、みずからの境涯を開いてきた。そして、皆が安心して進んでいけるように、舞台を切り開いてきたつもりである。だからこそ、私は叫んでやまない。後継の将たる若き諸君は〝徹して自身を磨き抜け〟と。

リーダーにとって、自身の境涯を開く実践とは何か。

端的にいえば、正法の信心の深化は当然のこととして、広布に励みゆく同志に、徹して奉仕することである。より謙虚に、より真剣に、同志を尊敬し、守り抜いていく。友のために知恵を尽くし、みずから率先して動くことである。

26-6 広宣流布のための役職

創価学会の役職の重大な意義と責務について、明快に語っています。

池田先生の指針

「第二総東京最高協議会」（二〇〇五年二月三日、東京）

創価学会は、仏意仏勅の広宣流布の団体である。ゆえに、創価学会の役職は、広宣流布のための役職である。そこには、重大な意義がある。

その重大さを自覚し、責任をもって自分の役職を全うしていく人は、最も価値ある、最も充実した人生を生きることができる。永遠にわたる福徳を積みながら、勝利の方向へ、幸福の方向へと、確固たる軌道を歩んでいくことができる。

国家にも、会社にも、さまざまな団体にも、役職はある。しかし、学会の役職は、それらとまったく次元が違う。三世の生命を貫く、妙法を根幹としているからである。

社会的な肩書などを優先して、学会の役職を下に見るようなことがあってはならない。

愚かな人間は、学会の役職を軽んじ、いい加減に考える。その人は結局、自分自身の福運を破壊し、不幸と敗北の坂道を転落していく。

もちろん、役職で信心が決まるわけではない。幹部がいばるのは論外であり、人間として最低である。リーダーは、多くの会員に尽くし、奉仕していく責務がある。

また、役職で人を縛ることもない。心は自由自在でよいのである。大切なのは、あくまでも信心である。問題は、役職を担った人の自覚である。

学会は、人を救うための組織である。悩める人々に信心を教え、皆が幸福になっていくための組織である。その組織における役職は、これほど尊いものはない。

みずからの責任をいちだんと深く自覚し、立派に果たし抜いていくことだ。その功徳は絶大であり、生々世々、三世にわたって、崩れざる幸福を約束する生命の位を得ていくのである。

26-7 生き生きと生きよ

それぞれの地域や立場で広宣流布の指揮を執る壮年部や青年部の代表に対して、学会のリーダーのあり方について、懇談的に、さまざまな角度から語っています。

池田先生の指針

各部代表との勤行会（二〇〇四年九月十一日、東京）

戸田先生はつねに真剣勝負であった。上が本当に真剣であれば、皆も真剣になる。そこには、厳しいなかにも、温かい心が通いあうものである。

「要」となる人間の自覚がどうか。行動がどうか。それが、本末究竟して全体の勝利も敗北も決定していく。

仏法は峻厳である。信心の一念においては、少しも、迷いや狂いがあってはならない。

わがままな自己中心の心、増上慢の心は、自分の信心を壊し、人の信心をも壊してしまう。

「慢心」は信心を破壊する「魔」である。慢心を打ち破ってこそ、広宣流布の新しい発展が始まることを、わが胸に刻みつけていただきたい。

男性は女性を大事にし、尊重していかねばならない。また、先輩は後輩を守り、伸ばしていくことだ。

立場が上になるほど、人に対して謙虚になる。いばらない。その人が本当に偉い人間である。

どこまでも、生き生きと生きることだ。

「年は・わかうなり福はかさなり」（御書一一三

五ページ）と仰せのとおり、それが信心の証しであるからだ。

「煩悩即菩提」の仏法である。猛然と祈り、悩みなど全部、吹き飛ばしていくのだ。

まして現代は、激しい変化の時代である。何事も、スピードが速い。

そうであればあるほど、リーダーは若々しくなくてはいけない。

動かない。弱々しい。広布のために戦わない。その人は、どんどん、ふけこんでしまう。

戦い、動き、同志のために頭を使う。果敢に勝負に挑んでいく。その人は、つねに若い。長生きする。喜びの人生となる。

胸を張り、ぱーっと風が吹き抜けるように快活に進む。雄弁である。顔色もよく、生命力に満ちている。それが「勝つリーダー」の姿といえよう。

学会の役職は、最高に尊い広宣流布の役職である。大きな責任を担うほど、苦労も多いが、功徳も大きい。人間として勝利する。社会においても輝き、勝っていける。自分にとって得である。

ここには副役職の人もいる。もしも自分の責任を明確にせず、手を抜けば、功徳は出ない。大事なのは、広布へ戦う心が燃えているかどうかだ。「心こそ大切」なのである。

清き心で、信心に徹するならば、永遠に輝きわたる自分自身の生命の鏡を磨いていけるのである。

広布の道をまっすぐに進み、わが使命の舞台で勝利と栄光の歴史を残していただきたい。

26-8 「人」を見つけ「人」を育てよ

人材を見つけ、自分以上に育てることが創価のリーダーの使命であるという永遠の指針を語っています。

池田先生の指針

「本部幹部会」(一九九四年一月二十日、東京)

牧口先生、戸田先生は、「人材育成」に最も熱心であった。

一切は「人」で決まる。「人材」で決まる。

「法」といっても「人」が大切である。「法」は「人」によって弘まり、「人」は「法」によって栄える。

ゆえに幹部の皆様は、人材の育成に全力で取り組んでいただきたい。

後輩を自分の〝部下〟のように思ってはならない。「自分以上の人材なのだ」「自分以上に育てていくのだ」――この決心が人を育て、自分を育てる。

「皆を幸福にしよう」「皆を偉くしよう」「皆の力を発揮させよう」――指導者は、ここに心をくだくべきである。

ただ漫然と活動しているだけでは、人は育たない。意識して祈り、育てなければならない。惰性の動きを繰り返しても、立体的な人材の「金の塔」を築くことはできない。

牧口先生は、人材を育てることは、「砂の中から金を探すようなもの」と言われていた。まったく、そのとおりである。

牧口先生は、学会の同志をこうたたえておられる。

「諸君は真に『砂中の金』である。金は金でも初めからの金ではなかった。光ってはいなかった。泥まみれの石であった」「それがひとたび見出されてみると、立派な金として光っておられる」と。

人はだれでも、その中に「黄金の輝き」をもっている。その黄金の光を、どのように輝かせてあげるか。このことをつねに考え、実現するのが指導者である。

大勢の人と会うことも大事、広く動くことも大事である。しかし、それは何のためか。

結局は、「金の人材」を見つけ、育て、その「黄金の光」を輝きださせるためである。その〝一点〟を忘れてはならない。

ゆえに戸田先生は、牧口先生のお心を継がれて師子吼された。

「学会は人材の城を築け！」と。

「人材の城」——私どもの永遠の指針である。人材で戦い、人材で勝ち、人材で永遠に道を開く。これが、学会のモットーである。私もまた、本年からいちだんと人材育成に力をいれていく決心である。

組織の上にあぐらをかく〝要領〟の人間ではなく、「本当に戦う人材」「会員のために苦労できるリーダー」「世界に通用する指導者」を育てたい。動きながら訓練し、徹して育成してまいりたい。

26-9 創価学会における人材とは

創価学会における人材とは、どういう人をいうのか？　小説『新・人間革命』には、山本伸一が人材について語る場面が描かれています。

池田先生の指針

『新・人間革命』

〈沖縄の高等部員に対して〉

「沖縄の高等部員の皆さんにお会いすることができて、本当に嬉しい。

このなかから、必ず、未来を担う大人材が出ると信じます。

では、人材の要件とは何か――。

広宣流布の使命を自覚することです。人は、なんのための人生なのかという、根本目的が定まっていなければ、本当の力は発揮できないものです。また、力をつけ、立派な地位や立場を手にしたとしても、自分の立身出世のみが目的になっていれば、社会への真の貢献はできません。

才能の開花も、知恵の発揮も、忍耐も、すべて広宣流布の使命を自覚するところから生まれるものであることを、知ってください。

さらに、人材とは、人格の人であるということです。人への思いやり、包容力、自分を律する精神の力、正義への信念と意志等々、人格の輝きこそ、人間として最も大事です。それには、精神闘争が必要です。自分の弱さに挑み、苦労に苦労を重ねて、自己の精神を磨き上げていくことです。

そして、人材には、力がなくてはならない。心根は、清く、美しくとも、力がないというのでは、民衆の幸福、平和を築くことはできない。だから、何か一つでよい。これだけは誰にも負けないというものをもつことが必要です。

わが弟子ならば、全員が大人材であると、私は確信しております。

皆さんこそ、私の宝です。沖縄の誇りです」

（第13巻「楽土」の章）

〈仙台市（宮城）の青葉城址で「学会は、人材をもって城となすのだ！」と語った戸田先生の言葉を思い起こしながら〉

人材とは、いかなる人物をいうのか――。

社会的に立派な地位や肩書、技能、財力などがあれば人材かというと、決して、そうではない。どんなに高い地位や優れた能力等があっても、それが、他人を見下したり、利己的な欲望を満たしたりするためのものであれば、人びとの幸福のために寄与する力とはならないからだ。

人材とは、どこまでも広宣流布の誓願に生き抜く、信心の人である。広宣流布に生きるとは、自他共の幸福のため、社会の繁栄と平和のために生きるということである。この人生の根本目的が確立されることによって、自身のもっている知識も、才能も生かされ、大きく開花していくのである。人間の一切の力、可能性を引き出していくカギは、ひとえに信心にある。「信心」の二字には、すべてが納まっているのだ。ゆえに、人材の根本要件は、一言すれば、強盛な信心に立つことに尽きるのである。

（第28巻「大道」の章）

26-10 必死の一人は万軍に勝る

〝難は自分一人が受けて、師匠と同志を守り抜く〟という誓願の祈りと戦いを貫いて、世界広宣流布の道を開いてきた峻厳な真実を語っています。

池田先生の指針

「日本・イタリア代表者会議」

（二〇〇〇年八月十一日、群馬）

私は、五十三年前（一九四七年）の八月、戸田先生の弟子となった。

入信して間もなく、「如説修行抄」を拝した。その一節に、こう仰せである。

「真実の法華経の如説修行の行者の師弟檀那とならんには三類の敵人決定せり、されば此の経を聴聞し始めん日より思い定むべし況滅度後の大難の三類甚しかるべしと」（御書五〇一㌻）――真実の法華経を、仏の説の如く修行していく行者の弟子檀那となる以上は、三類の敵人が出現するのは決定的である。それゆえ「この大法を聞いた日から、覚悟を定めなさい。末法には在世以上に三類の敵人がはなはだしく現れるのである」（と、かねがね言ってきていた）――。

戸田先生の不二の弟子として、私は誓願した。「難は、私一人に受けさせてください。そして、師匠・戸田先生を守り、全学会員を守らせてください」と。

そして、この五十三年間、そのとおりに、祈りきり、戦い抜いてきた。

御聖訓どおりの「三類の強敵」と、これだけの激しい戦闘を続けながら、だれ一人として犠牲にすることなく、百六十三カ国・地域（＝現在、百九十二カ国・地域）にわたる「世界広宣流布の道」を開いてきたことは、私の最高の誉れである。

大聖人は、竜の口の頸の座において、「これほどの悦びをば・わらへかし」（御書九一四ページ）――これほどの悦びはないと、笑っていきなさい――と言い放たれ、佐渡流罪の渦中にあって、「流人なれども喜悦はかりなし」（御書一三六〇ページ）――流人の境遇にありながら、生命の奥底から、喜悦が限りなくあふれてくる――と仰せである。

人生は、広宣流布の闘争は、「煩悩即菩提」である。苦労が大きければ大きいほど、喜びも大きい。功徳も大きい。そして、境涯も大きくなる。

ゆえに、指導者は「自分が、いちばん苦労してみせる！」と決めることである。同時に、「自分が、いちばん楽しんでみせる！」と朗らかに、悠々と生き抜き、戦い抜いていくことである。

その人は、無敵である。その人には、誰人たりとも、かなわない。

「必死の一人」は千万軍に勝る。戦いは、リーダーの執念で決まる。責任感で決まる。

「断じて勝ってみせる！」「必ず、わが地域の広宣流布は成し遂げてみせる！」

草創の同志は皆、この心で立ち上がった。

その決心があれば、人材は出てくる。仏菩薩に厳然と感応していくのである。

要するに、決定した「祈り」である。そして、春になると、野の花がいっせいに咲き薫るように、時が来れば、必ず、すべてが開花していく。

26-11 学会の役職は責任職

二〇〇六年の年頭、日本各地が記録的な大雪に見舞われるなか、池田先生のもと、新春の本部幹部会が行われました。そのスピーチの冒頭、池田先生は、大雪で交通事情の大変ななか全国各地から集った同志を心から讃えました。

池田先生の指針

「本部幹部会」(二〇〇六年一月六日、東京)

この年末から年始にかけて、北海道、東北、信越、北陸、中国等々、全国各地で記録的な大雪になった。とくに、秋田、新潟、福井をはじめ、大雪のなかで奮闘しておられる皆様方に、心からのお見舞いを申し上げます。

大雪で交通事情の大変ななか、勇んで集まってくださった皆様方、本当にご苦労さまです。パン屋さんを営んでいる総秋田の婦人部長は、じつに二日がかりで駆けつけてくださった。そういうことも、よくうかがっている。

私は、小さなことも含めて、どんなことでも、四六時中、報告を聞く。交通事故が起きれば、どこで起きたのか。今、病院に入っているのはだれで、どんな具合なのか。朝から夜中まで、連絡が入ってくる。今まで、真夜中に跳ね起きて、お題目をあげたことが何度あったか。

学会の役職は、一般世間でいうような「位」や「立場」とは関係ない。ただただ、会員のために、広布のために、峻厳な責任をもって、すべてやりきる――これが、本当の創価学会の指導者である。このことを、未来にわたって絶対に忘れてはならない。

日蓮大聖人は言われた。

「雪の中を踏み分けて（あなたは使いを身延の山中にいる私に）寄こしてくださいました。その御志は、必ずや法華経も十羅刹女も知っておられることでしょう」（御書一三八八ページ、通解）

大雪の被害を知ったとき、私はすぐに、この御文を思い出した。

雪の中を踏み分けて、妙法のために――。その尊き「志」とは、現代の私たちに広げていえば、真剣な「指導・激励」である。「折伏」である。また、広宣流布のための「連絡・報告」等にあらわれるとも言えよう。

大聖人は、そうした志を最大に讃え、「あなたの志は、すべて知っていますよ！」と励ましておられるのである。健気な皆さん方を、大聖人はどれほど賞讃してくださっていることか。その功徳は計り知れない。

もちろん、決して無理をしないでいただきたい。幹部は、安全第一、健康第一で、皆に絶対に無理をさせないよう最大の配慮をお願いします。私は豪雪地域の皆様の無事・安穏を心から祈っています。

26-12 「最上第一の相伝」

同志を尊敬する。人間を尊重する。ここにこそ、釈尊、そして日蓮大聖人の仏法に脈々と通う「最上第一の相伝」があることを、高らかに宣言しています。

池田先生の指針

「豊島・文京・台東文化音楽祭」

（一九九一年十二月二十一日、東京）

労苦をいとわず、骨身を惜しまず、学会員のため、仏子のため、広宣流布のために尽くす皆様方の献身の行動。それが、どれほど尊いものであるか――。

仏子を守り、大切にする振る舞いのなかに、法華経の精髄があり、大聖人の仏法の根本精神が脈動している。

釈尊が、法華経二十八品でいちばん最後に説いたのも、まさにこの点であった。それは「この経を受持する人を、まさに仏の如くに敬いなさい」ということである。

すなわち、普賢菩薩勧発品第二十八の最後で、釈尊は普賢菩薩にこう呼びかけている。

「若し是の経典を受持せん者を見ば、当に起って遠く迎うべきこと、当に仏を敬うが如くすべし」（法華経六七七ページ）

――もし、この妙法を受持する人を見たならば、必ず、立ち上がって遠くまで出迎えるべきことは、まさに仏を敬うように大切にしなさい

――と。

これが、釈尊が法華経で最後の最後に説いた教えである。またそれは、私どもが身をもって実践してきた経文である。

仏子である会員の方々を最大に大切にし、真心をこめて奉仕する。それが学会のリーダーの根本の姿勢でなければならない。その〝心〟があるからこそ、学会はここまで発展してきた。「会員第一」の精神は、永遠に不変である。

大聖人の「御義口伝」には、この普賢品の文について、次のように仰せである。

「此の品の時最上第一の相伝あり、釈尊八箇年の法華経を八字に留めて末代の衆生に譲り給うなり八字とは当起遠迎当如敬仏の文なり、此の文までにて経は終るなり」（御書七八一ページ）

――この普賢品の中には、最上にして第一の相伝がある。すなわち、釈尊が八年間にわたって説いた法華経を八文字に留めて、末法の衆生に譲り与えられたのである。その八文字とは「当起遠迎当如敬仏（当に起って遠く迎うべきこと、当に仏を敬うが如くすべし）」の文である。この経文までで、法華経の説法は終わるのである――。

「当の字は未来なり 当起遠迎とは必ず仏の如くに法華経の行者を敬う可しと云う経文なり」（同ページ）

――「当に」という「当」の字は、未来のことである。「当起遠迎」とは（末法において）必ず仏の如くに法華経の行者を敬っていきなさいという経文である――と。

妙法受持の人を、最大に尊敬し、大切にすること。その教えこそ「最上第一の相伝」であると述べられている。

「当に」とは「未来」、つまり末法の「今」の時であると仰せである。また「法華経の行者」とは、別しては大聖人であり、総じては末法広宣流布に生きゆく大聖人門下であると拝される。


「仏子」を尊敬せよ。「人間」を尊重せよ。ここに最第一の「相伝」がある――。

釈尊、そして大聖人の仏法に脈々と通う「人間主義」「人間愛」に、私どもは深く感動する。感謝する。心から納得する。その教えどおりに、永遠に進みゆくことを誓いあいたい。

第二十七章　師弟こそ創価の魂

27-1　師弟——崇高な魂のリレー

御書には「師子とは師は師匠子は弟子なり」（七七一ページ）と仰せです。師弟に生き抜く人が師子である——師弟こそ、日蓮仏法の根幹をなすものです。

いかなる苦難も乗り越えて、人間革命と広宣流布の道を貫き通していくためには、絶えざる生命の啓発を可能とする「師弟」の一念こそが大切です。牧口先生、戸田先生、そして池田先生の創価三代の崇高な師弟によって、日本に世界に広宣流布の大道が開かれてきた歴史が、それを明確に示しています。

本章は、この師弟の重要性を論じた池田先生の指導をまとめています。

冒頭の節は、ブルガリアのアクシニア・ジュロヴァ博士との対談集『美しき獅子の魂』のブルガリア語版発刊に際し、池田先生がブルガリアの読者に向けて応じたインタビューの内容からです。

その結びの部分で、大いなる理想を後世に伝え実現していくために不可欠な要件として、「師弟」について普遍的に語っています。

池田先生の指針

『美しき獅子の魂』発刊記念のインタビュー
（二〇〇〇年八月十日、聖教新聞）

師弟というテーマは、人によって、団体によって、国によって、さまざまに論議があるかもしれません。

正義と情熱と活力をもって、国や社会を、時代をつくりゆく道は、師弟しかないのです。

師は弟子に、自分が成し遂げようとするあらゆることを、正義を教えていく。

なぜか。人生には限りがある。どうしても、バトンタッチをして次へ、また次へと託していく以外にないからです。

しかし、それをせずに、政治家にせよ、教育者、経済人、著名人にせよ、最後まで独善的に、あぐらをかいて、居すわろうとする人間がいる。

そこに毒がある。濁流が、いつのまにか心に入りこむ。傲慢になって、弟子や、後に続く人たちを、上から見おろす。最後は、ともに破滅してしまう。

そうではなく、自分は謙虚な気持ちで、「次は、この青年たちが、弟子たちが、自分を乗り越え、より以上の大きな成果を上げていくのだ。そういう力をもっているのだ。使命があるのだ」――と。

その繰り返しに人類の発展がある。正しき方向への歩みがあります。それを忘れた国、忘れた団体、忘れた人生は、どうしても最後は、みじめであり、行き詰まります。

人間だけがもつ、師弟という尊い宝を継承していく。このことを、もっと見つめ、もう一度、復権させ、その真実の姿を実践する道を見いだしていかねばなりません。

そうでなければ、人類は皆、同じ苦しみ、同じ憎しみ合い、同じ葛藤を繰り返してしまう。それを私は恐れます。師弟がなくなることが、そこにつながるのです。

結論的に言えば、世界史を見ても、また明治維新など日本史を見ても、大いなる革命には「師弟」がありました。

師匠は、このように決意した。しかし牢獄に入れられ、殺された。あるいは途中で病死した。戦死した。その志を自分が受け継ぎ、実現するのだ――。

こんな美しい、こんな素晴らしい「魂のリレー」「魂のバトンタッチ」の姿はないのではないでしょうか。

師弟なくして、自分の時代だけで終わってしまえば、これは「小さな劇」のようなものです。自己満足になってしまう。

その一方で、大河の流れのように、悠久たる人類の流れがある。それは、バトンタッチしながらのリレー競走のようなものです。それが師弟です。

仏法は「師弟不二」と説きます。

〝師が上で、弟子が下〟ではない。同じ目的に向かって、ともに進んでいくのです。

今世の弟子が来世は師になる――そういう説話も、仏典には多くあります。

ただし、師は師として、厳然としていなければ、「和」を崩してしまう。師が厳然としているところは、何があっても、いい方向に向かう。そうでないと混乱してしまう。

「同じ道を走りゆくランナー」――これが師弟です。

同じ正義の道を、人類の平和の道を、幸福の道を、受け継いで走っていく。戦っていく。先のほうを走っていくのが師匠です。弟子がバトンを受けるのです。

師匠がいなければ、偉大な事業はできない。だから、師匠を尊敬するのは当然といえましょう。師匠から教わったこと、未来に残されたことを弟子がやるのですから。

戸田先生は、よく言われました。

「弟子は、師匠よりも、師匠を乗り越えて、偉くなれ」と。

師匠だから、おれについてこい。自分の言うことは、全部、聞け――これは小さな師匠といえます。

自分を乗り越えていけ。自分ができなかったことを頼むぞ。やりきってくれ――これが偉大な師匠です。

それを「よし、乗り越えていこう」と受け継いでいくのが、偉大な弟子なのです。

27-2 師匠と弟子は針と糸

師弟とは、封建的な上下関係などではなく、大いなる理想を共有し受け継いでいくなかで、真の人間性の開花を可能にする最高の軌道であることを、わかりやすく述べています。

池田先生の指針

『私の人間学』

人間が自身の使命を知り、生きていくうえで、また、社会を向上、発展させるうえで、師弟というものの大切さが実感されてならない。

師弟などというと、今日では、どこか古めかしい、封建的なものといった印象が強いようだ。しかし、決してそうではあるまい。

学問にせよ、スポーツにせよ、何かを習得しようと思えば、必ず指導者が必要になる。良き指導者がいれば、上達も早いし、向上も著しい。だが、自分ひとりで習得しようとすれば、徒労も多く、またすぐに行き詰まってしまうものだ。同じように、人生をより有意義に、最大に価値あるものにしていくためには、生き方の根本的な価値観や人間観などを教えてくれる良き指導者、すなわち〝人生の師〟が必要である。

それは、身分による上下の関係でもなく、利害や報酬に基づいた契約関係でもない。同じ目的を分かち合い、信頼を基盤とした最も自発的にして純粋な精神の融合といってよい。そのような

「人」と「人」との絆のなかでのみ、真に人間ははぐくまれ、開花していくのである。

そう考えると、良き師、偉大なる師に巡り合えた人生は、最高の人生といえるのではあるまいか。

また、大きな理想というものは、師と弟子とがそれを共有し、弟子が師の遺志を継いでこそ、初めて成就していけるものである。

師匠と弟子とは、針と糸の関係にもたとえられよう。師が道を開き、原理を示し、後に残った弟子たちが、その原理を応用、展開し、実現化していく。

また、弟子は師匠を凌いでいかなくてはならない。一方、師は弟子たちのために一切をなげうち、捨て石となる覚悟でなくてはならない。

若い青年たちの輝かしい未来の大道を開き、活躍の檜舞台をつくるためには、いかなる労苦もいとうまい、勇んで犠牲にもなろう、それが自分の責務であると、私はいつも心に誓っている。

27-3 釈尊の十大弟子

釈尊の十大弟子の話を通して、師匠の教えに応えようと苦闘するなかでこそ、個性や才能が磨かれ、わが使命と可能性が開花していくと語っています。

池田先生の指針

「青年部記念幹部会」（一九九〇年四月二十日、東京）

よく知られているように、釈尊には「十大弟子」がいた。彼らは、師・釈尊のもと、修行で培った個性と、類いまれなる資質を弘法の〝武器〟として、正法流布のために捨て身で戦ったのである。

十大弟子とは――

①舎利弗。智慧第一といわれた。外道の弟子であったが、目連とともに釈尊に帰依した。釈尊の代わりに説法ができるほどの優れた弟子であったが、釈尊よりも早く亡くなっている。

②迦葉。頭陀第一。彼は地味で人気はない。しかし、頭陀（＝厳格な戒律の修行）に優れ、重厚な人格者であったと想像される。この地味な人が、釈尊入滅後の教団維持の要となる。

③阿難。多聞第一。釈尊に常随給仕した弟子で、仏の説法をもっとも多く聞いていた。温和で優しい好青年であり、女性の出家の希望を釈尊に取り次いだ。

④須菩提。解空第一。よく空を悟ったことから、この名で呼ばれる。穏やかな気性で、だれと

でも仲がよく、いわば〝人格円満〟なタイプであったようだ。

⑤富楼那。説法第一。雄弁の人であった。

⑥目連。神通第一。神通には、一つには神足通の意味もあり、十方に往来できる能力をさす。コンビの舎利弗が〝思考派〟であったのに対し、彼はいわば直観力とパッション（情熱）に富んだ〝行動派〟であった。

⑦迦旃延。論議第一。緻密な〝理論派〟で、他宗教との論争、釈尊の教えの解説などで活躍した。

⑧阿那律。天眼第一。釈尊の説法中に居眠りをし、釈尊に叱責される。反省した彼は以後、眠らない修行を続け、無理が高じて盲目になった。肉体の眼を失ったが、人よりはるかに深い洞察力や判断力をそなえた天眼を得た。

⑨優波離。持律第一。当時のインドの下層階級の出身で、特別な力量はなかったが、釈尊の教えを篤実に持ち守った。いわば〝庶民派〟の代表である。

⑩羅睺羅。密行第一。密行とは、綿密な修行、正確な修行の意である。彼は釈尊の出家前の実の子どもで、十五歳で修行を始める。釈尊の子ということで苦労もするが、その分、こまかな点まで気がつき、だれもが認めざるをえない存在となった。

十人についてはさまざまな経典があるが、それらを総合すると、ほぼこうした人間像が浮かんでくる。このように釈尊は、まったく違った十人の弟子の〝個性〟を見事に開花させていった。

青年・釈尊を中心に出発した新興の「仏教教団」――。組織も、建物も、信用も、何一つ、まともなものはない。あるのは釈尊との〝師弟の絆〟だけであった。これが仏教の原点の、現実の姿であった。

こうしたなか、釈尊の心をうけて、弟子たちは弘教に励んだ。

釈尊は入門させるやいなや、すぐに弘教を命じた。

「一人で行って、法を説いて来なさい」――。ただちに「遊歴教化せよ」と。

弘教には、一切の修行が含まれている。これ以上の人間修行はない。ゆえに、この根本の実践を忘れては、人間の錬磨はない。「人間」が成長しなければ、組織の力のみに頼るようになる。そこから、さまざまな組織悪が生まれる。

徹底した弘教の実践こそ、仏法の生命である。それが釈尊の教えであり、なかんずく御本仏日蓮大聖人が、身命を賭して門下に示された成仏への直道なのである。

十大弟子は、初めから「自分はこれだけをやればよい」と考えていたのではない。全身全霊で仏道修行に励み、教団の建設に苦労するなかで、おのずから個性が磨かれ、それぞれの〝得意技〟〝武器〟が定まっていったと考えられる。

その実践は、五体にきざまれた師の教えを、どう〝表現〟するかという苦闘の連続であった。師の教えに応えようとする弟子たちにとって、一瞬一瞬が真剣勝負であり、一歩も退けない法戦であったにちがいない。

また師の側からみれば、弟子たちを行動させることによって、その可能性、適性というものも、すべてわかる。外見だけでは、なかなか判断できない。

自己を鍛えに鍛え抜いて、はじめて自体顕照がある。生命の奥底から〝個性のダイヤモンド〟が輝きを放っていく。

こうした〝人間性の開花〟は、政治や経済の次元では決して得ることはできない。また、教育にも限界がある。生命そのものを錬磨しゆく信心修行の深い意義が、ここにある。

27-4 日蓮仏法の根幹は「師弟」

日蓮大聖人が師弟の重要性を強調されたことに触れて、師弟不二こそが広宣流布を永遠ならしめる要諦であると語っています。

池田先生の指針

「第二総東京最高幹部協議会」

（二〇〇八年四月五日、東京）

「異体同心」の前進のために、一番、肝心なことは何か。

それは「師弟不二」で生き抜くことだ。「師弟不二」こそ、「異体」を「同心」たらしめる要諦である。

日蓮大聖人は、油断ならない状況のなかで信心に励む池上兄弟の二人に、こう教えられた。

「こう言うと恐縮ですが、お二人がともに日蓮のことを（師匠として）尊いと思い合わせていきなさい。もし二人の仲が不和になられたならば、二人に対する（諸仏・諸天等の）加護がどうなってしまうかと考えていきなさい」（御書一一〇八ページ、通解）

一人一人が、師と心を合わせ、広宣流布に前進する決意を深めていった時に、初めて異体同心の団結が固まる。そこにこそ、妙法の功力が燦然と発揮されていくのである。

さらに御書を拝したい。

「日蓮が弟子と云って法華経を修行せん人人は日蓮が如くにし候へ、さだにも候はば釈迦・多宝・十方の分身・十羅刹も御守り候べし」（九八九ページ）

「もし法師に親近するならば、速やかに悟りの道を得るであろう。この師に従って学ぶならば、恒河の沙の数ほどの仏にお会いできよう」（一〇七〇ページ、通解）

「弟子と師匠とが心を同じくしない祈りは、水の上で火を焚くようなものであり、叶うわけがない」（一一五一ページ、通解）

「法華経の大海のような智慧の水を受けた根源の師を忘れて、よそへ心を移すならば、必ず地獄等の六道の迷苦の生死を経巡るという災いにあうこととなろう」（一〇五五ページ、通解）

一つ一つの御金言に明確なように、仏法の極意は「師弟」にあるのだ。

日興上人は仰せである。

「この大聖人の法門は、師弟の道を正して、成仏していくのである。師弟の道を、少しでも誤ってしまえば、同じく法華経を持っていても、無間地獄に堕ちてしまうのである」(「佐渡国法華講衆御返事」、竹内理三編『鎌倉遺文　古文書編37』所収、東京堂出版、通解)

「師弟不二」にこそ、成仏を決しゆく根幹がある。

そして「師弟不二」にこそ、広宣流布を永遠ならしめる大道がある。

これまでも論じてきたように、日興上人と、違背の五老僧を決定的に分けた点が、「師弟不二」であった。

日興上人は、日蓮大聖人を「末法の御本仏」と正しく拝し、あくまでも自身を「日蓮大聖人の弟子」と誇り高く称されていた。

それに対して、五老僧は、権力に媚びへつらい、弾圧を恐れて、愚かにも、「天台沙門」と名乗った。さらに、大聖人が庶民のために仮名まじりで記された御手紙などを、師の恥であるといって、焼き捨てたり、すき返したりした。

日興上人御一人が、この仮名まじりの御書を大切に護り、未来に翻訳して、中国やインドなど世界へ伝えていくことまで、御心に定めておられたのである。(＝日興上人は「日本の大聖人の金言も、広宣流布する時は、また仮名文字を翻訳して、インド、中国に流通すべきである」〈御書一六一三ジペー、通解〉と仰せである)

「師弟不二」を厳粛に貫き通された日興上人と、師弟に徹しきれなかった五老僧の違いは、あまりに歴然としていた。

広宣流布は「師弟不二」であってこそ成し遂げることができるのである。

「師弟」という柱がなければ、たやすく自分の感情に流され、時代の状況に流されてしまうからだ。「師弟」がなければ、難に直面したとき、あまりにも、もろく崩れ去ってしまうからだ。

大聖人の御入滅後、日興上人の峻厳なる師弟不二の大闘争は、半世紀以上に及んだ。その烈々たる執念の破邪顕正の法戦によって、五老僧の邪義は、完璧に打ち破られたのである。

戸田先生が逝去されて五十年――。

私は、先生の直弟子として、一点の曇りもなく、万年に輝きわたる「弟子の道」「後継の道」「不二の道」の規範を打ち立てることができたと確信している。

27-5 生涯「弟子の道」を貫く

日本の仏教が堕落した原因は師弟の道を外れたことにあるという日蓮大聖人の仰せを踏まえつつ、創価学会は、三代の会長が師弟の道に徹し抜いたからこそ、広宣流布の大道を開くことができたと語っています。

池田先生の指針

「本部幹部会」（一九九八年二月三日、東京）

なぜ、日本の仏教が堕落し、狂ってしまったのか。日蓮大聖人は、「それは師匠を軽く見たからだ」と明快におっしゃっている。

日本の仏教の中心地であった比叡山。その創始者である伝教大師について、弟子たちは、こう思った。今、真言宗がもてはやされている。われわれも流行に乗りたい――と。

「我が師・伝教大師はいまだ此の事をばくはしく習せ給わざりけり漢土に久しくもわたらせ給わざりける故に此の法門はあらうちにみをはしけるやとをぼして」（御書二八〇㌻）

――わが師である伝教大師は、真言宗のことは、くわしくは勉強しておられなかったのである。中国にも長くは留学しておられないゆえに、真言の法門は、おおまかにしか知っておられなかった――と思ったのである。

要するに、「自分たちのほうが、よくわかっているのだ」「自分たちのほうが勉強しているんだ」「師匠は、わかっていないんだ」――そういう心である。増上慢である。

そして師匠である伝教大師を捨て、真言の流行に染まってしまった。

しかし、じつは、伝教大師は、すべて知ったうえで、「真言はいけない」と言われていたのである。ここが大事である。こういう歴史については、「撰時抄」に説かれている。

師匠の偉大さを、弟子がわからなかったゆえに、比叡山は〝真言の山〟になっていった。大聖人は、「本の伝教大師の大怨敵となる」（御書三六九㌻）と仰せである。すなわち「伝教大師の大怨敵」になってしまったのである。

邪悪と戦うべきときに、弟子が戦わなかった。師匠を悪者にして、自分がいい子になり、戦いを避け、難を避けた。ずる賢い弟子たちであった。

また、さかのぼって中国の天台宗でも、同じことが起こっていた。師匠の天台大師が亡くなった後、新しい経典がインドから来た。当然、天台大師は、この経典を知らないし、破折もしていない。そこで、弟子たちは愚かにも、「この経典のほうが法華経よりも勝れている」という邪義を信じてしまった。

（「而るを天台は御覧なかりしかば天台の末学等は智慧の薄きかのゆへに・さもやとおもう」〈御書三〇一ページ〉等）

愚かで臆病であり、師匠の偉大さを知らず、宣揚もできなかった。ゆえに正法の清流が濁っていったのである。これは、「報恩抄」に説かれている。

このように、師匠の権威を利用して、人々から尊敬を受ける立場になりながら、内心では師匠をあなどり、邪悪と戦わなかった。戦わなかったどころか、邪悪に染まってしまった。

悪と戦わなければ、悪に染まってしまう。権力の魔性と戦わなければ、自分が魔性に魅入られてしまう。

御書には、こうした大切な方程式が、はっきりと示されている。また、こうした仏教界の堕落の構図は、決してたんなる〝昔話〟ではない。ゆえに、よくよく御書を拝していただきたい。

創価学会も、牧口先生、戸田先生の精神がなくなったら、たいへんなことになる。広宣流布は、できなくなってしまう。それでは師匠に申しわけない。日蓮大聖人に申しわけない。

だから私は、生きて生き抜いて、厳然と指揮をとり、師弟の〝魂〟を教えているのである。

日蓮大聖人の時も、増上慢の弟子がいた。「大聖人が大難に遭うのは、大聖人のやり方がおかしいせいだ」と非難する門下がいたのである。

罪なくして大難に遭うことこそ「法華経の行者の証明」であることが、わからなかったのである。

そういう人間は「他宗の謗法の人間よりも、もっと長く、地獄で苦しむことになる。かわいそうなことだ」と大聖人は仰せである。すなわち、

「日蓮を教訓して我賢しと思はん僻人等が念仏者よりも久く阿鼻地獄にあらん事不便とも申す計りなし」（御書九六〇ページ）と。

「師弟」の道を壊す罪は、それほど重い。日顕宗も、そうである。大聖人、日興上人をはじめ、代々の先師を完全に無視している。ただ自分中心である。

「師弟の道」を破壊した宗門に、もはや仏法はない。日蓮大聖人の「大怨敵」になってしまった。

戸田先生は太平洋戦争が始まる一カ月前（一九四一年十一月）、「弟子の道」と題して、講演されている。そのころ、世の中は、国家主義の流れが逆巻く暴流になっていた。

「弟子の道」として、こう戸田先生は言われた。

（以下、引用は『戸田城聖全集3』から）

「日興上人は、日蓮大聖人様をしのごう（＝超えよう）などとのお考えは、毫もあらせられぬ（＝微塵ももっておられない）。われわれも、ただ牧口先生の教えをすなおに守り、すなおに実行し、われわれの生活のなかに顕現しなければならない」

「先生は師匠であり、われわれは弟子である」

「先生のことばづかいだけをまねて、なにになる。黄金水を流してしまうようなものである」

「弟子は弟子の道を守らねばならぬ。ことばも、実行も、先生の教えを、身に顕現しなければならない」

戸田先生の遺言である。簡単な言葉のようであるが、大弾圧があったとき、これを実行したのは戸田先生お一人であった。他の弟子は退転しただけでなく、「牧口の野郎」「戸田の野郎」と、ののしったのである。

人間の心は恐ろしい。師匠を悪者にして、自分のみを守ろうとした。インチキの信心であり、畜生の心である。

他の弟子が全滅したなか、一人、戸田先生は、信念を押し通し、しかも、こう言われたのである。

「あなた（＝牧口先生）の慈悲の広大無辺は、わたくしを牢獄まで連れていってくださいました。そのおかげで、『在在諸仏土・常与師倶生』（＝いたるところの諸仏の土に、常に師と共に生まれる）と、妙法蓮華経の一句を身をもって読み、その功徳で、地涌の菩薩の本事を知り、法華経の意味をかすかながらも身読することができました。なんたるしあわせでございましょうか」

牧口先生の三回忌の時の有名な講演である。なんと崇高な言葉であろうか。これが学会の「師弟の道」であり「仏法の道」である。

大難を師匠と一緒に受けられて「なんたる幸せでありましょうか」と。他の弟子と、天地雲泥であった。

仏法を弘めれば難があるのは当たり前である。「悪口罵詈」（法華経四一八ページ）されると法華経（勧持品）に説かれている。大聖人も御書で何度も何度も仰せである。

それなのに、ひとたび難が起こると、迫害を恐れ、こともあろうに大恩ある師を悪者にする。師匠を盾にして、自分が難を受けないように、逃げる。なんという卑怯さであろうか。

私も戸田先生を、ただ一人、お守りした実践者である。戸田先生を一人で、すべて支えきった。学会の「伝統の二月」も、ただ「戸田先生にお応えしよう」という私の一念から始まったのである。

当時（一九五二年）は、戸田先生が会長になったものの、弘教がなかなか進まなかった。先輩たちは、威張っていたが、何もできない。そこで戸田先生が、「しかたがない。そろそろ大作を出すか」と決断された。

厳たる師匠の命令である。「やります」。私は師の心を抱きしめて走った。そして、一挙に、弘教の突破口を開き、「道」を開いた。そこから今日までの広宣流布の「大道」が開いていったのである。戸田先生は、いつも「大作にまかせておけば、おれは悠々と、ウイスキーを飲んでればいいんだから」と言っておられた。「大作がやれば必ず勝つ」。そう確信しておられた。この師弟不二こそ、学会の真髄である。

ともあれ、私には「日蓮大聖人」と「戸田先生」以外に何もない。「御本尊」と「戸田先生」と「誠実」が、私の「三つの宝」である。私は誠実で勝ったのである。

いちばん正しく生きて、いちばん悪口雑言されながら、信心で勝った。人間として勝った。仏法の目から見れば、三世という目から見れば、いちばんの勝利者であると自負している。

27-6 「正義の師」とは

御聖訓を拝し、求めるべき正義の師とは、難を受けながら広宣流布の道を開いていく存在であり、それこそ創価三代の師弟に他ならないと語っています。

池田先生の指針

「本部幹部会」（二〇〇六年三月九日、東京）

御聖訓を拝したい。「最蓮房御返事」の一節である。

「今の時代は、師に正師と邪師、善師と悪師がいる。その違いがあることを知って、邪悪の師を遠ざけ、正善の師に近づき親しむべきである」（御書一三四〇㌻、通解）

師匠といっても、正義の師匠もいれば、邪悪の師匠もいる。

正義の師を求めよ！　邪悪の師を避けよ！　その違いを、鋭く見抜け！　決して、だまされるな！――これが、蓮祖の峻厳なる戒めである。

邪悪な師には、従ってはならない。従えば、皆が悪に染まってしまうからだ。

それでは求めるべき「正義の師」とは、だれか？

それは三類の強敵と戦い、身命を惜しまず、妙法を唱え広めている人である。

つまり、法華経のとおりに「難」を受けているかどうか。それを大聖人は、最大の眼目とされた。そして、「自分こそ法華経を知り、法華経を修行している者である」と思いあがっている輩に対しては、「日蓮が受けたような難にあっていないではないか」と厳しく切り返し、責め返しておられる。

大聖人の御生涯は、まさしく迫害の連続であられた。卑劣な讒言などによって二度、流罪された。頸の座にもつかれた。種々の難は数知れない。すべて経文どおりであられる。

ゆえに大聖人は、「難を受けていない格好だけの者は、ことごとく邪な師である。難を受けきってきた日蓮こそが、正義の師である」と厳然と宣言されたのである。

それでは、御本仏であられる大聖人に直結して、「猶多怨嫉」「悪口罵詈」の難を受けながら、末法の五濁悪世の現代に、世界広宣流布の道を開いてきたのは、いったいだれか？

初代、二代、三代の創価の師弟しかいない。

初代の牧口先生は、大聖人の正法正義の命脈を守られて牢獄につながれた。そして、獄中で殉教である。

第二代の戸田先生も同じく牢に入った。そして圧迫に耐え、寿命を削りながら、二年間におよぶ獄中闘争を生き抜かれたのである。

第三代の私も、広宣流布のゆえに、無実の罪で牢獄に入った。反逆者に乗せられた、売らんがための卑劣なマスコミのウソ八百によって、数限りない悪口罵詈を浴びせられた。

すべては、法華経のとおり、御書のとおりである。

この初代、二代、三代の会長だけが、御聖訓にいささかも違わず、一切の矢面に立って三障四魔、三類の強敵と戦い抜いてきた。それはだれよりも、皆さんがご存じのとおりである。戸田先生がどれだけ、私を訓練したか。どれだけ、私を大事にしてくださったか。

戸田先生が事業に失敗され、生きるか、死ぬか――その時も、私が一人で奔走して、先生をお守りした。莫大な借金もすべて清算した。

先生を誹謗中傷する人間がいれば、ただ一人で飛んでいった。相手がだれであろうと、青年らしく、勇敢に、誠実に、まっすぐに語り抜いて、師の真実を認めさせていったのである。

難と戦う師匠を断じて守る。その祈り、その行動に、「仏法の師弟」の真髄がある。

牧口先生と戸田先生は「不二」であった。戸田先生と私もまた「不二」であった。「生死不二」の師弟であった。

戸田先生の本当のご精神を受け継いで、私は、三類の強敵と戦い、創価学会を、ここまでつくりあげてきた。創価の師弟は、牧口先生、戸田先生、そして私で決まったのである。

根本は、三代の師弟である。三代の「師弟の精神」を守り抜いていくかぎり、創価学会は永遠に発展する。世界広宣流布は、必ず実現できる。

この三代の広宣流布へ「戦う魂」を、後継の青年部は、断じて受け継いでいっていただきたい。勝っていただきたい。よろしく頼みます！

27-7 心に師をもつ

小説『新・人間革命』には、師弟の深い意義が随所に記され、山本伸一会長自身が常に心に師を抱き、胸中の師と対話しながら、広宣流布の大道を開いてきたことが峻厳に綴られています。

池田先生の指針

『新・人間革命』

〈〝創価学会が社会に開かれた運動を展開していくために心すべきことは何でしょうか〟との青年部幹部の質問に対して〉

伸一は即座に答えた。

「師弟の道を歩めということです」

「君は、なぜ『師弟の道』なのか、疑問に思っているのだろう。それは、遠心力と求心力の関係だよ」

「仏法を社会に大きく開いた運動を展開するというのは、これは円運動でいえば遠心力だ。その遠心力が強くなればなるほど、仏法への強い求心力が必要になる。この求心力の中心こそが、師弟不二の精神だ。

近年、青年部員には、社会で勝利の実証を示そうとの気概があふれ、社会貢献への意識も次第に高まってきている。これは、すばらしいことです。しかし、広宣流布という根本目的を忘れれば、社会的な栄誉栄達や立身出世に流され、信心の世界を軽視することにもなりかねない。また、世間的な地位や立場で人を見て、庶民を蔑視するようになってしまえば本末転倒です。真実の人間の道、仏法の道を歩み抜いていくために、師弟の道が必要なんです」

仏法の師弟関係というのは、弟子を教化しようという仏陀である釈尊の慈悲と、法を会得しようとする弟子の求道の心から始まっている。

つまり、師弟とは、弟子の自発的な意志があってこそ成り立つ魂の結合といえる。それは、大聖人と日興上人の関係を見ても明らかである。

「師弟の道」は峻厳である。そして、そこにこそ、「人間革命」と「一生成仏」の大道があるのだ。

伸一は、青年たちに強く訴えた。

「私も、徹底して戸田先生に仕え、守り、弟子の道を全うしてきた。先生の示された目標には、常に勝利の実証をもってお応えしてきた。負ければ先生の構想は崩れ、結果的に師匠を裏切ることになるからです。

戸田先生は、晩年、こう言ってくださった。

『伸一は、私が言ったことは、すべて実現してきたな。冗談さえも本気になって実現してしまった。私は、口先の人間は信じない。実際に何をやるかだ。伸一さえいれば安心だな』

その言葉は、私の最大の誇りです。それが本当の弟子の姿です。

私はいつも、心で戸田先生と対話しています。先生ならば、どうされるか。今の自分をご覧になったら、なんと言われるか――常に自身にそう問い続けています。だから師匠は、生き方の規範となるんです」

（第17巻「本陣」の章）

山本伸一は、ただ〝すべてに勝って、戸田先生にお喜びいただくのだ〟との一念で、働き、戦い、走り抜いた。

伸一の心には、瞬時も離れず戸田がいた。彼の日々は、瞬間、瞬間、師匠である戸田との対話であった。彼は確信していた。

〝自分の一挙手一投足を、心の奥底を、常に先生はご覧になっておられる！〟

そして、〝いかなる瞬間をとっても、常に胸を張って、先生にご報告できる自分であらねばならない〟と心に決めていた。

毎朝、唱題しながら、伸一は誓った。

〝先生！　今日もまた、全力で戦い抜きます。先生のために、必ず勝利いたします。まことの弟子の実践をご覧ください〟

だが、戸田と伸一を襲う風は、激しく、冷たかった。しかも、伸一は胸を病んでいた。発熱も続いていた。厚い困難の壁に阻まれ、呻吟する夜もあった。

そんな時には、戸田の叱咤が胸に響いた。

〝今が勝負だ！　負けるな！　自信をもって、堂々と突き進め！　戸田の弟子ではないか！　師子の子ではないか！〟

戸田を思うと、勇気が出た。力が湧いた。

自分らしく戦い抜いた日には、伸一の胸には、会心の笑みを浮かべる戸田がいた。

〝よくやった、よくやったぞ！〟

伸一にとって、怠惰や妥協は、自身の敗北であるばかりでなく、師匠を悲しませることであり、裏切りでもあった。

師弟とは、形式ではない。常に心に師があってこそ、本当の師弟である。心に師がいてこそ、人間としての「自律」があり、また、真の「自立」があるのだ。

（第22巻「新世紀」の章）

師弟不二とは、師の心をわが心として生きることであり、いつ、いかなる時も、己心に厳として師匠がいることから始まる。いくら〝師弟の道〟を叫んでいても、自分の心に師匠がいなければ、もはや、仏法ではない。

師匠を、〝自分の心の外にいる存在〟ととらえれば、師の振る舞いも、指導も、自身の内面的な規範とはならない。そして、師匠が自分をどう見ているかという、師の〝目〟や〝評価〟が行動の基準となってしまう。そうなると、〝師匠が厳しく言うから頑張るが、折あらば手を抜こう〟という要領主義に堕していくことになりかねない。そこには、自己の信心の深化もなければ、人間革命もない。

もしも、幹部がそうなってしまえば、仏法の精神は消え失せ、清浄なる信仰の世界も、利害や打算の世法の世界になってしまう。

己心に、師弟不二の大道を確立するなかにこそ、令法久住がある。

（第25巻「人材城」の章）

27-8 弟子で決まる

青年部に対して、師弟の道こそ「仏法の道」「創価の道」であり、それは弟子で決まると語っています。

池田先生の指針

「全国青年部幹部会」（一九九八年一月十七日、東京）

創価の殉教の師子王・牧口先生は、大迫害のなかでも、つねづね断言しておられた。

「私の足跡の後に、必ず青年が続々と続きます」と。

牧口先生には戸田先生が続いた。

戸田先生には私が続いた。

私には幾百万人の諸君がいる。諸君が続くことを信じたい！

諸君は、もっともっと深く、強く連帯しながら、断固として、この師子の道に続いていただきたい。

「師弟」こそ日蓮仏法の精髄である。学会精神の根幹である。

有名な「華果成就御書」にいわく。

「よき弟子をもつときんば師弟・仏果にいたり・あしき弟子をたくはひぬれば師弟・地獄にをつといへり、師弟相違せばなに事も成べからず」（御書九〇〇㌻）

――よき弟子をもつときには、師弟はともに仏果（＝成仏）にいたり、悪い弟子をたくわえてしまえば、師弟はともに地獄に堕ちる。師弟が相違すれば、すなわち師匠と弟子の心が違えば、何ごとも成し遂げることはできない――。

要するに、師弟といっても、〝弟子がどうか〟で決まる。

牧口先生、戸田先生の願業は、第三代の私が一切、成就した。一身に迫害を受けながら、私は戦い抜いた。私は勝った。私の「誇り」は高い。

そして、これから先の未来は青年に託す以外ない。わが青年部よ、あとは若き諸君である！

第二十八章　創価三代の師弟

28-1 牧口先生の強さと優しさ

仏法の師弟においては弟子で全てが決まることを、池田先生は繰り返し強調してきました。そして、自ら戸田先生の弟子として偉大な模範の姿を示してきました。

戸田先生の事業が最大の苦境に瀕するなか、ただ一人、師を支えて戦い抜いた池田先生は、一九五一年一月七日、二十三歳の日記に、こう綴っています。

「未来、生涯、いかなる苦難が打ち続くとも、此の師に学んだ栄誉を、私は最高、最大の、幸福とする」

本章は、永遠に輝きゆく崇高な創価三代の師弟についての指導をまとめました。

冒頭の節では、初代会長・牧口常三郎先生について触れています。牧口先生は、大著『人生地理学』を著した地理学者であるとともに、小学校の校長を歴任し、『創価教育学体系』を発刊した大教育者でありました。池田先生は牧口先生と直接お会いせずとも、先師の偉大さを常に宣揚してきました。

池田先生の指針

『青春対話』

戸田先生は、だれよりも「強い人」だった。そして限りなく「優しい人」でした。どんな貧しき庶民にも、渾身の慈愛を注いでおられた。その戸田先生が、「この人こそ」と感動したのが牧口先生です。

牧口先生も「強く」そして「優しい」人だった。（以下、牧口先生のエピソードは『牧口常三郎』聖教新聞社刊を参照）

北海道で教師をされていた時は、雪が降る日など、生徒が登校してくるのを迎えに行き、下校の時には送っていかれた。体の弱い子が皆に遅れないように気をつけながら、小さな生徒は背中におぶって、大きな生徒は手を引いて——。

また、お湯をわかして、子どものあかぎれだらけの手をとり、お湯の中に静かに入れてあげた。「どうだ、気持ちがいいか」「うん、ちょっと痛いけど」——本当に美しい情景です。

牧口先生は、東京に来られてからも名校長として有名だったが、権力のある者に、へつらわないものだから、いつもにらまれていた。それで、いつも迫害を受け、左遷です。

貧しい家の子どもだけが集まる小学校（＝三笠小学校）に赴任した時もある。雨が降っても、傘もない子が、たくさんいるほどの貧しさだった。

牧口先生は、弁当を持って来られない生徒のために、自腹を切って、豆もちや食事を用意した。ご自分も八人の大家族を抱えて大変だったころです。

しかも先生は、子どもたちの気持ちが傷つかないように、用意した食事を用務員室に置いて、皆が自由にもっていけるようにしたのです。

優しい牧口先生は、「子どもたちの幸福のためなら、何でもしよう」という心だった。個性を殺す「詰め込み教育」などで苦しむ子どもたちを思うと、何とか救ってやりたいと「気が狂いそうなほど」だったと書き残されている。（『創価教育学体系』緒言、参照）

また、子どもたちのためなら、どんな権力者に対しても一歩も退かなかった。「怒り」をもって戦われた。当時、絶大の権威をもっていた「視学」（＝旧制度の地方教育行政官。学校の視察および教育指導を行った）に対して、いたずらに教育を画一化させるとして「視学無用論」を堂々と主張したほどです。

だから、権力ににらまれた。だから、民衆には慕われた。牧口先生が学校を変わるとなると、生徒は泣きだし、父母から教職員まで、先生を慕って、すすり泣くほどだったという。

そして牧口先生は、最後は軍国主義に抵抗して獄死です。先生は、わが身はどうなろうとも、民衆を不幸にする軍国主義は許せなかった。間違った思想は許せなかった。

優しさは、悪に対しても強い。仏法では、「怒り」は善にも悪にも通ずると説いている。善のための怒りは必要なことです。自分の感情だけで怒るのは畜生の心です。人間は偉大であるほど、その愛も大きい。愛が大きいから強いのです。優しいのです。

28-2「言語に絶する歓喜」

牧口先生の入信が人生の総仕上げの年代であったことに触れ、遠大な目的のために生きた「創立者の心」を忘れてはならないと語っています。

池田先生の指針

「東京総会」（一九八九年八月二十四日、東京）

牧口先生の入信は五十七歳の時であった。それは一九二八年。ちょうど私が生まれた年でもある。五十七歳といえば、決して若くはない。昭和初期の平均寿命からみれば老年といってもよい。いわば人生の総仕上げの年代に入って入信され、あれだけの不滅の広布の歴史をつくられたのである。

そして最後は、軍部政府と一歩も退くことなく戦われ、獄中で尊い殉教の生涯を終えられている。

牧口先生は、入信当時のご心境を、次のようにつづっておられる。

「一大決心を以て愈々信仰に入って見ると、『天晴れぬれば地明かなり法華を識る者は世法を得可きか』（御書二五四㌻）――天が晴れるならば、地はおのずから明らかとなる。法華経を識る者は、世法もおのずから明らかに識ることができる――との日蓮大聖人の仰が、私の生活中になる程と肯かれること丶なり、言語に絶する歓喜を以て殆ど六十年の生活法を一新するに至った」（『牧口常三郎全集8』第三文明社）と。

ここで牧口先生は「言語に絶する歓喜」と言われている。

信心という根本の生活法によって、これまでの生活法は一新され、生き生きと、自在に社会に乱舞していくことができる。それを知りえた喜びは、何ものにもかえがたいとの、あふれんばかりの牧口先生の思いが、私どもの胸に響いてくる。

とりもなおさず、これが信心の功徳であり、この歓喜の生活を、水が休みなく流れゆくように、日々、持続していくことこそ大切である。深く、強盛な信心によってこそ、「随喜の心」「歓喜の心」を、高め、広げていくことができるのである。

ゆえに、何があっても、この「随喜の心」を破られてはならない。「歓喜の心」「歓喜の生活」の源泉である信心だけは、何ものにも崩されてはいけない、と牧口先生は教えてくださっている。

さらに牧口先生は、次のようにも述べられている。

「（信仰に入ってみると）暗中模索の不安が一掃され、生来の引込思案がなくなり、生活目的が愈々遠大となり、畏れることが少くなり」（『牧口常三郎全集8』）と。

生命ある限り、迷いなく、また恐れなく、遠大な目的に生き抜いていこう、と。これが学会の創立者である牧口先生のお心であった。

遠大な目的に向かって、みずからの使命のままに、潔く生きる。この「創立者の心」を、よくよく胸にきざんでいただきたい。

28-3 創立のこころ

牧口先生の温かな人間愛、同志愛に光を当て、この「創立のこころ」にこそ学会の強さ、美しさがあると語っています。

池田先生の指針

「創立五十七周年記念勤行会」

(一九八七年十一月十八日、東京)

創価学会の永遠の原点は、牧口先生、戸田先生の「師弟」のご精神である。

今日、このような未曽有の大発展のなか、晴れやかに創立の記念日を祝せるのも、その根幹はすべて、嵐の中を、牧口先生が厳として立ち上がられたからである。戸田先生が、炎のごとく〝師子の心〟を燃やして、立ち上がられたからである。そして「師弟」の精神で、第三代の私も立ち上がった。

この三代までの厳然たる「師弟の道」によって、今日の完璧な発展ができあがった。万代の土台を築いた。

ここに学会の魂がある。〝創立の精神〟がある。真実の地涌の勇者、学会っ子であるならば、この人生の「師弟」という精髄を自覚されたい。

牧口先生には、私は直接お目にかかってはいない。皆様方のなかにも、会われた方は少ないと思う。あるいは肖像写真などから厳格な、こわいイメージでのみ想像している方が、おられるかもしれない。しかし、生前の牧口先生を知る人々は、一様に、先生の慈愛深い人格を、懐かしく語っている。

　有名な話であるが、寒い夜など、座談会に来た婦人が子どもを背負って帰ろうとすると、牧口先生は古新聞を出して、みずからはんてんの間に入れてあげ、「こうすれば着物一枚よけいに着せたのと同じだよ」と言われる姿が、しばしば見られたという。あたたかい人柄が、美しい絵のごとく浮かんでくる話である。

　また、あるときは、台所のほうでお茶をわかしている会場提供者の夫人に、「奥さん、お茶はけっこうですから、こちらに来て、お話をいたしませんか」と気さくに声をかけるなど、こまやかな心くばりをなさる先生であった。

　ここに〝創立のこころ〟また〝学会のこころ〟ともいうべき、あたたかい同志愛がある。人間性がある。ここに学会の強みがあり、現代に稀有なる美しさがある。この一点を、いかなる時代になろうとも見失ってはならない。

28-4 創立の日と師弟

牧口先生の大著『創価教育学体系』第一巻の発刊をもって、創価学会の創立の日と定めています。その創立の原点に師弟が脈動していた歴史を綴っています。

池田先生の指針

『新・人間革命23』（「敢闘」の章）

創価学会の創立の日となった、一九三〇年の十一月十八日は、『創価教育学体系』の発行日である。思えば、この発刊自体が、師弟共戦の産物であった。

――牧口常三郎の教育学説が「創価教育学説」と名づけられたのは、彼が、東京・芝の白金尋常小学校の校長をしていた時のことであった。不正を許さず、教育改革を主張する牧口に対して、教育局長や視学課長らは、排斥を画策していた。牧口は、小学校長在任中に、自分が積み上げてきた経験と思索をもとにした、後代の小学校教員の拠り所となる教育学説を、発表しておきたいと考えていたのである。

冬のある夜、牧口と戸田は、戸田の家で火鉢を挟み、深夜まで語らいを続けていた。その席で、教育学説を残したいという牧口の考えを、戸田は聞いたのだ。

多くの学者が、欧米の学問に傾倒していた時代である。日本の一小学校長の学説を出版したところで、売れる見込みはなく、引き受ける出版社もないことは明らかであった。

牧口は、自分の教育学説出版の意向を戸田に語ったあと、すぐに、それを打ち消すように言った。

「しかし、売れずに損をする本を、出版するところはないだろう……」

戸田は、力を込めて答えた。

「先生、私がやります！」

「しかし、戸田君、金がかかるよ」

「かまいません。私には、たくさんの財産はありませんが、一万九千円はあります。それを、全部、投げ出しましょう」

小学校教員の初任給が五十円前後であったころである。師の教育学説を実証しようと、私塾・時習学館を営んでいた戸田は、牧口の教育思想を世に残すために、全財産をなげうつ覚悟を定めたのである。

「私は、体一つで、裸一貫で北海道から出て来ました。そして、先生にお会いしたことで、今日の私があるんです。また裸一貫になるのは、なんでもないことです」

牧口は、じっと戸田を見て頷いた。

「よし、君が、そこまで決心してくれるのなら、ひとつやろうじゃないか！」

牧口の目は、生き生きと輝いていた。

そして、つぶやくように言葉をついだ。

「さて、私の教育学説に、どんな名前をつけるべきか……」

すると、戸田が尋ねた。

「先生の教育学は、何が目的ですか」

「一言すれば、価値を創造することだ」

「そうですよね。……でも、価値創造哲学や、価値創造教育学というのも変だな」

「確かに、それでは、すっきりしない。創造教育学というのも、おかしいしな……」

戸田は、頰を紅潮させて言った。

「先生、いっそのこと、創造の『創』と、価値の『価』をとって、『創価教育学』としたらどうでしょうか」

「うん、いい名前じゃないか！」

「では、『創価教育学』に決めましょう」

時計の針は、既に午前零時を回っていた。

師弟の語らいのなかから、「創価」の言葉は紡ぎ出されたのである。

牧口常三郎の教育学説の発刊の難題は、いかに原稿を整理し、まとめるかであった。

牧口の場合、原稿といっても、校長職の激務のなかで、封筒や広告の裏、不用になった紙などに、思いつくままに、書き留めてきたものが、ほとんどである。二度、三度と、同じ内容も出てくる。

それを順序立てて構成し、文章を整理しなければ、とうてい本にはならない。

だが、その労作業を買って出る人などいなかった。牧口も悩んでいた。

「先生、私がやりましょう」

その時に、名乗りをあげたのも、戸田城聖であった。

「戸田君、そこまで君にやらせるわけにはいかんよ。それに、いかに数学の才のある君でも、文章を整理するという畑違いの仕事だけに、困難このうえない作業になるぞ」

牧口は、戸田に、これ以上の苦労をかけまいと、拒んだのである。

「先生。私は、文章の才はないかもしれません。また、難しいことは言えません。しかし、戸田が読んでわからないような難解なものが出版されても、誰が読むでしょうか。
先生は、誰のために、出版しようとされるんですか。世界的な、大学者に読ませるためですか。戸田が読んでわかるものでよろしければ、私がまとめさせていただきます」

そして、戸田が、この作業を行うことになったのである。

切れ切れの牧口の原稿の、重複する箇所はハサミで切って除き、自宅の八畳間いっぱいに並べてみた。すると、そこには、一貫した論旨と、卓越した学説の光彩があった。

戸田は、牧口への報恩感謝の思いで、この編纂の労作業を、自らに課したのである。

そして、一九三〇年十一月十八日、『創価教育学体系』第一巻が、「発行所　創価教育学会」の名で世に出るのだ。

表紙の題字と牧口の著者名は、金文字で飾られていた。ここにも戸田の、弟子としての真心が込められていた。

『創価教育学体系』第一巻の「緒言」（＝序文）に、牧口常三郎は、この発刊にあたって、青年たちが、原稿の整理や印刷の校正に尽力してくれたことに触れ、なかでも、戸田城聖の多大な功績について記している。

そこには、戸田が、牧口の教育学説を時習学館で実験し、小成功を収め、その価値を認めて確信を得たことから、学説の完成と普及に全力を捧げたことが述べられている。

また、戸田の著書『推理式指導算術』についても、「真に創価教育学の実証であり又先駆である」と賞讃した。

さらに、デンマークの国民高等学校（フォルケホイスコーレ）を創設したニコライ・グルントウイと、その若き後継者であるクリステン・コルを、自分と戸田に重ね合わせている。そして、戸田の存在によって、「暗澹たる創価教育学の前途に一点の光明を認めた感がある」と綴ったのだ。

　まさに、創価学会は、その淵源から、師弟をもって始まったのである。ゆえに、師弟の道を、永遠に伝え残していくなかに、創価の魂の脈動があるのだ。

28-5 牧口先生の生涯をかけた戦い

牧口先生が教育者として、また宗教者として、生涯をかけて追求した点は何であったかを論じています。

池田先生の指針

「各部協議会」（一九九三年十二月六日、東京）

　牧口先生が、一生を通じて追求されたものは何か。私どもの初代会長は、何を為そうとされていたのか。

　それは「民衆を利口にすること」であった。民衆が、自分自身の知恵を開発し、その知恵で幸福になることをめざされた。

そのために「教育革命（教育改造）」を唱えられ、やがて、根本的には「宗教革命」が必要だと悟られた。その道を、まっしぐらに進まれ、そして殉教――。

牧口先生が一貫して改善しようとされたのは、「権威に従順な民衆の卑屈さ」であった。そして、民衆の卑屈と無知を改善するどころか、それを助長し、利用し、つけこむ「指導者の利己主義」を憎み、戦われた。

また、人間の実際生活に根ざさない空理空論を、つねに批判された。

『創価教育学体系』には、こうある。

「従来学者ならざる一般人は、自分の頭脳では、とても六ケ敷い理窟は考えられないから、考える事の上手な人、即ち学者として尊敬する人の考えを、無条件に承認し、これに服従するのが、生活上に間違いない方法であると、断念して生活している」（『牧口常三郎全集5』、第三文明社）

〝自分で考えない〟〝人まかせにする〟〝黙って権威に従う〟――これが昔からの民衆の態度であったと、牧口先生は言われるのである。

一方、こういう従順さにつけこみ、指導者のほうは民衆を見くびって、〝われわれの言うことを黙って聞いていればよいのだ〟と、ますます権威主義になる。

こうして民衆は、指導者に盲従させられる。これが今までの日本の歴史であった。まさに「知らしむべからず、依らしむべし」の権威主義である。

ゆえに「生活に学問なく、学問に生活なく」、生活も学問も、ともに貧しい。これが日本社会のゆがみであった。

牧口先生は、これを変えようとなされた。「もはや、そんな時代ではない」と。

権威が何だ、地位が何だ、有名人が何だ、学歴主義が何だ。そんなものよりも民衆が大事だ。真理を知り、価値を生んで民衆を幸せにすることが大事だ。そうではないか。

そのための学問であり、そのための指導者であり、そのための教育であり、宗教ではないのか。

そうわかれば、これまでの不幸な状態は即刻、改善すべきではないか。

牧口先生の大音声は、今もなお鋭く社会に轟く。

28-6 広宣流布の旗を掲げて

日本が軍国主義の暗雲に覆われ、正法を守るべき宗門が権力に迎合し謗法にまみれるなか、牧口先生は民衆を救うために一人、厳然と立ち上がりました。その偉大な歴史を語っています。

池田先生の指針

「本部幹部会」(一九九七年七月九日、東京)

初代会長牧口先生以来、創価学会の目的は「広宣流布」である。

では、牧口先生が「広宣流布」という言葉を公式の場で初めて使ったのは、いつか。いつ、「創価学会は広宣流布を目指す団体である」ことを宣言なされたのか。

それは決して、学会が順風の時ではなかった。それどころか、弾圧のさなかであった。

日本は狂気の国家主義によって、戦争を始めた。国民の自由はなくなり、学会にも弾圧の魔の手が強まってきた。暗雲が立ちこめ、闇はさらに深くなっていった。まさに、その時に、牧口先生は「広宣流布」を叫ばれたのである。なんと偉大な先生であろうか。

一九四二年五月。創価教育学会の第四回総会が開かれた。

太平洋戦争の開戦から、半年余りたっていた。

初めのうち、日本は連戦連勝だった。しかし、続くわけがない。すぐに行き詰まった。転落が始まった。それなのに、国民には〝ウソ八百〟の情報しか流されなかった。だから、本当のことがわからず、「すごい日本だ」「神国日本だ」と、国中が戦勝気分に酔っていた。

しかし、すでにその時、牧口先生は「日本は滅亡する。絶対に滅びる」と、鋭く見抜いておられた。法眼というか、仏眼というか、透徹した信心と人格の明鏡があった。

総会で、先生は訴えた。「我々は国家を大善に導かねばならない。敵前上陸も同じである」(『牧口常三郎全集10』第三文明社、以下、引用は同書から)

わからずやの悪人ばかりのなかに入って大善を教えるのは、〝敵の目前に上陸する〟のと同じであるというのである。

敵前上陸——迫害があるのは当然であった。

この五月、機関紙「価値創造」も廃刊させられていた。

牧口先生は、毅然と語った。「同じ正宗信者でも自分だけがよいと云ふ独善主義の従来の信仰者は個人主義（＝利己主義）の信仰であります」

従来の信仰者、すなわち宗門・法華講は、利己主義である。本当の信仰者ではないと、まっこうから叱ったのである。

自分が拝んでいるだけでは、たんなる「拝み屋」である。宗門も、法華講も、折伏精神を忘れ果てていた。「広宣流布」を完全に忘れていた。

牧口先生は、こういう人間と妥協しなかった。戦った。だから、激しく憎まれた。

憎まれるのが当然であったろう。しかし憎まれても、きらわれても、それは「正しい道」であった。「信念の道」であった。そして先生は叫ばれた。

われわれは「家庭を救ひ社会を救ひ、さうして広宣流布に到るまでの御奉公の一端も出来ると信ずるのであります」

これが、「広宣流布」の初めての公式発言であった。「広宣流布に到るまで」わが身をささげきっていくのだとの宣言である。

牧口先生は、講演をこう結ばれる。

「お互はこの大事な使命を帯びて居れば、自分本位でなく、利用するのでなく、如何なる時にも、この選ばれた大善人である事を自覚して精進せんことを誓はねばならぬと信じます」

事実、牧口先生は、「広宣流布」へと前進した。迫害のなか、二百四十回を超える座談会を開催（一九四一年五月から四三年六月まで）。あのお年で、二百四十回である（一九四三年当時、七十二歳）。

　また、地方にも単身、出かけられた。みずから約五百人の人々を信仰に導いたといわれている（一九三〇年から逮捕される四三年七月まで）。

　宗門が「広宣流布」を完全に忘れていた時代である。まことに不思議なる偉大な先生である。調べれば調べるほど、学べば学ぶほど、その思いを深くする。

　いちばん「大変な時」に、「大変な所」から始める。ここに偉大な歴史が開かれる。本当の歴史が始まる。この学会精神を深くかみしめていくべきである。

　状況が厳しければ、その時にこそ、勇気を奮い起こすべきである。

　厳しければ厳しいほど勇み立つ。ここに、学会精神の真髄がある。いちばん大変な所に、みずから足を運んでこそ、「道」は開かれる。

　牧口先生が「広宣流布」を叫んだころ、宗門は何をしていたか。「広宣流布」を破壊しようとしていた。昔も今も変わらない。

　当時、宗門は御書の発刊を禁止し、「日蓮は一閻浮提第一の聖人なり」（御書九七四㌻）の御文をはじめ、大切な十四カ所の御聖訓を削り取った。

　だれが、こんな非道を許せようか。私どもは許さない。大聖人も許されるわけがない。しかも宗門は、いまだに大聖人にも信徒にも謝罪さえしていない。

　さらに宗門は、大石寺に「神札」をまつり、牧口先生にも「神札を受けよ」と迫った。なんという大謗法か。しかも牧口先生が「絶対に受けません」と断ると、陰で学会の弾圧に味方したのである。

背中から刺すような裏切り――これが宗門である。「これが坊主根性だよ。恐ろしいぞ」と、戸田先生はよくおっしゃっていた。利用するだけ利用して、あとは切る――これが宗門の極悪の体質である。

牧口先生も宗門の利用主義を見抜かれていた。今もその本性は変わっていない。絶対に、永遠に宗門を信用してはならない。

一方、牧口先生の弟子たちは、どうだったか。皆、牧口先生の勢いに驚き、おびえた。皆、獅子ではなく、猫や鼠だったのである。

「広宣流布」「国家諌暁」――こう牧口先生は叫ぶ。

それに対して弟子たちは、「今の時期に無茶だ」「時期尚早だ」「皆、憲兵隊に連れて行かれてしまう」と、おびえた。ふだんは「牧口先生とともに」と叫んでいた幹部が、「塩を振りかけられたナメクジ」よりも、だらしなくなった。

幹部だからといって、信用ができるとはかぎらない。最前線の学会員のほうが、よほど信用できる場合がある。

こういうなか、戸田先生だけが「ぼくは牧口先生の弟子だ」「あくまで、ぼくは牧口先生にお供するよ」と、淡々としておられた。厳かな師弟の姿である。

そして戸田先生は「あなたの慈悲の広大無辺は、わたくしを牢獄まで連れていってくださいました」と師匠に感謝をささげたのである。

牢獄につながれて、文句を言うどころか、戸田先生は感謝すらされている。一緒に難を受けさせていただいた、なんとありがたいことか、と。これが「師弟」である。

そして戸田先生は生きて出獄し、師匠が掲げた「広宣流布」の旗を、ふたたび厳然と掲げて、一人立った。師弟は一体不二であったゆえに、恩師の死を乗り越えて、「広宣流布」のうねりは広がっていったのである。

この「師弟不二の道」を、永遠に忘れてはならない。

28-7 牧口先生、戸田先生の不滅の闘争

獄中で尊い殉教を遂げた牧口先生と、生きて獄を出て「巌窟王」となって師の正義を打ち立てた戸田先生——この崇高な創価学会の原点について語っています。

池田先生の指針

「東京総会」（一九八九年八月二十四日、東京）

牢獄にあって、軍国主義と徹底して戦われた牧口先生、そして戸田先生。その壮絶な戦いは、まさに王者の姿であった。

検事の取り調べを受ける牧口先生の姿は、むしろ反対に、検事を折伏するかのような、毅然たる態度であった。当時はだれも言えなかった言葉を、決然として言い放っておられた。

つまり牧口先生は、公正な論理、人間の生きる道理のうえから、正面きって堂々と主張された。過酷な審問の合間をぬって看守を折伏し、検事に「価値論」を説き、絶えず御書を拝読される日々であった。

なんという高潔なお姿であろうか。強靭なる信仰であろうか。

こうした偉大なる創立者を持つことは、創価学会の大いなる誇りであり、誉れである。また、いかなる権威、権力にも妥協せず、ひたすら大法流布のために行動された牧口先生の精神は、確固たる伝統精神として、今も学会に脈々と受け継がれていることを、私は確信してやまない。

獄中にあっても、悠々たる境涯であられた牧口先生。そのご心境について、先生は、次のように記されている。（以下、書簡は『牧口常三郎全集10』第三文明社から引用）

「信仰を一心にするのが、この頃の仕事です。それさへして居れば、何の不安もない。心一つのおき所で、地獄に居ても安全です」（一九四四年一月十七日、家族あての手紙。ただし、「地獄」の二字は検閲で削られている）

先生の獄舎は、独房。むろん暖房器具など一切なく、三畳の板の間に、硬い畳が敷いてあるだけである。冬は身を切るような極寒の環境であった。

しかも、高齢であったにもかかわらず、先生は

「何の不安もない」と記されている。

何ものにも負けない、また何ものにも崩されない「信仰の勇者」「信仰の王者」の姿が、ここにあった。

牧口先生の絶筆となった家族あての書簡には、次のようにつづられている。

「カントの哲学を精読して居る。百年前、及び其後の学者共が、望んで、手を着けない『価値論』を私が著はし、而かも上は法華経の信仰に結びつけ、下、数千人に実証したのを見て、自分ながら驚いて居る。これ故、三障四魔が紛起するのは当然で、経文通りです」（一九四四年十月十三日。原文のかなは片仮名）

現在では、当時の数千倍、数万倍の規模で、広布は進み、隆々たる発展を遂げている。障魔が競い起こるのは、御書に照らし、経文に照らして必然であり、多少のことで愚痴を言ったり、信心を動揺させるのであれば、あまりにも情けない。

ともあれ、牧口先生の透徹した信心、不動の決意、そしてあふれんばかりの正義感と情熱を、永遠の学会精神として後世に継承していくことこそ、私どもの使命である。

同じ獄中にあって、戸田先生は、ただただ、ご高齢の師を心配される日々であった。

「三日会わなければ、一年も会わないような気持ちでお仕えした」と、のちに述懐されているが、二十一歳から四十五歳まで、戸田先生は、牧口先生に仕え、ささえきられた。その師の逝去を知らされたときの落胆、怒り、悲しみ――。その、筆舌に尽くしがたい絶望のなかから、戸田先生は、ただお一人、真実の弟子として雄々しく立ち上がられた。

その心境について、戸田先生はこう語られた。

「よし、いまにみよ！　先生が正しいか、正しくないか、証明してやる。もし自分が別名を使ったなら、巌窟王の名を使って、なにか大仕事をして、先生にお返ししよう」（『戸田城聖全集４』）

　一九五四年十一月の牧口先生の法要の折にも、このことにふれられた。

「いまはまだ先生のためになすべきことはなされていないが、かならずや一生を通して、先生の行動が正しいか正しくないか、その証明をする覚悟です」（同）――と。

　烈々たる師弟の誓いの言葉である。戸田先生は、この宣言のとおり、牧口先生の「正義の証し」を立てるために、戦いに戦い抜かれた。そして見事に、師の正義の証明を果たされた。

　この真摯な精神と実践にこそ、崇高な師弟の真実があると私は信ずる。ゆえに私も、戸田先生の命をわが命として、今日まで、走りに走り抜いてきたつもりである。

　戸田先生は、同じ法要の席で述べられた。

「牧口先生と私とは、親子であると信じています。親子という意味は、先生の精神的財産を、私が受け継いだことであります」

「私は、精神的財産を受け継いできましたが、またここに、大きな使命を残されました。それは、『価値論を世に出さなければならぬ』ということです。先生の精神的財産を継いだおかげで、また大きな仕事をもらったのです」（同）

　まさに、このとおりの恩師の生涯であった。

　さらに戸田先生は、仏法を基調とした「平和」「文化」「教育」の運動への第一歩の理論体系についても、よく話されていた。

ともあれ、牧口先生が生命を賭して築き、残された「創価」という広宣の精神の城、その尊き遺産を、絶対に崩されてはならない。侵されてはならない。さらに強固に、さらに盤石に構築していかねばならない。

28-8 初代、二代の精神が三代に結晶

小説『新・人間革命』には、山本伸一が第三代の会長に就任した一九六〇年の十一月十八日、牧口先生の十七回忌法要を厳粛に執り行った場面が描かれています。

池田先生の指針

『新・人間革命2』（「勇舞」の章）

伸一は、牧口と接することはなかったが、戸田城聖から、その生き方、思想、哲学、信念を徹底して教えられてきた。彼の心のなかには、まみえ

ることのなかった先師の姿が、鮮明に焼きつけられていたといってよい。

戸田は生前、獄中で牧口の死を聞いた折のことを語り始めると、目は赤く燃え、声は憤怒に震えるのであった。

「牧口先生は、昭和十九年（一九四四年）十一月十八日、冬が間近に迫った牢獄のなかで亡くなった。栄養失調と老衰のためだ。

私たちは、その前年の秋に警視庁で別れを告げたきり、互いに独房生活で、会うことはできなかった。私は、毎日、毎日、祈っていた。〝先生は高齢であられる。どうか罪は私一身に集まり、先生は一日も早く帰られますように〟と。しかし、先生は亡くなられた。私がそれを聞いたのは、先生の逝去から五十日余り過ぎた翌年の一月八日、予審判事の取り調べの時だった。

『牧口は死んだよ』

その一言に、私の胸は引き裂かれた。独房に帰って、私は泣きに泣いた。コンクリートの壁に爪を立て、頭を打ちつけて……。

先生は、泰然自若として、殉教の生涯を終えられたことは間違いない。しかし、先生は殺されたのだ！　軍部政府に、国家神道に、そして、軍部政府に保身のために迎合した輩によって……。先生がいかなる罪を犯したというのか！　『信教の自由』を貫いたがゆえに、殺されたのだ。

あとで聞いたことだが、先生の遺体は、親戚のところで働く男性に背負われて獄門を出た。戦時中のことでもあり、たった一台の車さえも調達することができなかった。

奥様は、その遺体を自宅で寂しく迎えた。葬儀に参列した人も、指折り数えられるほど少なかった。皆、世間を、官憲の目を恐れていたからであろう。民衆の幸福のために立たれた大教育者、大学者、大思想家にして大仏法者であった先生に、日本は獄死をもって報いたのだ！」

そして、いつも、最後には、阿修羅のごとく、言うのであった。

「私は必ず、先生の敵を討つ！　今度こそ、負けはしないぞ。

先生の遺志である広宣流布を断じてするのだ。永遠に平和な世の中をつくるのだ。そして、牧口先生の偉大さを世界に証明していくのだ。伸一、それが弟子の戦いじゃないか！」

怒りに体を震わせて語る戸田の姿を、伸一は一人、生命に刻みつけた。

戸田は、師の牧口の命を奪った〝権力の魔性〟に対する怒りと闘争を忘れなかった。邪悪への怒りを忘れて正義はない。また、悪との戦いなき正義は、結局は悪を温存する、偽善の正義にすぎない。

山本伸一は、牧口常三郎の十七回忌法要の席にあって、戸田がいかなる思いで、牧口の法要に臨んできたかをしのぶのであった。

焼香、牧口門下の代表のあいさつに続いて、山本伸一がマイクの前に立った。彼は、静かに語り始めた。

「戸田先生を私どものお父様とするなら、牧口先生はお祖父様であります。つまり、戸田門下生は孫弟子にあたります。

孫弟子の私は牧口先生にお目にかかることはできませんでした。しかし、その高潔な人柄、そして、社会の救済に立ち上がられた尊きご精神については、戸田先生から常々お聞きしてまいりました。

牧口先生亡きあとは、戸田先生が死身弘法の大精神をそのまま受け継ぎ、国のため、法のため、人びとの幸福のために、苦闘に苦闘を重ねられ、今日の創価学会を築いてくださいました。

私は、この偉大なる先師・牧口先生、戸田先生の後を継いで、第三代会長に就任いたしましたが、あまりにも未熟でございます。しかし、一日一日を、ただただ、誠心誠意をもって戦い抜き、両先生にお応えしていこうとの思いでいっぱいでございます。

創価学会には、初代会長の大精神が、力強く脈打っております。牧口先生は、かつて『宗教改革造作なし』と叫ばれましたが、今や、宗教革命は眼前にあり、先生の仰せのごとく、広宣流布の桜の花は、爛漫と咲き始めております。

力のない私でございますが、本日の法要を契機に、また覚悟を新たにし、どんな苦難も厭わず、牧口先生の理想を実現してまいる決意でございます」

烈々たる誓いであった。

28-9 戸田先生の人物像を語る

かつて池田先生は、師・戸田先生の卓越した人物像を、さまざまな角度から語りました。そこには、池田先生の胸に躍動し続ける師の姿が生き生きと表現されています。

池田先生の指針

「東京第三・第四総合本部合同代表者会議」

（一九八六年十二月二十五日、東京）

人生の師である戸田第二代会長は、偉大な人格者であった。

未来部、学生部の諸君からも〝戸田先生とは、どんな方だったのか〟との質問の手紙を、数多く受け取っている。

先ほど、思いつくままに、師への真情を短なかたちでつづってみた。戸田先生の人物像への示唆ともなれば、との思いで述べさせていただきたい。

厳しい先生であられた
やさしい人生の師であった
鋭くして剛毅な先生であった
大らかな師であった
情熱の先生であられた
知性の師であった
邪悪と傲慢に激怒する先生であった
涙脆い師であった

総ての事象の本質を見抜く先生であった
数学の天才の師であった
巌の如き信心、信念の先生であった
大法外護の忠誠の師であった
秋霜の如き厳しき性格の先生であられた
常に春風の如き微笑の師であった
「君、一献」と笑みの先生であった
王者の風格湛える師であった
常に一流の次元の風格の先生であられた
常に庶民の味方の師であった
「苦」と「死」に悩む人々を忘れぬ先生であった
常に悩みを共にしてくれる師であった
楽観と悲観の両面をもつ先生であった
邪悪に対しては死力を尽くす師であった
その人の本質を見抜く先生であった
その人の本質を昇華させゆく名人の師であった

立正と安国を叫ぶ先生であった
貧しき家に涙する師であった
一次元、苦闘の連続の先生であった
人々の喜びと楽しみをうれしく思う師であった
教祖と言われるのをもっとも嫌った先生であった
凡夫と大信者を誇りゆく師であった
常に大衆を愛する先生であった
一人の生命の深源を見極めゆく師であった
緻密にして隙のない先生であられた
常に豪放磊落の師であった
弟子を教えるに峻厳な先生であった
弟子のためには生命を賭す師であった
燃えあがる情熱の先生であった
常に知性そのものの人生の師であった

28-10 戸田先生と池田先生の出会い

一九四七年八月十四日、戦後の荒廃した時代に人生の羅針盤を求めていた十九歳の池田先生が、戸田先生と出会った厳粛な場面が綴られています。

池田先生の指針

「随筆 新・人間革命」

（「わが原点 八月十四日」、『池田大作全集133』）

その日の夜は、静かであった。

家々も夜の食事が終わったのであろう、静かであった。

一九四七年の八月十四日――。

薄暗い道を、幾人かの人びとが一軒の家をめざして、勇んで急いでいた。それは、大田の糀谷での座談会に出席するためであった。

この日が、私の人生の「運命の一日」となったといってよい。私にとって、その日は、戸田城聖先生に創価学会への入会を誓い、約束する日となったからである。

そして、十日後の八月二十四日に、私は入信したのである。あの座談会の日、私は十九歳であった。

師である戸田先生は、慈父のごとく私を待っていてくださった。

三世に流れゆく厳粛な一時であった。戸田先生の弟子となりて、広宣流布にこの身を捧げる決意をした、弟子の誓いの日である。

終戦から満二年の、蒸し暑い、真夏の夜の、庶民の生き生きとした人生の希望の劇であった。

街灯のない道は暗かった。蒲田のあちこちには、忌まわしき焼け野原がまだ多く残っていた。残酷無残な犠牲者を多く出した善良な市民の苦しみは、深く続いていた。

若き私も、その責任者はいったい誰かを、厳しく自問している一日一日であった。

肺病による発熱で、当時十代の私は、夕方から常に体がだるくなり、苦しかった。

希望の人生を生き抜く一番星たる羅針盤を求めていた私は、〝生命哲学〟の会合だという親しき友人の言葉を信じ、意味のわからぬままに座談会へ向かった。

会場に着いたのは、辺りもみな、暗くなった午後八時ごろであったと思う。玄関で靴を脱ぐと、幾分しゃがれた闊達な声が、奥から聞こえてきた。初めて接する、戸田城聖先生の謦咳である。それは「立正安国論」の講義であった。

日蓮大聖人が、平和社会の実現へ、大哲学の樹立を宣言された一書である。

後に知ったことだが、この「安国論講義」は、前年からの「法華経講義」に加えて、新たに開始され、月一回行われていた。戸田先生が注がれた警世の情熱そのものの講義であった。日蓮仏法の真髄の師子吼であった。

古い、死せる仏教では断じてなかった。生き生きとした大確信と躍動感にみなぎった、光り輝く未来への大道が開けていた。

「立正安国論」の講義が終わると、懇談に移った。

戸田先生は、仁丹を噛みながら、全く構えるところのない自然体である。形ばかりの宗教家や政治家のような、あの権威ぶった、人びとを見下す傲慢さとは全く違う、自然体であられた。

初対面の私も、若き心のままに質問をさせていただいた。

「先生、正しい人生とは、いったい、どういう人生をいうのでしょうか」

少々、思い詰めた声であったかもしれない。

太平洋戦争が勃発した年（一九四一年）、私は十三歳だった。終戦時は十七歳である。人生で最も多感な時期が、黒く厚い戦雲に覆われていた。

さらに私は、結核にも侵されていた。

「外からは戦争」「内からは結核」。常に背中に「死の影」が張りついていた。

そして敗戦によって、それまでの国家観や人生観は完全に崩れ去った。

いったい、真実の人生とは何か！　この生命を何に使えばよいのか！

戸田先生からは、確信に満ちた、明快な答えが返ってきた。理論の遊戯や、話の焦点をぼかす欺瞞は少しもない。

青年を愚弄する大人に嫌気がさしていた私は感動した。

戦争を賛美しながら、戦後、手のひらを返すように平和主義者に豹変した政治家や知識人にも辟易していた。

戸田先生が軍部政府の弾圧を受け、二年間、投獄されていた事実は、私が師事する決定的な理由となった。私自身、もし再び戦争が起きたら、牢獄に入ってでも抵抗する覚悟の人間でありたかった。いかなる権力の横暴にも屈せぬ勇者として生きたかった。そのための実践哲学を求めていたのである。

私は、人生の道を模索する、平凡な青年の一人にすぎなかった。

その私が、師弟の道に徹したからこそ、最高無上の「正義の人生」を生き抜くことができたと確信している。

私は米国コロンビア大学ティーチャーズ・カレッジにおける講演（一九九六年）で、戸田先生に呼びかけるように語った。

「今の私の九八パーセントは、すべて、恩師より学んだものであります」

人間だけが師弟をもつことができる。師弟の道によって自分を高めていける。ここに人間の究極がある。

後継の青年たちには、伝え遺せる限り、私のもっているものをすべて伝えたい。一切の後事を託したい。その私の心を、弟子たる君たちは深く知ってほしいのだ。

28-11 「戸田大学」の薫陶

一九四九年一月から、池田先生は戸田先生が経営する出版社で働き始めました。戦後の混乱のあおりを受け、戸田先生の事業が暗礁に乗り上げるなか、一身に支え抜いた池田先生は、通っていた夜間の学校も辞めざるを得ませんでした。その苦闘の日々のなかで、戸田先生から直接、万般にわたる教育を受けた師弟のドラマが記されています。

池田先生の指針

「随筆 新・人間革命」
（「戸田大学の名講義」、『池田大作全集130』）

それは、一九五〇年の寒風の吹きすさぶ日であった。

戸田先生が、厳粛なお顔で、私に尋ねられた。

「日本の経済も混乱している時代であり、私の仕事も、ますます多忙になっていくから、ついては、君の学校のほうも、断念してもらえぬか？」

私は、即座にお答えした。

「結構です。先生のおっしゃる通りにいたします」

すると先生は、厳しい眼差しのなかに、優しさを光らせながら、「そのかわり、私が責任をもって、君の個人教授をしていくよ」と言われた。

やがて、戸田先生は、毎週、日曜日になると、私をご自宅に呼ばれ、一対一の個人教授をされるようになった。

魂と魂が光を放つ、この「戸田大学」の講義は、午前も午後も続き、よく夕飯をいただいて、晴れ晴れと帰ってきた。

次第に、日曜だけでは時間が足りなくなり、戸田先生の会社でも、毎朝、必ず、講義をしてくださった。

この先生の会社での講義は、五二年五月八日の木曜日から、五七年まで続けられた。

それは、戸田先生の会長就任一周年の直後から、ご逝去の直前までの期間となる。

開講に際して、先生はこう語られた。

「高等教育の万般を教えよう。優秀な大学以上に、教育を授けたい。いくら大学を出ても、多くは、何を習ったか忘れてしまうものだ。残っているのは、大綱だけで精いっぱいである。

私が、君には、これから、あらゆる生きた学問を教えてあげたいのだ」

講義の時間は、原則として、仕事が始まる前の、朝八時過ぎから九時ごろまで、小一時間であった。

先生は、朝の出勤時間には厳しかった。先生より早く出社して、掃除や雑巾がけ等を、いっさい済ませて、お待ちせねばならなかった。

先生が「よー」と、一言、言われながら入ってこられると、すぐさま、真剣な講義が開始された。

先生の真正面に私が座り、他の社員が椅子を持ち寄って、それを囲んだ。

まず、受講生が教科書を順番で朗読し、これを受けて、戸田先生が自在に講義されるという形で進められた。

時には、その教科書を破折されることもあった。

「この理論には筋が通っていない」

「この説には無理がある」

「これは、深い思索がない論説である」

「この学者は、一部の原理をもって、すべてに当てはめようとしている」等々と、その鋭い天才ぶりは驚くものであった。

受講中は、メモを取ることはできなかった。

先生は、一言一句を、生命に刻みつけることを、願っておられたようだ。

なぜ、メモを取らせないか。

先生は、こんな史話をしてくださった。

――ある蘭学者が、長崎で、オランダ医学を勉強した。一語残らず書き取ったため、その筆記帳は行李いっぱいの膨大なものになった。

ところが、海を渡って帰る時、船が沈んで、それを全部なくしてしまった。あとは、頭の中はカラであった、と。

だから、「君たちは、全部、頭の中に入れておけ。メモはダメだ」と、先生は言われたのである。

ゆえに、一回一回が真剣勝負であった。

後に、仲間から伺った話だが、戸田先生は陰で、「大作は、海綿のように良く吸収する」と言ってくださっていたようである。

科目は、まず「経済学」から始められた。

次に「法学」である。さらに「化学」「天文学」「生命論」などの科学万般。また、「日本史」「世界史」。ならびに「漢文」。そして「政治学」という、大きな流れで進んでいった。

使用したテキストも、たいてい、当時の最新の部類が選ばれていた。たとえば、科学では、『新科学大系』というシリーズを使ったが、新刊が出た数日後には、もう早朝講義に取り上げられていたこともあった。そこには、「時代の先端を行くのだ」との、戸田先生の訓練があったと思う。

私の『若き日の日記』をひもとくと、随所に、先生の講義の記録が綴られてある。

こういう一節もあった。

「先生の、身体をいとわず、弟子を育成して下さる恩——吾人は、いかに返さんや。今だ。力、力、力を蓄える時は。あらゆる力を、後代の準備として蓄えん」

これが、一九五三年、師走の二十二日の日記である。

私は、二十五歳であった。

28-12 第二代会長就任への道

事業の苦境に直面し、学会の理事長を辞任した戸田先生を、若き池田先生が厳然と守り抜き、第二代会長就任への道を開いた歴史を語っています。

池田先生の指針

「本部幹部会」(二〇〇六年一月六日、東京)

一九五一年の一月、戸田先生の事業は最大の苦境にあった。すでに前年の夏には、当局から営業停止命令を受けていた。

さんざん先生にお世話になってきた人たちが、

ひとたび風向きが悪くなると、一人また一人と、先生のもとを去っていった。なかには、「戸田のバカ野郎！」と不知恩の罵声を浴びせて、離れていった者もいたのである。

最後に残ったのは、実質的に、私一人。若き私は、悪口と中傷を浴びながら、先生の事業の再建へ駆けずり回って働いた。

給料は何カ月ももらえない。食事も満足にできない。せめて体が、もう少し丈夫であったなら。苦しみ、悩み、もがきながら、新たな活路を求めて、真剣に唱題を重ねた。毎晩のように御書を拝した。

戸田先生は、さまざまなことを熟慮された末に、理事長の職も辞任されたのである。

（＝戸田先生が理事長辞任の意向を発表したのは一九五〇年八月二十四日）

私は、思いあまって戸田先生にうかがった。

「先生、先生が理事長をお辞めになれば、新しい理事長が、私の師匠になるのですか」

戸田先生は言った。

「それは、ちがう。苦労ばかりかけるけれども、君の師匠は私だ」

わが人生の忘れ得ぬ一場面である——。

あまり自分で自分のことを言いたくはないけれども、次の学会を背負っていく青年部には、すべて知っておいてもらわねばならない。あえて、きょうは、真実の歴史の一端を語らせていただく。

（＝この一カ月後の九月二十一日、池田先生は、ただ一人で師を支え抜く思いを、「古の　奇しき縁に　仕へしを　人は変れど　われは変らじ」との和歌に託して戸田先生に贈った。戸田先生は返歌として、即座に「幾度か　戦の庭に　起てる身の　捨てず持つは　君の太刀ぞよ」「色は褪せ　力は抜けし　吾が王者　死すとも残すは　君が冠」と、二首の和歌を詠んだ。峻厳な師弟のドラマである）

一九五一年の一月六日、私は、正午近く、戸田先生のご自宅に呼ばれ、先生の部屋に入った。二十三歳になったばかりであった。

あの剛毅な、偉大な戸田先生が、このときばかりは、憔悴しきっておられた。

事業の状況は悪化の一途であった。まさに絶体絶命の危機に追い込まれていたのである。厳しい表情であられた。

部屋にいたのは、先生と先生の奥様と私の三人だけ。そして先生は、「きょうはよく聞いてもらいたいことがある」と私に、こう話されたのである。

「私に、もし万一のことがあったら、学会のことも、事業のことも、いっさい、君に任せるから、全部、引き受けてくれないか」

先生は、さらに声を強められた。

「何が起きたとしても、私と君とが、使命に生き切るならば、きっと大聖人の御遺命を達成する時が来るだろう。誰が何と言おうと、強く、強く、君は、学会のために前へ進むのだ」

戸田先生の遺言と、私は厳粛に受け止めた。

そして、この日の誓願を、〝大楠公〟の精神に託して、次のように日記に書き留めたのである。

「先生は、正成の如く、吾れは、正行の如くなり。奥様は、落涙。此の日の、感動、厳粛、感涙、使命、因縁、生き甲斐は、生涯、忘るることはない。

後継者は、私であることが決まった。

激越の、年も刻々と明けて来た。いかなる苦悩にも打ち勝ちて、男らしく、青年らしく、若人らしく、本年も戦いきろう」(『若き日の日記』)

この日、この時の「師弟の誓い」のままに、私は、死に物狂いで戦った。広宣流布の大師匠であられる戸田先生に、ただ一人、お仕えし、ただ一人、お守りし抜いた。

これが学会の歴史である。師弟の本当の姿である。この一点にこそ、学会の魂があり、原点がある。

幹部であっても、戸田先生と苦衷を分かつ者は、ほとんどいなかったといっていい。理事長を務めた人間までが、戸田先生を誹謗したのである。しかし、だれがどうあろうとも、私は心に決めていた。

〝断じて、戸田先生に、次の会長になっていただくのだ。そして、広宣流布の指揮を縦横無尽に執っていただくのだ〟

私は祈った。先生のために。学会のために。激闘のなかで祈り抜いた。もう寝ても覚めても題目。歩いていても題目。車の中でも、電車に乗っても、時間さえあれば、すべて題目。ただただ、題目を抱きしめて、この世の残酷な苦難をはね返し、戸田先生が第二代会長に就任される道を、命を賭して、切り開いていったのである。

そして迎えた一九五一年の五月三日。苦悩の激動を耐え忍ばれ、ついに、戸田先生は、晴ればれと第二代会長に就任された。

その盛大な推戴の儀式の日。戸田先生は、そっと私に「君のおかげだよ。本当にありがとう」と落涙された。

また晩年、私の義父母と数人の学会首脳がいる席で、戸田先生は語っておられたという。

「私の人生は、良き弟子を持って、本当に幸せだった」と。

思えば、初代の牧口先生が軍部政府と対決して牢獄につながれたとき、獄中までお供し、最後まで戦われたのは、戸田先生、ただお一人であった。この「一人」が大事なのである。

その戸田先生を、人生のすべてを捧げてお守りし抜いたのは私である。ゆえに私は、第三代会長となった。この究極の「師弟不二」の大闘争にこそ、今日にいたる学会の大発展の根本の因がある。それを、断じて忘れないでいただきたい。

28-13 仏法の生命は師弟不二にある

師弟不二の境地に立ってこそ、師の真実が弟子に脈々と伝わり、仏法の生命が流れ通っていくと語っています。

池田先生の指針

「関西総会」（一九九一年十月十六日、兵庫）

戸田先生の「真実」とは何か。

結論していえば、「広宣流布あるのみ」――ただそれしかなかった。そして、「広宣流布」を進めゆくための「創価学会」を築き、守り抜いていく以外にない――ここにこそ、先生の「真実」があった。そして「大切な仏子を、一人残らず幸福にさせたい」との一念――先生のお考え、行動の一切は、そこに発し、そこに尽きていた。

ある時は、阿修羅のごとく悪を砕き、ある時は、大海のごとき慈愛で同志をつつんでくださった――まさに、天を支える巨人アトラス（＝ギリシャの伝説に登場する巨人）のように、ただ一人、広布の前進を担われた先生であられた。

私は、十九歳の夏、先生とお会いした。一年数カ月後、二十一歳からは直接、先生のおそばで働いた。三百六十五日、朝から夜中まで、懸命にお仕えした。

ある時など、朝の四時ごろ、急に呼ばれたことがある。今と違って、車など簡単に見つからない。それでも不思議とタクシーが見つかり、先生のもとに駆けつけた。一事が万事で、毎日が、それは厳しい訓練の連続であった。

人物の真価は窮地にあってこそ、明らかとなる。その意味で私は、先生を、あらゆる面で、つぶさに見てきた。先生の「真実」を、魂の奥底に刻んできた。

私は「先生の行くところ、どこまでも行く。先生とともに生き、先生の目的のために死のう」と決めた。弟子として先生の志を受け継ぎ、広宣流布の一切の責任を担いゆかんと決めた。

その時から、先生のお気持ち、お考えが、鮮明に心に映じはじめた。師の真の偉大さ、すばらしさを、胸中深く焼きつけることができた。また打つ手、打つ手が、師のリズムに合致しゆく自身を確信した。

私が言っていること、やっていることは、すべて先生の心を受けての言動のつもりである。師弟の心は、どこまでも「不二」でなければ、仏法の生命はない。

師の教えを守ってこそ弟子である。「師弟」である。

28-14 師匠に勝利の報告を！

戸田先生が第二代会長に就任したとき、会員は実質三千人ほどでした。そのなかで戸田先生は、七十五万世帯への拡大を宣言しました。この大願が、わずか六年半で成し遂げられた陰に、師の構想を断じて実現せんとする池田先生の不二の激闘があったことが語られています。

池田先生の指針

「代表者会議」（二〇〇九年五月三日、東京）

第二代会長の就任式で、戸田先生は大宣言なされた。

「七十五万世帯の折伏は私の手でいたします」

「もし、私のこの願いが、生きている間に達成できなかったならば、私の葬式は出してくださるな」

しかし、当時の弟子たちは、師匠が人生の大願を語られた、この重大発表を夢物語として聞き流した。これは、当時の「聖教新聞」にも、掲載されなかった。

戸田先生が会長に就任された五月、A級支部でさえ、一カ月の折伏目標は、五十世帯であった。

しかし、何があろうとも、師の構想を実現するのが、弟子の道ではないか。

戸田先生の願業は、そのまま弟子たる私の誓願となった。断じて成し遂げねばならぬ、わが使命となった。

だが学会の弘教は、まったく進まなかった。いな、心の中では皆が諦めていた。古参の幹部は、低迷の分厚い壁を前に嘆息するばかりであった。

しかし、その中にあって、私は満を持して、蒲田支部幹事として、広宣流布の主戦場に躍り出た。

それは、一九五二年の厳寒の二月、戸田先生が五十二歳となられるお誕生の月であった。

私は、先生の心を叫び抜いた。師弟の道を訴え続けた。広宣流布の師匠の魂に心が融合する時、地涌の菩薩の智慧と勇気の生命が、わが胸中にも、わき起こるからだ。

先生にお応えせんと、わが同志は私と共に、心を入れ替え、勇み走ってくれた。

そこには、歓喜があった。希望があった。ロマンがあった。勢いがあった。誰もが、じっとしてなどいられなかった。

そして、わが蒲田支部は一挙に「二百一世帯」という未聞の拡大を成し遂げた。

「やれば、できる」――七十五万世帯への誓願実現の突破口は、ここに決然と開かれたのだ。

蒲田は勝った！　ふるさと東京の勝利の大行進が始まったのである。

法華経には、仏の力用として、「知道」「開道」「説道」と記されている。妙法を持った我らは、「道を知り」「道を開き」「道を説く」力を発揮していけるのだ。

戸田先生の直弟子として、私は、城東へ、文京へ、札幌へ、大阪へ、関西へ、山口へ、中国へ、荒川へ、葛飾へと走りに走った。

行くところ、向かうところ、新たな光り輝く広宣流布の大道を開拓し、常に断固として師弟勝利の旗を打ち立てていった。すべてが、困難このうえない戦いの日々であった。容易な戦いなど一つもなかった。不可能を可能としゆく、「〝まさか〟が実現」の戦いであった。

その最大の勝因は、いったい何であったか？

それは、ひと言で言うならば、いついかなる時も、わが心が師と共にあったことだ。

私は、一切を先生に報告し、指導を仰いだ。最寄りの目黒の駅で降りて、駆け足で先生のご自宅に向かったことも数知れない。

また〝先生ならば、どうされるか〟を常に考えた。

先生が今、私を見たら、何と言われるか？　胸を張って、ご覧いただける自分であるかどうか。私はいつも、そう己に問うてきた。

渾身の力で戦い抜く、わが心には、「よくやった！」と笑みを浮かべて頷いてくださる先生の顔が光っていた。とともに、「まだまだだ！」と厳しく叱咤される師の雷鳴が、いつも轟いていた。

私は、来る日も来る日も、自分自身に強く言い聞かせていたのである。

「仏法は勝負である。ゆえに、敗北は罪である。負ければ、先生の広宣流布の構想を頓挫させることになる。断じて負けてはならない。絶対に勝利の報告をするのだ」

その一心不乱の「祈り」が、力となり、智慧となった。その勇猛精進の「行動」が、活路を開き、諸天善神を動かした。ただただ、先生に喜んでいただきたい！　その誓いの一念だけで、来る年も来る年も走りに走った。

前進！　前進！　前進！

勝利！　勝利！　勝利！

永劫に悔いなき弟子の赤誠を、私は貫き通した。

師弟の共戦は、あらゆる試練を乗り越え、勝ち越えて、一九五七年の十二月、遂に学会は、七十五万世帯を達成した。先生の大願は完璧に成就されたのである。

師匠の挑戦は、弟子の挑戦である。弟子の勝利は、師匠の勝利である。そして「師弟」の栄光は、「永遠」の栄光である。

仏法の根幹は、「師弟」である。なかんずく、「師弟不二の祈り」である。

大聖人は仰せだ。

「弟子と師匠が心を同じくしない祈りは、水の上で火を焚くようなものであり、叶うわけがない」（御書一一五一ジペー、通解）と。

いくら祈っても、師弟が心を合わせていかなければ、祈りは叶わないとの御断言である。

反対に、師弟の祈りが不二であれば、断じて祈りは叶う。絶対に不可能をも可能にしていくことができる。

これが仏法の方程式である。

28-15 弟子が全責任を担い立つ

戸田先生のもと、青年部の中核として、師の心を我が心とし、あらゆる戦いの先頭に立って広宣流布の大道を開いていった歴史を綴っています。

池田先生の指針

「随筆　人間世紀の光」

（「新しき一年の旅立ち」、『池田大作全集135』）

一九五四年の春三月のことであった。

私は戸田先生から、「大作が立つ時が来た。大作よ、青年部の室長になれ。俺も少々、疲れた。

一切、頼むぞ」と、直接の任命をいただいたのだ。

ともあれ、戸田先生が、約三千人の同志と共に、第二代会長として立たれ、広宣流布の大進撃を開始して、間もなく満三年を迎えようとしていた。広宣流布の構想はすべて先生の胸中から発し、折伏弘教の波も、いよいよ十万の大波となってきていた。

しかし、大躍進とはいえなかった。

当時の学会は、すべてが戸田先生の双肩にかかっていた。個人指導も御書講義も、青年たちの訓練育成、そして、地方への広布の展開も、すべてが先生の陣頭指揮で行われた。

学会を「船」だとすれば、先生お一人で、船のスクリューと操舵を兼ねておられたようなものであった。

御本尊を根本として、同志の信心のエンジンは回転を増していた。その勢いが確実にスクリューに連動し、正しく舵取りされてこそ、船は波を蹴って前進する。

先生は、新しいスクリューをつくろうとされた。そして私に広宣流布の全責任を担うべき立場を与え、訓練してくださったのである。

任命のその日、三月三十日の日記に、私は綴った。

「一段、一段、学会の中核となって、広布の推進をせねばならぬ。これが、自己の使命だ。

草花あり、花を咲かせる。これ使命なり。

自己あり、妙法の流布をいたす。これ使命なり」（『若き日の日記』）

そして、仏と魔の大闘争に立ち上がる決意を込め、「結句は勝負を決せざらん外は此の災難止み難かるべし」（御書九九八ジペー）と記した。仏法は、あくまでも勝負である。わが使命は勝つこととなりと、私は生命に刻みつけたのであった。

この年（一九五四年）、戸田先生は、年頭から青年部幹部の会合に出席し、「次代の学会は青年に託す！」と、烈々たる気迫で叫ばれた。

私に対する毎朝の講義も続いていた。「勉強せよ、勉強せよ」と、先生のお声には、遺言の響きさえあった。

そうしたなかでの、青年部の室長の任命であった。それは、創価の中核中の中核である。

私は、「自分の成長が青年部の成長である。いな学会の前進である」と決心したのである。

何があろうが、歯を食いしばって、一歩でも、二歩でも前に進むことだ。私は、毎日、寸暇を惜しんで御書を拝した。読書にも挑戦した。仕事も、学会活動も、全責任を持ちながら、戦い、走り回った。一日一日が激戦であり、勝負であった。

あまりにも多忙極まる日々であり、私の弱い体は、重苦しい疲労が重なり、微熱はいっこうに下がらず、いつ倒れても不思議でない生命の状態になっていた。

先生は、魔を断ち切るように厳しく言われた。

「三障四魔との戦いだ。泣いて、御本尊を拝みゆく以外に打開はないよ」

断じて、強くなれ！

強く立て！

強く生きるのだ！

私は、色心の宿命を革命する思いで、猛然と怒濤に立ち向かっていった。

室長になったからといって、戸田先生から、こうしなさい、ああしなさいといった話は全くなかった。

「まず、全部、自分たちで責任をもって考えよ」という先生の訓練であった。

現場第一である。そして、同志が苦しまないよう、戦いやすくなるよう、また、広布の長い展望のうえから、電光石火のスピードで、あらゆる課題に手を打っていった。

机上で小手先の策を練るのではない。自らが最前線に飛び込み、誰よりも苦労して、智慧を湧かせ、活路を開いていくのだ。

戸田先生は、「あくまでも自己に厳しく、人びとを大きく包容していくことを常に心がけなければ、強力なる推進力となることはできない」と将軍学を教えられた。

当時は、本当によく先生に叱られた。情報が遅いと言っては叱られ、何かの対応について、また怒られる。直接、関係ないことでも、どうなっているかと叱責された。

すべて、青年部が広宣流布の責任を担えとの、ありがたき厳愛の指導であったのだ。

一人立つ——師の深き期待に応える大道は、この一念を定める以外にない。

わが青年部の戦友もまた、自分のいるその場所で、断固として、勝利の全責任を担い立て！　広宣流布の激戦が行われているところなら、どこにでも駆けつけ、逆転の突破口を切り開け！

私は、その模範の開拓者になって、戦い進んだ。そして、新しき勝利と拡大の渦を巻き起こしていったのである。

任命から一カ月余が過ぎた五月には、「青年部五千人の結集」を行った。そのわずか半年後には、倍増の「一万人の大結集」も実現した。

翌年（一九五五年）、日蓮宗（＝身延派）との「小樽問答」でも勝った。「札幌・夏の陣」でも日本一の弘教を敢行した。

一九五六年の「大阪の大法戦」では、一支部で一カ月に一万一千百十一世帯の折伏という不滅の金字塔を打ち立てた。

続く「山口の開拓指導」も勝った。学会員を苛め、信教の自由を侵すような勢力と戦った「夕張炭労事件」でも、私は勝ってきた。

さらに、第三代会長に就任した翌年（一九六一年）には、国立競技場を埋め尽くした「精鋭十万の大結集」を達成した。これには、日本中が驚き、幾多のマスコミが走った。

私は、この大結集を、青年部の室長としての決着点と決めていた。私は、満天下に完勝の旗を悠然と打ち立てたつもりだ。

楽な戦いは一つもなかった。誰もが「難しい」「無理だ」と後込みする激戦ばかりであった。しかし、偉大なる師匠の弟子として、断じて負けるわけにはいかなかった。

一つ一つが「壁を破る」戦いであった。「邪悪を打ち破る」戦いであり、「正義を打ち立てる」戦いであった。「創価の使命と偉力を示しきる」戦いであった。

今度は、わが本門の弟子である青年部諸君が、誇り高く立ち上がる時だ。

28-16 出獄と入獄の「7・3」

創価学会は、かつて日本の政治がイデオロギーの対立に明け暮れるなか、置き去りにされていた大衆の声を代弁し、平和と人道の社会を建設するために、政治の世界に衆望を担う代表を送り出すようになりました。それは権力の魔性との熾烈な戦いでもありました。その魔性の刃は池田先生に襲いかかり、一九五七年七月、先生は全くの無実の罪で二週間、投獄されました。

師を護り、学会と会員を守り抜くために、大難を一身に受けきった歴史を綴っています。

池田先生の指針

「随筆 人間世紀の光」

（「七月三日と学会精神」、『池田大作全集137』）

七月の三日——。

それは、一九四五年、戸田城聖先生が、獄死なされた牧口常三郎先生の偉大な遺志を継がれて、出獄した記念の日である。

そして、その十二年後の一九五七年、戸田会長の直弟子である私が入獄した日でもある。

「開目抄」には、仰せである。

「国主の王難必ず来るべし」（御書二〇〇㌻）

厳しき御聖訓の通りに、創価学会の初代、二代、三代の会長は、みな王難を受け切ってきた。

これこそ、日蓮大聖人から、わが学会のみに

「立正安国の血脈」、そして「広宣流布の血脈」が、滔々と流れ通っている厳たる正義の刻印といってよいのだ。

一九五七年の七月三日、大阪府警から任意出頭を求められた私は、激流に飛び込む如く、自ら大阪へ向かった。

北海道からの乗り継ぎのため、いったん羽田空港に降り立つと、わが師・戸田先生が来てくださっていた。

「もしも、お前が死ぬようなことになったら、私もすぐに駆けつけて、お前の上にうつぶして一緒に死ぬからな」

先生の目には、涙があった。痩せた私の体を、固く抱いてくださった。先生の体は熱かった。

大阪府警に逮捕されたのは午後七時である。奇しくも十二年前、恩師が出獄された時と、同日同時刻であった。

——四月に行われた参院大阪地方区の補欠選挙で、残念ながら、学会員の一部に選挙違反が出た。検察は、それを、支援の最高責任者の指示による組織的犯罪だと断定して、私を拘束したのであった。全く事実無根の公職選挙法違反の容疑である。

やがて身柄は、大阪拘置所に移された。

常々、戸田先生が言われていた言葉が思い起こされた。

「ひとたび、牢獄に入った場合、一生、出られないものと覚悟して戦え！」

その決心なくして、信念の獄中闘争はできない。

連日連夜、過酷な取り調べが続いた。

大阪は、三十度前後の蒸し暑い日が続いた。

私は潔白である。認める罪など、あろうはずがない。ところが、担当検事が陰険な本音を漏らしたのだ。

罪を認めなければ、学会本部を手入れし、戸田会長を逮捕する——と。

既に体の衰弱が著しい先生が、再度の入獄という事態になれば、命にも及ぶ。

やむなく私は、恩師をお護りするために、ひとたびは罪を認め、あとは法廷闘争で、逆転勝利を期す道を選択した。

そして逮捕から二週間後の七月十七日、私は大阪拘置所を出たのである。

28-17 不屈の人権闘争

不当な大阪事件にあって、池田先生は、四年半にわたる法廷闘争を堂々と勝ち越えました。先生は小説『人間革命』で、この不屈の人権闘争を振り返り、権力の魔性と恐れず戦い抜いた師弟の勝利の劇を記しています。

『人間革命11』

池田先生の指針

七月十七日——。大阪拘置所の門の前には、朝早くから、開襟シャツやブラウス姿の学会員が、あちこちに見られた。

どの顔も、事件が、一応、落着し、伸一が姿を見せることへの期待と、不当な当局に対する憤懣とが交錯した、複雑な表情であった。

川を挟んで対岸に立つ、中之島の大阪市中央公会堂の付近にも、大阪大会（＝不当逮捕への抗議集会）は夕刻の開会だというのに、学会員の姿があちこちに見られた。

正午を十分ほど過ぎたころ、どっと人波が揺れた。拘置所の出口から、開襟シャツ姿の山本伸一が現れた。歓声があがり、拍手が沸き起こった。

伸一は、にっこり微笑み、一人一人に視線を注いだ。

「ありがとう。ご心配をおかけしました。私はこのように元気です！」

期せずして、出迎えの人垣から、「万歳！」の声があがった。

声を張り上げ、力いっぱいに両手を振り上げる同志の目には、陽光に映えた金色の涙が、キラリと光っていた。

伸一は、間もなく、戸田城聖が伊丹空港に到着することを聞くと、直ちに空港に駆けつけていった。

戸田が、伸一の姿を認めて、にっこり笑いかけたとき、伸一は、二週間前よりも、さらに戸田が憔悴しているのを見て、胸を突かれた。

「先生、大変にご心配をおかけしました。申し訳ございません」

「それより、体は大丈夫か」

戸田は、もともと体の弱い伸一の体調が、気がかりでならなかったのだ。

伸一は、憔悴した師の深い心遣いに、目頭が熱くなったが、それをこらえて言った。

「はい、大丈夫です。負けません。先生の出獄の日に、私は牢に入ったんですから」

戸田は、黙って頷いた。その目に光が走った。

「伸一君、戦いは、これからだよ。御本尊様は、すべてわかっていらっしゃる。勝負は裁判だ。裁判長は、必ずわかるはずだ。裁判長に真実をわかってもらえれば、それでいいじゃないか」

戸田は、伸一の心の一切を知っているかのようであった。

午後六時、（大阪大会の）開会が宣言された。

やがて、外は、にわかに空が暗くなり、雨が降り始めたかと思うと、瞬く間に激しい豪雨となり、横なぐりの風が吹き荒れた。

稲妻が黒雲を引き裂き、雷鳴が轟いた。

激しい雷雨にさらされながらも、場外を埋めた人びとは、誰一人、立ち去ろうとはしなかった。

伸一は、胸中に、ふつふつとたぎる大確信を、言葉に託して放った。

「最後は、信心しきったものが、御本尊様を受持しきったものが、また、正しい仏法が、必ず勝つという信念でやろうではありませんか！」

誰もが泣いていた。嗚咽する人もあった。辺りをはばからず、号泣する人もあった。しかし、それは、もはや悲哀の涙ではなかった。権力の魔性に挑まんとする伸一の、気迫と確信に共鳴し、打ち震える、生命からほとばしる感涙であった。

（「大阪」の章。抜粋）

〈裁判は四年半の長きにわたり、弁護士が「無罪を勝ち取るのは難しい」とまで言う極めて困難な法廷闘争となった〉

審判の日が来た。

一九六二年一月二十五日――最終公判となる第八十四回公判が、午前九時三十分から、大阪地方裁判所で開かれたのである。

誰もが固唾をのんで、田上雄介裁判長の言葉を待った。

「被告人・山本伸一は無罪!」

学会の正義は、伸一の無実は、ここに証明され、欺瞞の策謀に真実が打ち勝ったのだ。

戸田が、広宣流布の道程は、権力の魔性との熾烈な攻防戦とならざるを得ない、と語っていたことが、思い返された。

牧口常三郎の獄死、戸田城聖の二年間の獄中生活の苦闘……。さらに、わずか二週間ではあったが、自身の入獄と、この四年半にわたる裁判を思うと、伸一は、権力の魔性と戦いゆかねばならぬ学会の、避けがたき宿命を、強く、深く実感せざるを得なかった。

この時、山本伸一の生涯にわたる人権闘争への金剛の決意が、胸中に人知れず芽吹いていたのである。

(=検察の控訴はなく、大阪地裁の判決が最終の審判となった)

(「裁判」の章。抜粋)

28-18 師弟永遠の「3・16」

一九五八年三月十六日、戸田先生が池田先生に広宣流布の一切の後事を託した不滅の儀式が行われました。この師弟不二の「3・16」の歴史について綴っています。

池田先生の指針

「随筆　新・人間革命」

（「『3・16』の大儀式を偲びつつ」、『池田大作全集129』）

われは、師弟の誓いを果たしたり。
われは、同志の誓いを果たしたり。
われは、わが信念の目的を果たしたり。

富士の裾野に集いし、あの日から、新しき広宣流布の回転は始まった。

この日は寒かった。

秀麗なる富士が、堂々と見守っていた。

「3・16」の儀式は、晴れ晴れとしていた。

戸田先生が、若き青年部に、確かに、広宣流布をバトンタッチすると宣言なされた。若き弟子たちの心は燃えた。使命は炎と燃え上がった。

一九五八年のあの日、余命幾ばくもなき、われらの師・戸田城聖先生のもとに、六千名の若き弟子が集まった。

皆、生き生きと、この日を祝った。日本中から集った若き広宣の健児が、握手をしたり、肩を叩いたり、談笑している姿は、未来の勝利を勝ち取った喜びの姿に見えた。

この年の三月、一カ月間にわたり、先生のご生涯の総仕上げともいうべき、数々の行事が続いていた。

二月末、先生ご到着。お体の具合は甚だ悪い。何度も医師を呼ばねばならぬ状況であった。しかし、病篤き広布の師の声は、厳然として鋭かった。

「大作、絶対に、私の側から離れるな。いいか、四六時中、離れるな！」

三月一日、先生は、私に言われた。

「大作、あとはお前だ。頼むぞ！」

それからまもなく、こう提案された。

「三月十六日に、広宣流布の模擬試験、予行演習ともいうべき、式典をしておこう！」

先生は、再起は不能であり、みずからが、ふたたび広宣流布の陣頭指揮をとることはできないと、悟られていた。

御聖訓には「命限り有り惜む可からず遂に願う可きは仏国也」（御書九五五ページ）と、仰せである。

「3・16」は、その御遺命のままに生き抜かれた先生の、不惜の精神を永遠にとどめ、受け継ぐ儀式であった。また、先生から私へ、広宣流布の印綬が渡される二人の式典であり、師弟の不二の儀式であった。

私は、その深い意義を嚙み締めつつ、いっさいの責任を担い、全力で大儀式の準備にあたった。

先生のお体は、日ごとに衰弱されていったが、「3・16」を迎えるまでは、私に、そして青年に、後事を完璧に託すまではと、必死に、死魔と闘われた。

私は、つねにお側に随い、師にお仕えした。先生は、幾度となく、私を呼ばれては、重要な広布の未来図を語ってくださった。

先生の一言一言は、すべて、私への遺言となった。全部が、後継の大儀式の〝序分〟となった。

先生は、まだ儀式の日程も決まらぬうちから、青年をどうやって励まそうかと、次々に手を打たれていた。

早朝、到着することになる青年たちのために、豚汁を振る舞う用意もされた。

「私が断固として指揮をとるからな」

戸田先生は、こう言われたが、お体の衰弱は極限に達していた。すでに、歩くことも困難になっていた。

私は、先生をお乗せするために、信頼する青年に指示して、車駕を作った。

先生は、「大きすぎて、実戦に向かぬ！」と叱責された。

最後の最後まで、命をふりしぼっての、愛弟子への訓練であった。そのありがたさに、私は心で泣いた。

弟子の真心に応え、先生は車駕にお乗りくださり、悠然と、指揮をとられた。

車駕を担いだ青年たちの顔には、喜びがあふれ、額には、黄金の汗が光っていた。

晴れの式典の席上、戸田先生は宣言された。

「創価学会は、宗教界の王者である！」

この師子吼を、私は生命に刻んだ。否、断じて〝王者〟たらねばならぬと、深く、深く心に誓った。

「宗教界の王者」とは、思想界、哲学界の王者という意義である。

「3・16」の大儀式は、「霊山一会儼然未散」（霊山一会儼然として未だ散らず）の姿さながらに、われらには思えた。

大儀式が終わってまもないある日、宗門の腐敗の兆候を感じとられた先生は、厳として言われた。

「追撃の手を緩めるな！」

先生は、必ず宗門が「濁流」となりゆくことを、明らかに予見しておられた。この言葉は、恩師の遺言となった。

「３・16」とは、弟子が立ち上がる、永遠の「本因の原点」の日だ。

私にとっては、毎日が新しき決意の出発であり、毎日が「３・16」であった。

28-19 「４・２」に恩師を想う

戸田先生の後を受け、師から託された世界広宣流布へ、一人、厳然と立ち上がった厳粛な思いを綴っています。

池田先生の指針

「随筆　人間世紀の光」

（「桜花の『４・２』に恩師を想う」、『池田大作全集138』）

それは、一九五八年の三月十六日、富士の裾野で、盛大な儀式を終えた夜であった。

戸田先生から私は、「学会本部の方が大事だ。大作は、私より一足早く東京に帰って、本部に行ってくれ給え」との、ご指示を受けて帰京した。山積していた仕事を整理して、電光石火で再び本山へ舞い戻ると、衰弱を増しておられた先生は、お顔に深い安堵の微笑みを浮かべられた。

それからの一日また一日、布団に横たわられた先生は、幾たびとなく、私を呼ばれた。

夜は、いつも必ず、私は、戸田先生の下座の方に布団を敷き、そこで寝るように命ぜられた。「今日は、何の本を読んだか」と尋ねられたこともある。

先生は「私は『十八史略』を読んだよ」と言われながら、漢の劉邦が天下を取った時、「第一の功臣」と賞讃した、蕭何の話をしてくださった。

この蕭何は、食糧や武器の確保などに努め、最前線が力の限り戦えるように、手を打ち続けた人物である。

そうした陰の功労者を、学会は最大に大事に護り、感謝し、真心から讃えていくのだ。そうすれば、永遠に栄えていける。

この重大な将軍学を、先生は繰り返し教えてくださったのである。

「大作、昨日はメキシコへ行った夢を見たよ」と言われた朝もあった。

「此の一念の心・法界に偏満する」（御書三八三ページ）とは、「一生成仏抄」の一節である。

先生の心は、壮大な地球を駆けめぐり、日本から一番、離れたラテンアメリカにまで思いを馳せておられたのだ。

「待っていた、みんな待っていたよ……。大作の本当の舞台は、世界だよ」

先生は布団から手を出して、私の手を握られながら、「一閻浮提広宣流布」への遠大な平和旅を託されたのである。

先生は、逝去の約一週間前、居合わせた青年たちに語られた。

「戸田亡き後は、第三代会長になられる方が、広宣流布のすべての指揮を執り、世界広布の理念と方法のレールをちゃんと敷いてくださる。四代から先は公平な方であれば、誰が会長になっても困らぬように、第三代が仕上げてくれます。

第三代の教え通りに実行していけば、世界の広宣流布は必ず必ず実現できるのです」

その場にいた幾人かの友が、咄嗟に大事なお話と思って、メモに書き留めた遺言である。

一切は弟子で決まる。

御聖訓には厳然と仰せだ。

「よき弟子をもつときんば師弟・仏果にいたり・あしき弟子をたくはひぬれば師弟・地獄にをつといへり、師弟相違せばなに事も成べからず」

（御書九〇〇㌻）

一九五八年の三月三十日、私は東京に行き、ご家族と相談して入院の手配を万端整え、翌日、師のおられる総本山へ戻った。

四月一日の午前二時過ぎ、先生は、布団に身を横たえたまま、車で理境坊の宿舎を出発された。

私は、一睡もせず、お供をした。

沼津駅を午前四時二十分発の急行に乗り、午前七時前、東京駅に到着した。そして、そのまま駿河台の日大病院に入院されたのである。

私は、最善の治療をお願いして、朝九時過ぎ、病院を後にした。

翌四月二日。東京は、曇り空で肌寒かった。

私は、心急く思いで、朝、青年部の緊急の幹部会議を招集した。

席上、先生のご回復を祈って、明朝から一週間、代表が学会本部で勤行を行うことを提案したのである。

先生のため、命を投げ出しても、今、できることは何でもさせていただきたい。平癒を祈った。ただただ祈った。

朝方は先生のご容体が落ち着かれていたと聞き、私たち弟子は歓喜した。いよいよ祈りを強くしていったことを、今でも鮮明に覚えている。

夕方の五時には、学会本部に、理事室、青年部の首脳が集まり、翌日に予定されていた本部幹部会、四日後の教学部の任用試験などの協議を始めていた。皆、先生のご回復を確信しながら……。

打ち合わせが、ほぼ終了した頃、本部の管理者がドアを叩いた。病院のご家族から、私あての電話であった。

管理者室に走って受話器を取ると、驚く悲報が入った。

「ただ今、父が亡くなりました」――

この一瞬の衝撃は、今なお筆舌に尽くせぬ。わが内奥に、永遠に留めるほかはない。

わが師匠・戸田城聖先生は、午後六時三十分、急性心衰弱のため、崇高なる「方便現涅槃」のお姿を示されたのである。

前日、病院までお供をするなかで拝見した、安心されきった師の温顔……。

それが、今生のお別れとなってしまった。

私は、万感の思いで、皆にその速報を伝えた。

すぐに、重大会議となった。そして、急ぎ病院に飛んだ。

その夜、私は、日記に記した。

「嗚呼、四月二日。四月二日は、学会にとって、私の生涯にとって、弟子一同にとって、永遠の歴史の日になった」

「妙法の大英雄、広布の偉人たる先生の人生は、これで幕となる……」（『若き日の日記』）

だが、仏法は深い。仏法の法則は正しい。

亡き先生は、未来永遠に、わが胸奥の「九識心王真如の都」に生きておられるのだ。

戦う弟子を叱咤し、励まし続けてくださるのだ。

広宣流布へ、ただただ広宣流布へ——。

不惜身命の師であった。

死身弘法の師であった。

勇猛精進の師であった。

師子奮迅の師であった。

忍難弘通の師であった。

破邪顕正の師であった。

その常勝の闘魂を、師は真実の弟子に遺された。

ゆえに一瞬たりとも、学会の前進を止めるわけにはいかなかった。私は、新たな旭日が昇りゆくが如く誓った。

——増上慢な弟子はやがて去っていくだろう。

狡賢い邪知の弟子は、学会の悪口を言い始めるであろう。

恐ろしいのは人の心だ。

恐ろしいのは師の恩を忘れることだ。

今こそ、広宣流布の決戦の第二幕を、常勝の金の幕を開くのだ！

我は立つ！　我は勝つ！

28-20 第三代会長就任

戸田先生が逝去されて二年後の一九六〇年五月三日、池田先生は第三代会長に推戴されました。そして、その五カ月後の十月二日に世界広宣流布の第一歩を印すなど、怒濤の前進を開始しました。

ここでは、会長就任から十年の節目ごとに大難を打ち破り、世界宗教への道を開いてきた真情を綴っています。

池田先生の指針

「随筆　人間世紀の光」

（「栄光燦たる五月三日よ」、『池田大作全集135』）

三十二歳の私が第三代会長に就任したのは、一九六〇年の五月三日であった。

晴れわたる記念のこの日、私は、二万人が集う日大講堂の壇上で青年らしく叫んだ。

「若輩ではございますが、本日より、戸田門下生を代表して、化儀の広宣流布を目指し、一歩前進への指揮を執らせていただきます！」

明るく力強い万雷の拍手が、私を包んでくれた。

そして、折伏の大将軍であった戸田先生の弟子として、師が遺言された三百万世帯の実現を誓ったのである。

戸田先生は、生前、さらに私に言われた。

「一千万人が信心する時代がきたら、すごいことになるぞ。楽しみだな……」

その一千万という盤石な平和と人道の民衆連帯を、この日本に築くことを、私は生涯の誓いとしたのだ。

日蓮大聖人は、「大願とは法華弘通なり」（御書七三六ページ）と仰せである。

ともあれ、五月三日は、我らの「広宣流布の誓願」の日と決まったのである。

この日は、巡り来るたびに、創価の師弟が、広宣流布を誓う日となり、正義の戦闘開始の日となってきたのだ。それは永遠に！

「開目抄」の一節は、会長就任の時の私の決意であり、以来、片時も、わが胸を離れたことはない。

「詮ずるところは天もすて給え諸難にもあえ身命を期とせん」（御書二三二ページ）

私は、いかなる大難にも断じて負けぬ魂を、わが師である戸田会長から鍛えられたという誇りを持っていた。

大偉業を成しゆくには、平坦な道など、どこにもない。

「諦め」の中には、「敗北」があり、「暗闇」がある。

「忍耐」の中には、「希望」があり、「勝利」がある。

見渡せば、峨々として連なる、峻険な尾根を登攀しゆく宿命の歳月であった。

第一の険しき尾根は、あの一九七〇年である。この会長就任十周年の五月三日は、日本国中からの集中攻撃を受けた「言論問題」の渦中にあった。

次の十年も、山に山を重ねる艱難の連続の日々であった。第一次宗門事件の嵐のなか、一九七九年五月三日を前に、私は会長を辞任した。

翌一九八〇年も、私と学会への攻撃また攻撃が繰り返されていた時であった。陰険極まりなき悪侶と結託した恩知らずの反逆者らが、釈尊を攻撃し、殺害しようとした提婆達多の如き正体を露わにしたのだ。

その激戦のさなか、私は、常勝の都・関西の天地に走った。そして五月の三日、ここを本陣として、泥棒の如き邪悪を打ち破る壮絶なる決意を固めて、勝利のための戦闘を開始したのである。

ともあれ、このような大攻撃を受け、戦い抜いたがゆえに、わが創価学会は清浄なる正義と団結の大教団として、日本一の基盤を作り上げることができたのである。

さらに、日顕一派が広布破壊の魔性を現した、第二次宗門事件が惹起したのは、私の会長就任三十周年（一九九〇年）の時であった。

邪宗門が暗き密室で、正義の学会の破壊を謀議していた時、わが学会は広々と世界を呼吸し、人類の幸福のために、悠然とスクラムを組みながら、平和への大行進を拡大していたのである。

世界の識者と私との対話も、急速に広がっていった。ゴルバチョフ氏（＝元ソ連大統領）や南アフリカ共和国のマンデラ氏（＝元大統領）と、初めてお会いしたのも、この年であった。

このように、会長就任から、ほぼ十年ごとに、大きな苦難の節目があった。

しかし、そのつど、学会は最高峰の「文化の団体」、唯一の「正法正義の教団」、そして「世界の宗教」として飛躍した。艱難の山を乗り越え、勝ち越え、連戦連勝の王者の教団となったのだ！

私が第三代会長となった、あの一九六〇年の五月三日、同じ日大講堂での祝賀会が終わり、私が退場しようとした時であった。

「それっ、胴上げだ！」

誰かの声が聞こえたと思った瞬間、青年たちが、「ワーッ」と大歓声を上げて、私に向かって突進してきた。そして、あっという間に、私の体は無数の手に押されて、宙に舞いに舞っていた。

「万歳！　万歳！……」

その歓喜の渦、そして歓喜の力、さらに歓喜の呼吸は、一生涯、忘れることはできないであろう。

共戦の同志なくして、広宣流布は絶対にできない。大事なのは、自分でなくして、同志なのである。

戸田先生は、「三代会長を支えていくならば、絶対に広宣流布はできる！」と、何度も教えられた。

その通りであった。戸田先生が遺言された通りに、第三代の私と尊きわが同志とが、「異体同心」で戦ってきたからこそ、世界への広宣流布はできたのだ！

28-21 永遠に広宣流布の指揮を

池田先生が七十歳を迎えた一九九八年一月から開始された随筆の連載は、実に約八百回にも及びます。その記念すべき第一回の随筆で、先生は自身の人生の歩みを綴っています。

池田先生の指針

「随筆　新・人間革命」（「日に日に新たに」、『池田大作全集129』）

かつて、三十歳の誕生日を約一月後に控えた、懐かしき日記に、私は、こう記していた。

「先生と共に戦い、進み、生きぬくこと以外に、私の人生はない。師ありて、われあるを知る」（一九五七年十二月四日）

病弱のため、医師から、三十歳まで生きられないだろう、と言われた、わが生命。

戸田先生は、そんな私をだれよりも心配され、厳愛の指導を続けてくださった。

激しき法戦の明け暮れ。病に苦しみ、疲労困憊した私に、先生は言われた。

「三障四魔との戦いだ。泣いて、御本尊にぶつかれ！　そして、すべてを、打開せよ！」

「いつ臨終になっても、悠然と、従容たる人生であれ、信心であれ」

生命を貫く、厳父の声であった。

また、あるときは、「私の命をやろう！　生き抜け！　私に代わって、断じて生き抜け！」とも言ってくださった。

師に生命を吹き込まれ、病魔の宿命に打ち勝ち、迎える三十歳。

私は、その感慨を胸に、十年ごとの人生の来し方と未来の指標を、さらに日記に綴っている。

十歳まで……平凡な漁師（海苔製造業）の少年時代
二十歳まで……自我の目覚め、病魔との闘い
三十歳まで……仏法の研鑽と実践。病魔の打破への闘い
四十歳まで……教学の完成と実践の完成
五十歳まで……社会への宣言
六十歳……日本の広布の基盤完成

しかし、日記には、六十歳から先のことは、ふれていない。それ以上、生き抜けるとは、当時の私は、とうてい、考えられなかったからである。

私が体調を崩し、検査入院したのも、恩師の逝去の年齢にあたる五十八歳が目前の晩秋であった。

先生がご存命ならば、まもなく九十八歳。先生の命を分けていただいての、わが「更賜寿命」の七十星霜なりと、しみじみ思う。

かのユゴーは、七十歳で小説『九十三年』の制作に着手。またトルストイは、七十歳のころ、名作『復活』の執筆に没頭した。

牧口先生は、七十歳になられてすぐ、機関紙「価値創造」を創刊し、新しき言論戦の火蓋を切られた。

私も今、『新・人間革命』第八巻の執筆に余念が

ない。まもなく、連載も再開となる。

ここに、六十歳以降の、わが人生の歩みと推測を記せば、たとえば、次の如くなる哉。

七十歳まで……新しき人間主義の哲理を確立

八十歳まで……世界広布の基盤完成なる哉

このあとは、妙法に説く不老不死のままに、永遠に広宣流布の指揮をとることを決意する。

28-22 小説『人間革命』の執筆

かつて池田先生は、小説『人間革命』について、「戸田先生の生涯を小説の形で書いたのは意味がある。私の胸に刻まれ、私の生命に生き続けている戸田先生の姿を、そのまま写したのだ」と語りました。その師弟不二のペンの闘争への思いを綴っています。

池田先生の指針

『新・人間革命9』(「衆望」の章)

伸一が、戸田の生涯を書き残そうとの発想をもったのは、十九歳の時であり、入会して三カ月が過ぎたころであった（一九四七年）。

軍部政府の弾圧と戦い、投獄されても、なお信念を貫き、人民の救済に立ち上がった戸田城聖という、傑出した指導者を知った伸一の感動は、あまりにも大きかった。

伸一は、〝わが生涯の師と定めた戸田先生のことを、広く社会に、後世に、伝え抜いていかなくてはならない〟と、深く深く決意していた。

その時の、炎のごとき思いは、生命の限りを尽くして、師弟の尊き共戦の歴史を織り成していくなかで、不動の誓いとなっていくのである。

一九五一年の春であった。

彼は、戸田が妙悟空のペンネームで、聖教新聞に連載することになった、小説『人間革命』の原稿を見せられた時、〝いつの日か、この続編ともいうべき戸田先生の伝記を、私が書かねばならない〟と直感したのであった。

さらに、三年余りが過ぎた一九五四年の夏、戸田と一緒に、師の故郷の北海道・厚田村を訪ねた折のことである。

伸一は、厚田港の防波堤に立って、断崖が屏風のごとく迫る、厚田の浜辺を見ながら、戸田の人生の旅立ちをうたった、「厚田村」と題する詩をつくった。その時、自分が〝戸田先生の伝記を、必ず書き残すのだ〟と、改めて心に誓ったのである。

それから三年後の八月、伸一は、戸田とともに、軽井沢で思い出のひとときを過ごした。

師の逝去の八カ月前のことである。そこで、単行本として発刊されて間もない、戸田の小説『人間革命』が話題になった。

戸田は、照れたように笑いを浮かべて言った。

「牧口先生のことは書けても、自分のことを一から十まで書き表すことなど、恥ずかしさが先にたってできないということだよ」

その師の言葉は、深く、強く、伸一の胸に突き刺さった。

戸田の『人間革命』は、彼の分身ともいうべき主人公の〝巌さん〟が、獄中にあって、広宣流布のために生涯を捧げようと決意するところで終わっている。

それからあとの実践については、戸田は、何も書こうとはしなかった。

伸一は、この軽井沢での語らいのなかで、広宣流布に一人立った、その後の戸田の歩みを、続『人間革命』として書きつづることこそ、師の期待であると確信したのである。

そして、一九六四年四月の、戸田の七回忌法要の席で、いよいよ小説『人間革命』の執筆を開始することを、深い決意をもって発表したのである。

法悟空のペンネームで、伸一がつづる、この『人間革命』は、聖教新聞からの強い要請もあって、明六五年の元日付から、聖教紙上に連載されることになった。

伸一は、その最初の原稿を、どこで書き始めようかと考えた。

――『人間革命』は、戸田を中心とした、創価学会の広宣流布の歩みをつづる小説となるが、それは、最も根源的な、人類の幸福と平和を建設しゆく物語である。

そして、そのテーマは、一人の人間における偉大な人間革命は、やがて一国の宿命の転換をも成し遂げ、さらに全人類の宿命の転換をも可能にする――ことである。

ならば、最も戦争の辛酸をなめ、人びとが苦悩してきた天地で、その『人間革命』の最初の原稿を書こうと決め、伸一は、沖縄の地を選んだのである。

沖縄は、あの大戦では、日本本土の「捨て石」とされ、激しい地上戦が行われ、住民の約四分の一が死んだ悲劇の島である。

さらに、戦後も、アメリカの施政権下に置かれ、基地の島となってきた。

これもまた、かたちを変えた、本土の「捨て石」であったといってよい。

その沖縄から、幸福と平和の波を広げようと、伸一は、『人間革命』の執筆を開始したのである。

28-23 師の偉大さを宣揚するために

小説『人間革命』に続いて、『新・人間革命』を執筆した真情を綴っています。

池田先生の指針

「随筆　我らの勝利の大道」「『人間革命』と我が人生㊦」

（二〇一〇年九月二十一日、聖教新聞）

（小説『人間革命』の）連載を開始したのは、聖教新聞の一九六五年の新年号からであった。

当初の構想では、一九四五年の七月三日、戸田先生が出獄されてからのご生涯を描くことで、伝記小説としての使命は果たせると考えていた。

しかし、ご生前の足跡を辿るだけでは、恩師の本当の偉業は表現しきれない。歴史の常として、人間の真の偉大さや、思想・哲学の真価は、しばしば同時代には正当に評価されず、後世においてこそ、明らかになるものだからである。

まして、戸田先生が生涯を捧げられた広宣流布は、一代限りで完結するものでは決してない。師から弟子へと脈々と継承していく戦いである。つまり、後に残った弟子がいかに戦い、何を成し遂げたかによって、その一切は決まるのだ。

弟子が師匠の誓願を受け継ぎ、その構想を実現する。広宣流布を事実のうえで伸展させる――この師弟不二という、まことの後継の弟子の戦いを書き記さなければ、戸田先生、さらには牧口先生の本当の偉大さを宣揚することはできない。

こう結論した私は、小説『人間革命』第十二巻で、戸田先生のご逝去までを綴ったあと、引き続いて『新・人間革命』の執筆を開始したのである。

この『新・人間革命』を通して、真実の師弟の道を示し、人類の幸福と平和のために、広宣流布の流れを永遠ならしめたい。そして、その原動力たる創価学会を恒久化する方程式を明確に残さんと、私はペンを執り続けている。

28-24 『新・人間革命』の完結にあたって

二〇一八年九月八日付聖教新聞で、小説『新・人間革命』の連載が完結しました。その一週間後に掲載された随筆で、池田先生は全同志に新たな出発を呼び掛けました。

池田先生の指針

「随筆　永遠なれ創価の大城」「『人間革命』の大光」
（二〇一八年九月十五日、聖教新聞）

今月八日、小説『新・人間革命』の新聞連載が、全三十巻をもって、完結の時を迎えた。

沖縄での前作（＝小説『人間革命』）の起稿からは、五十四年に及ぶ執筆となる。

「命の限り」と覚悟しての挑戦であったが、全同志の真心に包まれ「更賜寿命」の大功徳で、牧口常三郎先生、戸田先生にお誓いした世界広布の大前進の中、連載の区切りをつけることができた。弟子として感慨は無量であり、感謝は言葉に尽くすことができない。

あらためて、陰に陽に支え続けてくださった、日本中、世界中の全ての皆様に心から御礼を申し上げたい。

ありがたくも、「連載が終わって寂しい」との声も多く頂いている。

しかし、師弟して歩む我らの「人間革命」の挑戦に終わりはない。

私は、可憐な鼓笛隊の演奏会で目に留めた光景を思い出す。それは、舞台の奥で真剣に打楽器を叩く乙女が、演奏の際、楽器にパッと手を添え、余韻が残らないように工夫していた姿である。

「余韻にひたらず、常に新たな前進を!」——日蓮仏法の真髄は「本因妙」だ。一つの「終幕」は、新たな戦いの「開幕」なのである。

まさに「月月・日日につより給へ・すこしもたゆむ心あらば魔たよりをうべし」(御書一一九〇ページ)である。

二十五年前(=一九九三年)、『新・人間革命』の執筆を始めた直後の九月、私はアメリカの名門ハーバード大学で、「二十一世紀文明と大乗仏教」と題して講演を行った。

そこで訴えた一点は、宗教をもつことが人間を
「強くするのか弱くするのか」

「善くするのか悪くするのか」

「賢くするのか愚かにするのか」——

この指標である。

変化の激流の中を生きることを運命づけられた人間が、より強く、より善く、より賢くなる——どこまでも成長していく原動力となってこそ、「人間のための宗教」なのである。そして、これこそが、我らの「人間革命の宗教」なのである。

『新・人間革命』に託した私の真情は、「戸田大学」で恩師から一対一の薫陶を受けたように、日本中、世界中の青年たちと、この書を通して命と命の対話を交わしたいということであった。

嬉しいことに、その願いの通り、今、いずこの地でも地涌の若人が「人間革命」の精神を学び、「山本伸一」の心を体して、人生と広布に、栄光の実証を威風堂々と勝ち示してくれている。

小説『人間革命』は、恩師が戦禍の暗闇を破っ

て一人立つ、「黎明」の章で始まり、不二の弟子に受け継がれる「新・黎明」の章で終わった。

『新・人間革命』は、「旭日」の章で始まった。旭日が昇るように、創価の師弟は世界広布へ飛翔を開始したのだ。

恩師の分身として、仏法の慈光を世界へ届けるため、私は走った。

人間の中へ、民衆の中へ飛び込み、対話の渦を巻き起こしていった。そして、最後の章は、「誓願」として結んだ。

御書には、「願くは我が弟子等・大願をこせ」（一五六一ページ）、「大願とは法華弘通なり」（七三六ページ）と仰せである。

師と同じ大法弘通の大願に立てば、力は無限に湧き出すことができる。それが、誇り高き地涌の菩薩の底力だ。

師弟の誓願の太陽は、母なる地球を照らし、未来永遠を照らす光源として、今、いやまして赫々と輝き始めたのである。

あの国にも、この天地にも、友がいる。民衆が待っている。

さあ、人類が待望してやまぬ「世界広布」即「世界平和」へ、新たな決意で、新たな出発だ。

我は進む。君も進め。

我は戦う。君も戦え。

我は勝つ。君も勝て。

我らは、共々に「人間革命」の大光を放ちながら、新鮮なる創価の師弟の大叙事詩を綴りゆくのだ！　君と我との誓願の旅を、永遠に！

28-25 師の構想を全て実現

第三代会長として、師が示し残した構想を実現することのみを使命として戦ってきた思いを語っています。

池田先生の指針

「創立五十七周年記念勤行会」

（一九八七年十一月十八日、東京）

戸田先生ほど偉大なる人間指導者を私は知らない。世界中、いずこにあっても胸を張って、そのことを断言してきた。

これまで有名な世界的指導者とも幾度となく会った。歴史に残るであろう人物とも、何人も語りあった。

しかし、戸田先生は他には見られない偉大な指導者であられた。その事実は、私がいちばんよく知っている。そして戸田先生を人生の師とし、師弟の道を貫いてきたことこそ、私の最大の誇りである。

私には戸田先生しかない。それが私の一切である。戸田先生の「心」をこの世で実現していく、それのみが私の使命であり、栄誉であると思っている。それ以外の私自身のことや一家一族のことなど、まったく眼中にはない。

牧口先生はかつて、こう言われた。「現在、栄えていればこそ、先人が偉大になるのであり、今が栄えなければ、先人の偉大さも光彩がなくなるのである」と。まさに至言である。

私も牧口先生、戸田先生の偉大さを証明するために、その構想をなんとしても実現しようとの一念で走り、戦ってきた。第三代の私が学会を栄えさせなければ、先人への報恩はできない。師の偉大さを宣揚できない。ゆえに、休みなく働いた。すべての道を拓きに拓いてきたつもりである。

私は公明党もつくった。民主音楽協会、二つの富士美術館、東洋哲学研究所、そして創価大学、創価学園も創立した。それもすべて戸田先生が折々にもらされ、また思索されていたお心を受けて、実現したものである。

これらの事業は、私の功績のように見えるかもしれないが、じつはすべて戸田先生の、そして牧口先生の偉大さを証明し、輝かせるものなのである。

28-26 「創立の一念」を未来へ

創立五十八周年の「11・18」を記念して開催された勤行会で、池田先生は、末法万年からすれば、創価学会は今なお「創立」の時であり、創価三代の「創立の一念」を継いで広宣流布の土台を築いていくよう呼び掛けました。

池田先生の指針

「創立五十八周年記念勤行会」

（一九八八年十一月十八日、東京）


学会は、これまで諸難にあい、ことごとく乗り越えてきた。そこに真の大聖人門下の証しも栄光もある。

牧口先生は、つねづね「悪人の敵となりうる勇者でなければ、善人の友となり得ぬ」と言われていた。悪と戦う勇気がなければ、自分もまた悪に通じてしまう。

さらに「自分の一個のために信仰している人には決して魔は起こらない」、しかし「敢然と大悪を敵として戦っているような者であれば、三障四魔が紛然として起こるのが当たり前であり、起こるが故に行者といわれるのである」（趣意）と。

これが御聖訓を拝しての牧口先生の確信であり、覚悟であられた。牧口先生は、この言葉のとおりに、国家神道と結びついた軍部政府の弾圧と戦い抜かれた。

そして創立の日から、ちょうど十四年後の一九四四年十一月十八日、厳寒の獄中で、殉教の生涯を終えられた。時に七十三歳――。ここに、崇高なる「創立の一念」が、永遠に崩れざる〝誉れ〟として刻印されたのである。

この「創立の一念」に、第二代戸田先生は、ただ一人つづかれた。第三代の私は、この戸田先生の弟子の道を、まっしぐらに貫いてきた。師弟という無二の軌道を微塵もゆるがせにせず走り抜いた。ゆえに私には何の悔いもない。そして何ものをも恐れない。

この初代から二代、三代と続く忍難の系譜にこそ、不滅の学会精神が脈動している。

牧口先生の亡くなられた年齢にくらべ、私も、まだまだ若い（＝当時、六十歳）。これまでの十倍、二十倍、広布のためにご奉公していく決心である。

まして青年部の諸君が、情熱と力の限りをつくして戦っていくことは、全部、自分のためであり、当然のことと私は思う。歴代会長に貫かれた「創立の一念」を、壮大なる未来へと受け継ぎ、広げ、目のさめるようなすばらしき広布図の建設を実現していくよう期待する。

ともあれ、末法万年、いな尽未来際を志向した私どもの広布の大長征である。その壮大なるスケールに立てば、今もまだ「創立」の時といえるかもしれない。

皆様方もよくご存じのとおり、「創立」の英語訳「ファンデーション」、そしてその語源であるラテン語の「フンドゥス」には、「基礎」「底」という意味がある。

ありとあらゆる労苦の経験なくして、盤石なる「基礎」も「土台」もできない。現在、現れているさまざまな課題は、すべて万年の「基礎」を、さらに完璧に固めていくためにこそある。そのための御仏意であると私は確信している。仏法には一切、無駄はない。

それらの一つ一つを、勇気ある信心で戦い、勝ち、乗り越えていく――そこにこそ壮大なる世界の広宣流布の、堅固な基礎が築かれていくにちがいない。それを強く確信し、皆様方は、いかなる苦難をも、楽しく乗り越え、笑顔で朗らかに前進していただきたい。

戸田先生は、つねづね、次のように語っておられた。

「われわれの目的は、全人類に仏の境涯、すなわち最高の人格の価値を顕現させていくことにある。そこに世界平和の基礎もつくられ、地球上に真の幸福がもたらされるのである」と。

　世界には、じつにさまざまな目的をもった運動がある。しかし、私どもの広布の運動以上に、崇高なる目的と、その実現への確かな裏付けの哲理と行動をもった運動は、絶対にないと申し上げておきたい。

　さらに戸田先生は「われわれは久遠よりの絆で結ばれた、うるわしき同心の人々である。そして、今また、久遠の晴れやかな世界から、この娑婆世界に、そろって涌出したのである」と言われていた。

　末法の人類の幸福のために私どもの広布の運動がある。それを担い、実現せんとして、ある人はイギリスに、フランスに、ドイツに生まれてきた。また、アメリカに、南米のブラジルにと、出現してきたわけである。

　皆様方は、現在、さまざまな境涯にあるかもしれない。しかし、それは願って生まれてきたのである。一人一人がそれぞれの誓いと使命によって、世界の各地の平和と幸福を担い立った地涌の勇者なのである。その誉れある立場と、この世に生をうけた尊い意義を、決して忘れてはならない。

　そして、この楽しく、清らかな、仲の良い信心の世界をともどもに守りあい、苦悩多き現実社会に、妙法の幸の世界を、さらにさらに広げていただきたい。

28-27 「創価の師弟の物語」は永遠

池田先生が貫いてきた師弟不二の大道に後継の弟子が陸続と続いていく限り、「創価の師弟の物語」は二十一世紀の世界を希望で照らし続けていくと綴っています。

池田先生の指針

『随筆　師弟の光』（まえがき）

十九歳　我は立ちたり　創価にて
広宣流布と　師弟不二とに

今も私は、常に師と対話している。一人の青年として、心の中の先生の前に立つ。

広宣流布は、先生と私の悲願であり、師弟のロマンである。

先生の雄姿を思い浮かべ、「このように勝ちました」と報告し、「まだまだ、やりますから！」と決意申し上げる。

「師匠のために」と思えば、勇気百倍、無限の力がわいてくる。この無上の人生を与えられたことに、報恩感謝は尽きない。

妙法は不老不死であり、わが師弟の誓いも不老不死である。だから幾十星霜を重ねようが、常に若々しく生き抜いていける。

「牧口先生を知っているということが、今に最高の誇りになるんだよ」

戸田先生は、よく後輩の門下生に教えておられた。

そして戦時中の投獄をはじめ、牧口先生の難に四度お供したこと（＝投獄前の三度の難は、権力の横暴により西町・三笠・白金小学校の校長職を左遷されたこと）を、最大の誉れとされた。

血涙を流しながら、「牧口先生を世界に認めさせるのだ！」と、獄死した師の仇討ちを師子吼されるのが常であった。

知遇を得ただけではない。師匠が一番苦境の時に、師を支え抜き、師と共に戦う。さらに進んで、師の偉大さを満天下に宣揚する――弟子として、これほどの名誉はない。

苦難は真実の試金石である。

戸田先生の事業が窮地に陥った時、唾を吐きながら逃げた忘恩の弟子がいた。弟子の格好をしながら、陰で悪口する者もいた。

愚劣な狼狽を冷厳に見つめながら、私は自ら決めた「師弟不二」という光の道を貫き通していった。

ある日、ある時、会心の笑みを浮かべて、先生がおっしゃった。

「大作が一番弟子だよ。よき弟子をもった私は幸せだ」――いつまでも、いつまでも、その師の笑顔は、弟子の胸から消えない。

文豪ゲーテは語った。

「有能な大家はすぐれた弟子を呼びさまし、弟子たちの活動は、さらに枝葉を無限に伸ばしてゆく」（「芸術論」芦津丈夫訳、『ゲーテ全集13』所収、潮出版社）

偉大なる師匠の大樹を限りなく広げ、伸ばしていくのは、名誉ある弟子の戦いである。

古今東西の歴史と文学をひもとけば、実にさまざまな「物語」に出あう。艱難に打ち勝つ英雄の物語があり、乙女が人びとを救う物語もある。

そのなかで、法華経は、壮大なる「師弟の勝利の物語」であるといえないだろうか。

ことに「本門」は、久遠の師・釈尊の弟子である地涌の菩薩が、末法の広宣流布を誓う物語である。

文底で拝すれば、上首上行の再誕であり、根源の師である末法の御本仏・日蓮大聖人の御遺命を受け継ぎ、世界広宣流布を遂行する地涌の弟子の物語となろう。

ありとあらゆる迫害をはね返し、世界百九十二カ国・地域への広宣流布によって、この「師弟の勝利の物語」を現実のものにしたのが、仏意仏勅の創価学会である。

大聖人は、池上宗仲・宗長の兄弟が、父親の勘当を忍耐しながら、法華経の信仰を貫いてゆく、その最高の親孝行の人生を賞讃されながら言われた。

「未来までの・ものがたりなに事か・これにすぎ候べき」（御書一〇八六ページ）

私は、戸田先生の弟子として、三世に薫る「広布の物語」、永遠不滅の「師弟の物語」を歴史に残すことができた。

この物語に終わりはない。わが弟子たちが新たな勝利と栄光の物語を重ねながら、後に続く限り、世界へ、未来へと、燦然たる輝きを増してくれるからである。

創価の師弟の物語――ここにこそ、二十一世紀の世界を照らし、人類の明日を照らす、正義と希望の光があるのだ。

第二十九章　人間のための宗教

29-1 創価学会は人間宗

〝宗教は人間の幸福のためにこそある。そこに人間がいるから行くのだ〟――この揺るがぬ信念で、池田先生は世界広宣流布の道なき道を開いてきました。そこには、人間を縛り押さえつけようとする宗教の権威との壮絶な戦いがありました。

本章では、あらゆる苦難を勝ち越えて、世界的な宗教革命を成し遂げてきた池田先生が、「人間のための宗教」という観点について語った内容をまとめています。

冒頭の節では、なぜ仏教がインドで滅んだのかを論じ、「人間・釈尊」が権威化され、〝人間の生き方〟が忘れられたからだと指摘しています。そして、〝仏教を人間化する〟ために戦った日蓮大聖人の精神を、創価学会が正しく継承していると語っています。

池田先生の指針

「ドイツ最高会議」（一九九四年五月二十四日、ドイツ）

偉大なる仏教が、インドで、どうして滅んだのだろうか。この点について興味深い見方がある。

ネルー首相は、仏教滅亡の理由が、ずっと疑問であり、考え続けてきたという。アンドレ・マルロー氏に会ったとき、ネルー首相は、思索の結論を氏に語った。

マルロー氏とは私も二度、対談したが、仏教に深い関心を寄せておられた。

ネルー首相の考察は、次のようであった。

「仏陀の天才は、あくまでも仏陀が人間であるという事実にもとづいていた。人類の生んだもっとも深遠なる思想のひとつ、剛毅な精神、このうえなく崇高な惻隠(＝慈愛)の情。さらには、神々にたいしてまっこうからこれと向きあった告訴者の態度」「しかし仏陀の神格化が行なわれたとたん、仏陀その人はこの神々と同列にくわえられ、姿を没してしまった」(アンドレ・マルロー『反回想録』竹本忠雄訳、新潮社)

釈尊は、あくまで「人間」として生き、神々にも強く訴えた。

日蓮大聖人も、諸天善神である八幡大菩薩を諌められている。神にすがるのではなく、〝妙なる法〟をたもつ「人間」として、神を動かされたのである。

本来、仏教は〝人間の生き方〟を説いたものであった。釈尊は「このように生きよ」「人生をこう生きよ」と、わが身で教えた。そこには師弟の道があった。

しかし、いつしか「人間・釈尊」は権威化され、人間を超えた神になっていった。

今でもインドの多くの人々は、釈尊を尊敬してはいるものの、ヒンドゥー教の神々のひとりのように、あがめているようである。

「仏」とは、ありがたく礼拝する対象であっても、〝その生き方に続く〟存在ではなくなった。師弟の道も見えなくなった。

仏教が〝人間の生き方〟でなくなったとき、インドでは、仏教は死んでしまった。――これがネルー首相の結論であった。

今、宗門にも、〝人間の生き方〟としての仏教は、まったくない。彼らは、大聖人の仏法を、「人間はこのように生きよ」という教えではなく、自分たちを権威づけるための飾りにしてしまった。自分たちの堕落を正当化するための手段にした。まさに宗門が滅亡する姿である。

そもそも日蓮大聖人の戦いも、ある面からいえば、〝仏教を人間化する〟戦いであったと拝される。人間の実生活から遊離していた仏教を、人間の手に取り戻し、現実の生活法として教えられた。

「仏とは、人間（凡夫）である」「人間（凡夫）こそ、仏である」

こう叫ばれた。

当時、日本でも、阿弥陀仏とか、大日如来とか、「仏」を遠い超越的なものとして説く仏教が流行していた。また法華経での仏も、一般には、人間とはかけ離れた存在としてとらえられていた。それらを大聖人は逆転された。

妙法を信じ、行じる「人間」こそが、「仏」だということである。妙法の「信心」にこそ「仏界」はあるということである。

それでは、どのような「人間」が「仏」なのか。どういう生き方が「仏」としての生き方なのか。

日蓮大聖人が教えられたのは、「社会のなかで三障四魔と戦い、打ち勝っていく」人生である。妙法のため、人間のために、広宣流布に生き抜く人生である。

そして大聖人みずから、その模範を示されたのである。その道に続いているのがSGIであり、皆様お一人お一人である。皆様こそ「仏」と輝く方々なのである。

創価学会は、大聖人のご精神どおり、仏法を、生活のなかで、人間の生き方の原理として実践してきた。大聖人が仏教の原点に還られたように、創価学会が大聖人の仏法の信心の原点に還ったのである。出発点である「人間」に還ったのである。

あるとき、戸田先生は、一言、われわれの信心は「人間宗」と言われた。徹底した「人間主義」こそが、大聖人の仏法なのである。

29-2 世界広宣流布へ魂の独立

宗門は、一九七〇年代半ば以降、世界宗教として飛躍しゆく創価学会と池田先生に対する嫉妬に狂い、学会の破壊を企てるようになりました。池田先生と会員を離間させ、学会を宗門に従属させせようとしたのです。

一九七九年、先生は事態の収拾を図るため、会長を辞任しました（第一次宗門事件）。しかし、その後も宗門の本質は変わらず、一九九〇年、いわゆるC作戦（創価学会分離作戦）を画策し、翌年十一月、学会を一方的に〝破門〟したのです（第二次宗門事件）。その破門通告の二日後、池田先生のもと、「魂の独立」の意義を込めた記念幹部会が晴れやかに開催されました。

池田先生の指針

「創価ルネサンス大勝利記念幹部会」

（一九九一年十一月三十日、東京）

本日は、緊急に、〝祝賀の集い〟があるというので（笑い）、私も出席させていただいた。

十一月二十八日（＝宗門からの「破門通告書」の日付）は、歴史の日となった。

「十一月」は学会創立の月であり、「二十八日」は、ご承知のとおり、法華経二十八品の「二十八」に通じる。期せずして、魂の〝独立記念日〟にふさわしい日付になったといえようか。

十一月二十八日付（文永六年〈一二六九年〉）の日蓮大聖人の御書には、次のように仰せである。

「いたづらに曠野にすてん身を同じくは一乗法華のかたになげて雪山童子・薬王菩薩の跡をおひ仙予・有徳の名を後代に留めて法華・涅槃経に説き入れられまいらせんと願うところなり」（九九九ページ）

——無意味に荒野に捨てるこの身を、同じことなら法華経のために捧げ、雪山童子が法を求めて身を投げ、薬王菩薩がひじを焼いて、法華経に供養したあとに続き、また護法のために壮絶に戦い抜いた（在家の）仙予国王や、有徳王のように、わが名を後世に留めよう。そして次に法華経、涅槃経が説かれる時には、わが名が、その経典に説かれることを願っている——。

戸田先生も言われていたが、未来の経典に、「創価学会仏」の名が厳然と記し残されることは間違いないと確信する。

創価学会は、こうした大聖人の仰せ通り、不惜身命で妙法広宣流布を実現してきた。これ以上、折伏・弘教をし、これ以上、世界に正法を宣揚した団体はない。

学会こそが、正統の信心、正統の実践を貫いている団体であることを、重ねて断言しておきたい。

日蓮大聖人の仏法は、「太陽の仏法」、全人類を照らす「世界宗教」であられる。その大仏法を奉ずる私どもの前進も、あらゆる観点から見て〝世界的〟〝普遍的〟であるべきであろう。決して、小さな閉鎖的、封建的な枠に閉じ込めるようなことがあってはならない。

識者の意見をふまえて、「世界宗教の条件」をまとめてみると、次のようにいえるのではないか。

①民主的な〝開かれた教団運営〟②「信仰の基本」には厳格、「言論の自由」を保障 ③「信徒参画」「信徒尊敬」の平等主義 ④「儀式」中心ではなく、「信仰」中心 ⑤血統主義ではなく、オープンな人材主義 ⑥教義の「普遍性」と、布教面の「時代即応性」。

創価学会はこれらの要件を満たしている。

仏法は一切を変化と説く。また信心あるかぎり、根本的にはすべて御仏意と拝される。現在の変化も、二十年、三十年という長い目で見ていくことが大事である。

学会の僧俗和合への努力が、今、報われていないことは、まことに残念なことである。しかし多くの識者からも指摘されているように、宗門が今のままであれば、時とともに荒廃し、宗門内で収拾のつかない状態になることは目に見えている。僧侶のなかからも、危惧の声は多くあがっている。

本当にそうなれば、たいへんなことだ。むこうの内紛をこちらに転嫁されて、大切な同志が今まで以上に利用され、苦しめられ、傷つけられかねない。それだけは絶対に避けねばならない。

そうなる前に、宗門のほうから、学会に「無関係の団体」と通告してきたことは、深い意味のあることであろう。後になって、危ないところだったと、はっきりわかるにちがいない。

私どもには、信心がある。団結がある。すべてが御本仏日蓮大聖人の御仏意であると確信し、〝大安心〟で進んでいただきたい。大聖人が私どもを守ってくださっている。

かつて戸田先生は言われた。

「われわれ学会は、御書をとおして、日蓮大聖人と直結していくのである」

戸田先生は、鋭く本質を見抜いておられた。偉大なる先覚者であられる。

私どもは、大聖人を信じているのである。途中の介在者を根本として信じているのではない。この点を間違ってはならない。そして大聖人の仏意仏勅のままに「大法弘通慈折広宣流布」の大願を掲げて、行動しつづけている。

大聖人は「報恩抄」にこう仰せである。

「日蓮が慈悲曠大ならば南無妙法蓮華経は万年の外・未来までもながるべし」（御書三二九ページ）

——日蓮の慈悲が広大であるならば、南無妙法蓮華経は万年のほか未来の果てまでも流布するであろう――と。

根本は、大聖人の「大慈悲」によって、広宣流布は進められていく。その聖業を担う私どもの誉れは無上である。

また、大聖人は「御義口伝」に、次のように述べられている。

「今日蓮が唱うる所の南無妙法蓮華経は末法一万年の衆生まで成仏せしむるなり」（御書七二〇ページ）――今、日蓮が唱える南無妙法蓮華経は、末法一万年の衆生まで成仏させるのである――と。

大聖人の仰せのままに進む人は、だれでも成仏できるのである。

大聖人は「末法一万年」「万年の外」と仰せである。いよいよ万年の未来へ、広宣流布への新しき、そして壮大なる希望の出発をしたい。

29-3 宗教革命の旭日

「魂の独立」から七年後の一九九八年、池田先生は、創価ルネサンスの完全勝利を高らかに宣言しました。

池田先生の指針

「随筆　新・人間革命」

（「宗教革命の旭日」、『池田大作全集129』）

「第九」――。それは、「苦悩を突き抜けて歓喜へ！」と叫んだ、楽聖ベートーベンの心の雷鳴である。万人を兄弟として結び合う、気高き永久の賛歌であり、たくましき民衆の凱歌である。

一九九〇年十月三日の、あの忍苦より勝ち取った、東西ドイツの統一を祝い、勝利の歌として演奏された曲も、この「交響曲第九番」であった。

「第九」の「歓喜の歌」を、ドイツ語で歌うことは、「外道礼讃」であり、キリスト教の礼讃である――日蓮正宗の宗務院から、「お尋ね」と題するこんな文書が、学会本部に送られてきたのは、そのドイツ統一の年の十二月半ばのことであった。

前月の本部幹部会の席上、私が「歓喜の歌」を大合唱していこうと提案したことへのクレームである。

この「お尋ね」は、言ってもいないことを言ったとして難詰するなど、強引に、私に、「謗法」「法主誹謗」のレッテルを張ろうとするものであった。

学会は、対話を求めたが、彼らは、卑しく、深く隠れて、それには応じなかった。

そして、年末、宗規の変更を理由に、突如、私の、信徒の代表である法華講総講頭の役職を罷免したのである。

彼らの狙いは明白であった。

私を切り捨て、学会を壊滅させ、宗門の衣の下に、会員を、奴隷のごとく服従させることにあった。

法主を頂点として、僧侶を「上」、信徒は「下」とする支配関係をつくり上げようと画策していたのである。

それは、「皆宝塔」「皆仏子」との、人間の尊厳と平等の原理を示された、大聖人の正法正義を破壊するものであった。

また、人間性の発露である芸術・文化を色分けし、差別することは、あのナチスが行った愚行と同じであり、人間性そのものを否定する〝火刑〟でもあった。

これらを放置しておけば、日蓮仏法は、人間の抑圧のための幻怪の宗教になる。

しかも、法主日顕による禅寺の墓の建立をはじめ、宗門のおびただしい謗法行為、葬儀や塔婆供養をめぐる金儲け主義、遊興等の腐敗・堕落の実態が、次々と明らかになっていったのである。

日蓮仏法の正義が、踏みにじられていくことは、広宣流布のために、絶対に許せない。

世界の民衆のため、人間のための仏法である。

大聖人の大精神を守れ！

私たちは、決然と立った。ここに、宗教革命の新しき旭日は昇ったのだ。

一年後の九一年十一月二十八日、日顕宗は、正法正義のままに戦ってきた創価学会を、破門にしたのである。

しかし、わが創価の同志は、微動だにしなかった。法主日顕の狂態は、御書に仰せの、第六天の魔王が「悪鬼入其身」となって、仏法を滅ぼさんとする姿そのままであったからだ。

学会は、広宣流布を推進してきた、仏意仏勅の使命の団体である。その学会を破門にした宗門は、信心の血脈をみずから断ち、戦時中の、あの、大聖人に唾吐く、大謗法にまみれた濁流へと戻った。

それは、また、学会にとっては、信徒支配の日顕宗の嫉妬と陰湿な鉄鎖から解き放たれた、「魂の独立」でもあった。

以来、七年の歳月が流れた。

仏法の勝負は、そして、因果の理法は、あまりにも厳然としていた。

破壊の狂団と化した日顕宗の衰退は、だれの目にも明らかである。ただ、かわいそうなのは、その邪悪に気がつかず、騙されている檀徒の人々である。

世界中に広がりゆく、わが広布の同志の、歓喜のスクラムを見よ！　功徳に満ちあふれた、はつらつたる生命の、希望の歌声を聞け！

日蓮仏法より発する、創価の新しきヒューマニズムは、国境、民族を超えて、人間を結び、新世紀の希望の光として、世界の賞讃を集めている。

人間と平和の哲学を求める世界の指導者の、千客万来の学会の姿こそが、われらの正義の、多宝の証明ではないか。

人道とは、悪と戦い抜き、その根を断ち切ることだ。

新世紀の大空に、勝利の三色旗は翻り、「歓喜の歌」は高らかにこだました。

さあ、創価の世紀の、新しき年の、大行進が始まった。

29-4 大衆に尽くし抜く精神

民衆を敬い、大衆に尽くし抜いてきたからこそ、創価学会は発展したと強調し、この学会精神を永遠に受け継いでほしいと青年に呼び掛けています。

池田先生の指針

「青年部『3・16』記念大会」

（一九九八年三月十三日、東京）

創価学会は、大衆に尽くし抜いてきた。今も尽くしている。だから、大衆の心をつかんだ。これ以上に強いものはない。

「大衆に尽くしたから、勝った」——。これが鉄則である。

諸君は、この歴史の教訓を、一生涯、忘れないでいただきたい。きょう、諸君に教えたいのは、この一点である。

だれがいちばん偉いのか。〝大衆〟である。〝庶民〟である。

お金もなく、学問もなく、けれども本当に立派な人間が庶民の中にいる。

広布の鑑である「熱原の三烈士」も、まさに庶民の中の庶民であった。

現実に、だれが本当に一生懸命、弘教しているか。だれが一心不乱に広宣流布へ働いているか。それは、ほとんどが婦人部であり、名もなき庶民である。

「教え」や「法」には高低浅深がある。そのうえで、現実には、「いちばん大衆に尽くした」宗教が、いちばん大衆の心をつかみ、いちばん歴史に勝利する。

この原理、法則にのっとって、学会は発展してきた。そして今、まさに次の〝大発展の時代〟――二十一世紀への基盤をつくっているのである。

「法」――仏法そのものは永遠である。また、七百年前から、大聖人の仏法はあった。しかし、その大法をもって、「大衆に尽くした」のは、創価学会だけである。

今の世界広宣流布の姿は、私たちが、来る日も、来る日も、「会員に尽くしてきた」から、できあがったのである。

私も四十年、五十年、毎日、朝から晩まで、会員に尽くしてきた。その事実は御本尊が知っておられる。自分のことではあるが、後世のために、あえて言っておきたい。

だからこそ日本一、世界一の学会になったのである。簡単に考えてはならない。

「大衆に尽くし抜く」という学会精神、私の精神を、遠くから、じっと見ておられた人がいる。それが中国の周恩来総理であった。

総理は言われた。

「創価学会は、大衆の中に広々とした基盤を持っている。創価学会を重視すべきだ」

総理も、やはり着眼点は〝大衆〟であった。

「大衆に尽くす」という私の心と、総理の心が結ばれて、日中の〝金の橋〟となったのである。

ゆえに、私は初めての訪中（一九七四年）に出発する時、羽田空港で内外に、こう宣言した。

「貧乏人と病人と言われた人たちとともに、私はここまでやってきました。権力にもよらず。財力にもよらず」と。

空港には、多くの見送りの方、中国大使館の方もきてくださっていた。

この「学会の心」を、諸君は誇りにしていただきたい。

病人のためにこそ、貧乏人のためにこそ、いちばん苦しんでいる人のためにこそ、宗教はある。

諸君、そうではないだろうか。

私のこの魂――「大衆に尽くし抜く精神」を、諸君が立派に受け継いでもらいたい。

29-5 宗教改革の最先端

トインビー博士の見解を引用しながら、現代の高等宗教に要請される宗教改革の要諦に触れ、その最先端をいくのが創価学会であると語っています。

池田先生の指針

「『5・3』記念の集い」（一九九四年五月三日、東京）

現代の高等宗教の課題は何か。世界最高峰の歴史学者トインビー博士は、かねてより、今こそ宗教改革が必要だと述べておられた。

現代と未来に生き生きと躍動する高等宗教――

その意味でも、博士は創価学会に注目されていた。私は、お招きを受け、一九七二年と七三年の五月、ロンドンで対談を行った。

二十一世紀に高等宗教を輝かせていくには、何が必要か。

博士は、その著『一歴史家の宗教観』の中で、〝宗教の本質的なものを、そうでない付随的なものから分離することである〟と論じておられる。

時代を超え、社会の制約を超えて変わらない、宗教の「本質的なもの」を生かす。そうでない余分なものは分離する。そうしなければ、宗教の未来はないし、人類の精神的向上もないというのである。

「本質的なもの」とは、私どもでいえば何か。

御本仏日蓮大聖人への帰命である。大聖人が説かれた三大秘法に対する信心である。いわば根幹の化法（＝仏が衆生を教化するために説いた教法）である。

「付随的なもの」とは、時代や場所によって変化する部分であり、とくに後世の形式・儀式すなわち化儀（＝化導の形式・方法）等である。

「付随的なもの」と「本質的なもの」――博士は、これを「もみがら」と「穀粒」の関係にたとえておられる。「米」を「もみがら」からふるい分けるのは、あたり前のことである。「もみがら」は捨てなさい。「米」を取り出して、それを大事にしなさい――こう論じられた。

むずかしい用語を使えば、「宗教の本質剝離（＝はぎとること）」である。

一時的なもの、また長い間にカスのようにたまったよけいな部分は捨てよ。一定の文明にしか通用しない部分は捨てなさい。そして宗教の「魂」

を救え。そこにしか二十一世紀の人類の繁栄はない――。博士は、それを「宗教改革」と呼ぶ。

そして、キリスト教の歴史における「宗教改革」について、「すでに過去のものとなった単なる特殊な一つの出来事にすぎぬものではない。それはあらゆる時代に、すべての高等宗教に一様につきつけられている不断の挑戦であって、いかなる宗教もそれによせられている信頼を裏切ることなしに一瞬もこれを無視することを許されないのである」（『一歴史家の宗教観』深瀬基寛訳、社会思想研究会出版部）と述べておられる。

博士の期待どおりの軌道を進み、宗教改革の最先端をいくのが、わが創価学会ではないだろうか。それを、だれよりも大聖人、日興上人がお喜びになっておられるであろう。また二十一世紀の人類が待望し、喜ぶ前進なのである。

29-6 時代に対応する自在な智慧を

日蓮仏法は人間のための宗教であるがゆえに、社会の多様性や時代の変化に即して自在に価値を創造していく智慧が大切であることを強調しています。

池田先生の指針

「SGI世界青年研修会修了式」

（一九九〇年十月十四日、東京）

日蓮大聖人は南条時光に、次のように仰せになり、父親の信心を立派に受け継いでいる姿をたたえておられる。

「あいよりもあをく・水よりもつめたき冰かなと・ありがたし・ありがたし」（御書一五五四ページ）と。

――青は藍からとり出すが、その青さは藍よりも青い。氷は水からできるがその冷たさは水よりも冷たい。と同じように、あなた（＝時光）が父を超えるほど立派に成長されていることは、ありがたいことである。ありがたいことである――。

いまや皆様方も各国にあって、草創の先輩方に続き、縦横に活躍されている。じつにたのもしい姿である。

また、この御文は、仏法において、先人を乗り越えて成長し、発展、進歩していくことが、いかに大切かということを教えておられるとも拝される。

子が親と同じことをしている。後輩が先輩と同じことを言っている。それは一面では、すばらしい後継の姿かもしれない。また、仏法と信心の根本精神は、永遠に不変であることはいうまでもない。

そのうえで、時代は刻々と動いている。社会は激動を続けている。また世界は限りなく多様であり、現実の人間は限りなくデリケートである。その心をつかむことは並大抵ではない。

そうした人類の多様さと時代の変化に即して、成仏のため、広宣流布のために、自在に知恵を発揮していかねばならない。その知恵こそ慈悲の表れでもある。

どんな深遠な理論を説いても、実際に人々がわからなければ何にもならない。また、これまでの習慣や表現、言葉を、ただ押しつけるだけでは、かえって仏法の偉大さを誤解させてしまう場合も少なくないであろう。それでは無慈悲に通じるし、厳しくいえば、全人類を救わんとされた御本仏のお心に、そわなくなってしまうことを注意せねばならないだろう。

また仏教用語は、長い仏教史の間に形成され、定まってきたものであるが、それをそのまま、仏教の伝統の浅い社会に伝えても、真意はわからない。真意と深義をもっとも的確に伝えられる表現が必要となってくる。

ここに「世界広宣流布」への苦心がある。また、「従藍而青」という〝進歩の原則〟を教えられた大聖人のお心にかなう道があると確信する。

仏法では随方毘尼（＝仏教の本義にたがわない限り、各地域の風俗・習慣に従うべきこと）、随時毘尼（＝仏教の本義にたがわない限り、各時代の習慣等に従うべきこと）等と説く。また、四悉檀（＝仏法の説き方を四つに分けたもの）のなかにも、一般社会の願いに従って法を説く「世界悉檀」、各人の性質や能力などに応じて法を説く「為人悉檀」などがある。

もっとも根源の真理を説いたがゆえに、もっとも自在に価値を創造していける――それが日蓮大聖人の仏法なのである。そして、もっとも根本の道理を示したがゆえに、誰人にも納得のできる実践をしていける。それが、この正法なのである。

29-7 大きな心で友情を結ぶ

小説『新・人間革命』には、山本伸一会長が初めての世界広布の旅において、第一歩を印したハワイやワシントンなどで座談会に出席し、メンバーのさまざまな質問に答える場面が描かれています。そこでは、人間のための宗教のあり方について、わかりやすく語られています。

池田先生の指針

『新・人間革命1』

〈「息子がキリスト教の学校に通っているんですが、やはり謗法なのでしょうか」との質問に対して〉

「かまいません。あなたのお子さんは、キリスト教を信仰するためではなく、学問を学ぶために学校に通っている。そうであれば、全く問題はありません」

「学校にお金を納めているといっても、それは授業料です。そこで学問を教わっているのですから、それに対して報酬を支払うのは当然ではないでしょうか。

私たちの信心の根本は、日蓮大聖人の顕された御本尊を信じ、祈ることです。その根本さえ誤らなければ、後は窮屈に考える必要はありません」

「私たちの生活様式や文化は、たいてい宗教となんらかの関わりをもっています。たとえば、日曜日にはほとんどの会社が休みにしていますが、これはキリスト教が、日曜日を安息日としたことから始まっています。だからといって、日曜日に会社を休むのは謗法だなどと言っていたら、社会生活はできなくなってしまいます。

また、音楽や絵画の多くも、宗教の影響を受けています。でも、芸術を鑑賞することは、その教えを信ずることとは違います。ですから、こんな絵を見てはいけないとか、こんな音楽を聴いたら謗法だなどと考える必要はありません。もしも、信心したことによって、芸術も鑑賞できないようになってしまうなら、それは人間性を否定することです」

「人間」のための宗教がある。「宗教」のための宗教もある。「宗教」のための宗教は教条主義に陥り、宗教の名のもとに民衆を縛り、隷属させようとする。その結果、人びとの精神の自由は奪われ、良識も人間性も否定されてしまう。そして、社会との断絶を深めてゆく。

日蓮大聖人の仏法は、人間性の開花をめざす、「人間」のための宗教である。その仏法を口にしながら、芸術や文化を「謗法」と断ずる宗教の指導者がいるなら、大聖人の御精神を踏みにじる、偏狭な教条主義者といわねばならない。それは仏法を歪め、世界広宣流布の道を閉ざす行為以外の何ものでもあるまい。

（「旭日」の章）

〈「近所に住む友人に頼まれて、子どもを預かることがありますが、それは彼女がキリスト教の教会に行くためなんです。でも、私が『教会に行くのなら子どもは預からない』といえば、人間関係は壊れてしまうように思います。どうすべきでしょうか」との質問に答えて〉

「ここは、アメリカなんですから、広々としたアメリカの大地のように、大きな大きな心でいくことです。

あなたが子どもさんを預かっている間に何をするかは、それは友人の側の問題です。あなたが子どもさんを預かるのは、友情からだし、そこから仏縁が結ばれていくのだから、神経質に考える必要は全くありません」

「私たちが、日蓮大聖人の門下として、法の正邪に対しては、厳格であるのは当然です。と同時に、人に対しては、どこまでも寛容であるべきです。そこに真実の仏法者の生き方があるからです」

「法の正邪に対する厳格な姿勢と、人に対する寛容――この二つは決して相反するものではなく、本来、一体のものなんです」

伸一は、日蓮大聖人が、果敢に折伏を展開されたのも、一切衆生の幸福の実現という大慈大悲のゆえであることを語っていった。

――人びとが、部分観に過ぎない爾前の教えを最高の法と信じていくならば、仏法の精髄である法華経を信受することができなくなってしまう。そうなれば、結局、人びとは不幸に陥らざるをえない。

大聖人は、それを防ごうとして、「四箇の格言」を掲げ、敢然と立たれたのである。そして、権力にくみして誤れる法を弘める、腐敗、堕落した悪侶との、壮絶な闘争を展開された。

悪と戦わず、悪を見過ごすことは、結果的に、悪を野放しにし、助長させることになってしまうからだ。しかし、その戦いの方法は、どこまでも〝折伏〟という対話であられた。しかも、命に及ぶ迫害を被りながらも、自らは非暴力に徹し、終始、言論による戦いを貫かれている。

彼は、ここまで一気に語ると、質問した婦人を諭すように言った。

「ですから、破邪顕正の折伏の精神と友情とは、決して矛盾するものではありません。どちらも、根本は慈悲の心です。したがって、信心に励めば励むほど、より大きな心で友を包み、友情も深まっていくというのが本来の姿です。

折伏というのは、対話による生命の触発作業ですから、信頼と友情がなくては成り立ちません。あなたも、宗教の違いを超え、人間として、より多くの人と深い友情を結び合い、友の幸せを願える人になってください。それが、仏法の広がりと深さを示す証明にもなります」

（「慈光」の章）

29-8 仏法は「人間の道」を説いた

仏法は徹底して人間主義であり、人間としてどう生きるかを説いたものであると強調し、日蓮仏法・創価学会は「人間宗」であると語っています。

池田先生の指針

「フィリピンSGI最高会議」（一九九三年五月九日、フィリピン）

仏法は人間主義である。私は人間主義である。人間。ただ人間。ひたすら人間を見つめる。国籍とか、社会的立場とかイデオロギーなどではない。「人間」こそが基準である。私はつねに「人間」に向かう。

全部、人間しだい、本人しだいである。人間としてどうか――それがすべてである。

世界全体も、「人間第一」という人間主義の方向へ向かっている、と私は見たい。

仏法も本来、この「人間としてどう生きるか」を説いたものである。

釈尊は、だれもが歩むべき「人間の道」を説いた。

仏法と言うと、何か普通の人間とかけ離れた世界の話のように思う方も一般にはいるかもしれない。また聖職者が自分を神秘化し権威づけするために、あえて、そのような説き方をしてきたことも事実である。

しかし、本来の仏法は決してそうではない。釈尊が初めて考えだしたものでもない。永遠に存在し、だれにでも当てはまる普遍的な「人間の道」「生命の道」を発見し、示したのが仏法なのである。

釈尊は、菩提樹の下で菩提（＝悟り）を得たときの模様を、こう語っている。（以下、増谷文雄『仏教百話』筑摩書房から引用・参照）

「たとえば、ひとりの人があって、人里はなれた森のなかをさまよい、はからずも、むかしの人々が通った古道を発見したとする。

彼が、その道をたどってずっと行ってみると、そこには、むかしの人々が住んだ古城があった。それは、園林をめぐらし、美しい蓮の花を浮かべた池のある、すばらしい古都であった。

彼は、帰ってくると、ただちに、そのよしを王さまに報告して、〈願わくは、かしこに、ふたたび都城を築きたまえ〉と申しあげた」

やがて多くの人々が、その道を通り、都に集まってきた。都は栄えに栄えた。同じように、釈尊もまた、過去の仏が歩んだ正しき道を菩提樹の下で見つけた。そして人々に教えたのである。

「かくして、この道は、多くの人々によって知られ、さかえ、ひろまって、今日にいたったのである」

このように釈尊が、人間としての「道」を説いたにもかかわらず、仏教はしだいに「人間自身」を離れて、形骸化し、呪術（＝神だのみ的信仰）化していった。そのことは、だれよりも人間として立派な人生を送るべき聖職者（＝僧侶）が、かえって、いちばん「人間の道」をはずれた存在となっていったことに端的に表れている。

釈尊自身は、当時の儀式化した既成宗教を破折し、「人間の生き方」を説いた。しかし、その釈尊の教えも同じ転落の道を歩んだわけである。

それが極まったのが末法である。日蓮大聖人は、このとき出現されたのである。

大聖人の有名な御金言に「教主釈尊の出世の本懐は人の振舞にて候けるぞ」（御書一一七四ページ）――教主釈尊の出世の本懐は、人として振る舞う道を説くことであった――とある。

これは、儀式化し、形式化した当時の仏教からすれば、仏教の「原点」に引き戻す〝コペルニクス的転回〟（＝コペルニクスが天動説から地動説へと変えたような百八十度の転回）ともいうべき革新的な仰せであったと拝される。

「人の振る舞い」を示すことこそが仏法の真髄である。教主釈尊が出現された真の目的である。そこから外れた教えは、すべて枝葉であるとの御言葉と拝される。

大聖人は長い間に形骸化した仏教を、仏教の原点（人の振る舞い）へと戻そうとされたとも拝される。いわば「人間主義」「人間宗」への革命であったといえるかもしれない。

創価学会は、仏教の原点であり、大聖人の教えである「人間の生き方」なかんずく「菩薩行」を現代に蘇生させた。ゆえに「特権的支配層」の僧侶から、つねに弾圧されてきた。

しかし、「この道」にのみ、大聖人の宗教革命の魂はあり、仏道の魂はあると私たちは信ずる。

ゆえに、私たちは仏法の正統中の正統として「よき人」と「よき人」のスクラムをいよいよ広げてまいりたい。さらに、御本尊を受持しているいないにかかわらず、「よき人」の連帯を広げゆく、要の存在となってまいりたい。

第三十章　未来部は創価の命

30-1　創立百周年へ未来部と前進

未来部の育成は、創価学会と広宣流布を永遠ならしめるための重要なテーマです。生命尊厳の妙法の哲理を抱いた創価の未来部が陸続と育ち、社会のリーダーに成長していくことは、人類社会にとっても大いなる希望です。

その宝の未来部に、どう関わり、どう育んでいくか。本章は、未来部育成に関する池田先生の根幹の指導を収めています。

冒頭の節では、広宣流布の未来のための最重要の課題として未来部育成を挙げ、後継育成の智慧と行動を、さまざまな角度から示しています。

池田先生の指針

「随筆　我らの勝利の大道」「後継の希望・未来部」

（二〇一二年八月二十一、二十二日、聖教新聞）

学会は今、創立百周年の峰へ、勇躍前進している。

どんな社会も、団体も、その将来は人材で決まる。

未来部育成こそ、学会の命運を決する最重要事だ。いな、ここにこそ、広宣流布の未来もあり、人類の悲願である「平和の世紀」への希望もあるのだ。

我らの目指す「人間革命」――それは将来にわたって「子どもたちの幸福」を開くための革命といっても過言ではない。

「どのような大義も、いかなる戦争も、子どもたちから幸福に暮らす当然の権利を奪うに価するものではありません」（サンドラ・ジョウゼフ編『コルチャック先生のいのちの言葉―子どもを愛するあなたへ』津崎哲雄訳、明石書店）

これは、ナチスに屈せず、子どもたちを守り、庇いながら、強制収容所で亡くなった、ポーランド出身の小児科医コルチャック先生の叫びである。

ほぼ同時代、日本では、創価教育の父である牧口常三郎先生が、子どもたちの生命こそ「無上宝珠」と叫び、軍国主義と対決して獄死された。

牧口先生は、人間教育に臨む心構えを語られた。

「自身が尊敬の的たる王座を降って、王座に向うものを指導する公僕となり、手本を示す主人ではなくて手本に導く伴侶となる」（『牧口常三郎全集6』）

大切なことは、若き生命を〝一個の人格〟として最大に尊重していくことである。

人づくりは真剣勝負だ。子どもの胸中には、立派な〝大人〟がいる。その〝大人〟に向かって語りかけていくことであろう。

「こんなことはわからないだろう」「これくらいでいいだろう」という見下した対応は、決してあってはなるまい。

子どもたちの偉大な可能性を信じ、自他共に生命の大地を開拓していくことだ。自分の心を大きく広げた分、相手を育むことができる。ゆえに育成には、自分の成長が不可欠となる。

戸田先生は「子どもは、学会の庭で育てていきなさい」と何度も指導された。

我ら創価家族には、「平和の文化」の太陽があり、社会貢献の人材が成長しゆく大地がある。地域の同志の温もりや、他者の幸福を願う慈愛に触れるうちに、未来部の心にも、自然と「平和の芽」「希望の芽」「正義の芽」が育まれていくものだ。

私の妻も、息子たちを連れて学会活動に出かけた。会合に行く際には、御本尊の前で「今日は大事な会合です」と、真剣に語って聞かせた。

それを見た人から、「そんな小さな子どもに話してわかりますか」と聞かれたこともある。

しかし、妻は「命と命ですから、必ずわかります」と答えていた。

人のため、社会のために生き生きと走る姿は、若き生命に焼き付けられる。

今はわからないように見えても、大きくなれば、必ずわかる時がくる。

子育てに奮闘されている婦人部の皆様も、思うようにいかない場合もあろう。しかし焦らず、大らかに包み込んでいただきたい。しっかりと目を見て、「見守っているよ」「信じているよ」との思いを、未来からの使者たちに伝えて差し上げてほしい。

どこまでも信じ抜く。何があっても絶対に信頼する。それが子どもにとって、どれだけの励みとなり力となるか計り知れない。

一九七〇年の八月、学会への悪口罵詈が渦巻くなか、私は高等部の代表に語った。

「幾多の試練を受けようとも、私は令法久住の人材であり学会の後継者である諸君がいれば、最高に誇り高い人生であるし、幸福者であると思っています」

そして、御聖訓を一緒に拝した。

「いよいよ強盛の御志あるべし、氷は水より出でたれども水よりもすさまじ、青き事は藍より出でたれども・かさぬれば藍よりも色まさる」（御書一二二一ページ）

私は、若き「従藍而青」の弟子たちに申し上げた。

「この御文の原理の通り、君たちは、学会の後継者として、立派に私どもを乗り越え、大成長していっていただきたい。そして、不幸な人びとの最大の味方である創価学会の正法正義を広く世界に実証していってほしい」

現在の未来部員が学会の中核となる二〇三〇年頃には、世界全体が少子化へ進むと言われている。まさに今、地域をあげて尽力してくださっている一騎当千の人材の育成こそ、世界にとっても、盤石な未来を開く力となる。

私が海外を訪れた時も、寸暇を惜しんで、未来部の友に会い、激励してきた。その中から、多くの青年リーダーも誕生している。

地球を舞台に、伸び伸びと成長し、躍動する未来部員の様子を聞くことが、私の最高の楽しみである。

今の未来部員が――

創価の魂を受け継ぎ、平和のために乱舞する英姿！

庶民の思いをわが思いとし、人のために励ましを送り、尽くし抜く雄姿！

二〇三〇年に夢を馳せると、私の心は高鳴る。

その輝く未来を目指し、私は、これからも励まし続けていく。祈り続けていく。わが心を心として、宝の人材を育ててくれる、真実の創価の同志たちと共に！

30-2 子どもは未来からの使者

未来部育成に関する戸田先生の指導を紹介しながら、人材の育成こそが広宣流布を永遠ならしめる道であり、社会に平和を創造する聖業であると語っています。

池田先生の指針

「代表幹部研修会」（二〇〇七年八月二十六日、長野）

創価学会は、偉大な信念の大教育者であられた、牧口初代会長、戸田第二代会長のもと、「創価教育学会」として誕生した。

人をつくり、青年を育てる――。学会の運動は、つねに、この原点から出発し、この原点に帰着する。

それゆえに、青年部、そして未来部こそが、学会の希望であり、眼目であり、魂なのだ。

戸田先生は、学会の将来、そして人類の前途を担いゆく子どもたちについて、こう語っておられた。

「子どもは未来の宝だ。未来からの使者だと思って大事にしなさい」

一人一人が、無限の可能性を秘めた大事な存在である。未来を開きゆく宝の人材群である。

「未来部」という名称には、重要な意義が込められていることを知っていただきたい。

また、先生はこう述べておられた。

「子どもは、いつも理想をもって引っ張っていってあげなさい」

子どもたちは純粋だ。偉大なる理想や夢があれば、ぐんぐん伸びていける。成長していける。

「子どもといっても、一人前として尊重しなくてはいけない。たとえ今は何も分からなくとも、後であの会合に参加したと思い出すものだ。目で見て、耳で聞いて、体で覚えることが大切なのだ」

これも先生の指導である。

後継の人材を育てていく。それは、いかなる団体においても、極めて重要な課題である。

組織がどんなに大きく発展しても、新しい人材が育たなければ永遠性はない。いくら立派な建物があっても、人材が続かなければ、あっという間に衰退してしまうだろう。

学会においても、もう一度、本気になって人材を見つけ、訓練し、育てていかねばならない。

また家庭の中でも、子どもたちに、信心の偉大さを伝えていくことが大切だ。

「必ず、わが子を立派な信心の後継者に育てていく」――この決意で、子どもたちに接していくことだ。真剣に題目をあげていくことだ。

その上で、子どもが、なかなか学会活動に取り組めない場合があるかもしれない。さまざま事情や状況もあるだろう。しかし、親の祈り、真剣な行動は、間違いなく子どもたちに通じていく。必ず立ち上がる時が来る。

信心を伝え、教えていくのは、何より子どもの幸福のためである。そして一家一族の永遠の繁栄のためである。

このことを忘れないでいただきたい。

日蓮大聖人は「松野殿御消息」で仰せである。

「昔し徳勝童子と申せしをさなき者は土の餅を釈迦仏に供養し奉りて阿育大王と生れて閻浮提の主と成りて結句は仏になる」（御書一三八〇ページ）

釈尊と出会いを結び、真心の供養（土の餅）を捧げた少年・徳勝童子が、その功徳によって、世界史に輝くアショーカ大王となった――。仏典に記された、有名な説話である。

大聖人は門下への御手紙の中で、この説話についてたびたび言及されている。〈千日尼御前御返事、南条殿御返事など〉

この説話自体は、仏法への供養の功徳の大きさを教えたものである。その上で私は、仏法に縁した少年が、未来において偉大な指導者となったことに、深い意義を感じるのである。

妙法の大哲理に触れ、偉大なる福運を積みゆく未来部の友もまた、人間主義の大指導者と育ちゆく尊き存在である。

未来部の担当者の方々は、私の心を心として、「未来の宝」の育成のため、先頭に立って努力を重ねてくださっている。

その懸命なる奮闘に、心から感謝申し上げたい。一人一人を大切にしゆく、一日また一日の学会活動は、究極の「人間教育運動」でもある。

人々に希望を送り、社会に平和を創造する――これほどの大聖業はない。どうか、誇りも高く前進をしていただきたい。

30-3 未来部に何を伝えるか

未来部員を人間革命と広宣流布の後継者に育てていくことが、人類の確かな未来を創る要諦であることを強調しています。

池田先生の指針

『わが「共戦の友」 各部の皆さんに贈る』

「後継」の重要性について、大聖人は「顕仏未来記」で「伝持の人無れば猶木石の衣鉢を帯持せるが如し」（御書五〇八ページ）と仰せです。すなわち、仏法を持ち、伝えていく人がいなければ、木像や石像が法衣を着て、鉢を持っているようなもので、何の役にも立たないと示されています。

どんな組織であれ、団体であれ、「伝持の人」、すなわち「後継者」がいなければ滅び去ってしまう。これが厳然たる事実です。

木像や石像が法衣を着ても宝の持ち腐れとなるという譬喩は、仏教の特質を物語っています。たとえ仏教の教えや彫像が残っても、そこに後継の人がいなければ、仏教の精神が断絶したに等しいということです。生きた現実の人間の振る舞いの継承を通してしか、仏法は脈動していかないからです。

そう考えれば、未来部員は、どれほど大切な「伝持の人」たちか。

未来部の友を育てることは、未来を創ることそのものです。未来からの使者たちは、学会という究極の人間主義の庭で大きく豊かに育てていきたい。正しき信心の後継者を守り育み、広宣流布を進めていくことこそ、立正安国――正義が輝く社会を築き、世界平和を実現していく直道になるからです。

ここで「伝持」の意味を、さらに掘り下げて考えていきます。

果たして未来部員は後世に何を「持ち」、何を「伝えて」いくのか。視点を変えれば、私たちは未来からの使者たちに何を「持たせ」、何を「伝えて」いくべきか。

それは、一家における「信心」であり、創価学会の正しき「信仰」です。すなわち、仏法に説かれる「万人平等」「生命尊厳」の永遠不滅の法であり、思想であるともいえます。

「信心」を持ち、伝えるとは具体的には、一人一人が自身の生命の無限の可能性を信じて「人間革命」の実践を貫くことにほかなりません。

一人の人間革命は、家庭を変え、周囲を変え、その納得と共感の広がりは、地域や社会まで変えていくのです。この人間革命の運動を世界に拡大し、永続化することが広宣流布です。まさしく「伝持の人」とは、人間革命の後継者にほかならないのです。


大聖人は、大切な門下のことを常に「法華経の命を継ぐ人」（御書一一六九ページ）と信じて祈り抜いていると仰せです。

「法華経の命を継ぐ人」とは、大聖人の仰せを心肝に染めて、師と同じく妙法を根本に苦難と戦う弟子たちにほかなりません。

「法華経の命」とは、言い換えれば、法華経の精髄である「万人成仏」の教えです。「命を継ぐ人」とは、この哲理を広める志に生きる人です。同じ大願に立つ弟子たちが、不二の心で立ち上がってこそ、令法久住となるのです。

ゆえに大聖人は、その弟子の勝利のために懸命に祈り続けていると仰せです。弟子の勝利こそが師匠の勝利であり、仏法の勝利です。

30-4 未来部の友の善知識たれ

池田先生は、未来部育成に尽力する尊き友に、繰り返しエールを送ってきました。ここでは、「未来部員の友達に」という指針が示されています。

池田先生の指針

「随筆　我らの勝利の大道」「青年学会の希望の黎明㊦」
（二〇一一年八月九日、聖教新聞）

人を育てることは、自分も大きくなることである。

人に教えることは、自分も賢くなることである。

未来部の友と一緒に学び、一緒に鍛え、一緒に前進していくことは、若々しい生命力を漲らせていく、生涯青春の軌道である。

わが誉れの二十一世紀使命会（＝青年部の未来部担当者グループ）が誕生したのは、一九九五年の七月十七日——。

当時、私がお願いしたのは「未来部員の友達に」ということであった。

仏法では、「良き友」のことを「善知識」と説く。

「仏になるみちは善知識にはすぎず」（御書一四六八ページ）とも、御聖訓には仰せである。

わが未来部の担当者の方々は、何でも話せるお兄さんとなり、お姉さんとなって、共に活動に励みながら、偉大な「善知識」の使命を果たしてくれている。

自身も、仕事や生活の課題を抱える中での奮闘は、言うに言われぬ苦労の連続であろう。しかし、その真剣な姿を、未来部員はじっと見ている。誠実の言葉は、必ず命の根底に刻まれていくものである。

私のもとにも、「あの先輩の励ましがあればこそ、今の自分があります」等と感謝の声が寄せられる。派手な喝采など、なくとも構わない。人に尽くした「陰徳」は、必ず「陽報」となって、汝自身の生命を荘厳し、一家一族を無量の福徳で包んでいくからだ。

30-5 未来部の「七つの指針」

第三代会長に就任して、いち早く未来部を結成した意義に触れ、未来部への「七つの指針」や未来部歌「正義の走者」に込めた真情を記しています。

池田先生の指針

「世界を照らす太陽の仏法」

（二〇一六年八月、「大白蓮華」）

「社会のため、日本のため、人類のため、活躍する若い人材を大いに育てるのだ。これが、創価学会の目的である」

恩師・戸田城聖先生は、常々、平和建設と民衆の幸福に貢献する人材の輩出こそ、創価学会の根本目的であると言われていました。

私の心も、まったく同じです。

人類の未来を創りゆく青年の育成に、全力を挙げてきました。同時に、「二陣三陣」（御書九一一㌻）と続く若き地涌の菩薩を呼び出す思いで、未来部員を真剣に育んできました。

日本の各地を訪問した時も、世界の国々を回った時も、できる限り未来っ子たちと会い、心の絆を幾重にも結びました。

「創価の魂」のバトンを受け継ぐ人がいなければ、世界の広宣流布は伸展しない。それでは、人類の幸福も、平和の実現も、夢で終わってしまうからです。

うれしいことに、世界広布新時代の今、未来部出身の友がいずこでも大活躍しています。

そして今、各国で、たくましく育っている後継の未来っ子たちは、今度は二十一世紀の後半、「第三の七つの鐘」の時代の開幕に、大いなる鐘を打ち鳴らす主役となります。

創価学会の万代の基盤は、すでにできあがっているのです。

（＝「七つの鐘」は池田先生が示した広宣流布の歩みと展望のこと。創価学会は創立以来、七年ごとに節を刻み発展してきたことから、七年を「一つの鐘」の期間とし、一九三〇年から一九七九年までを「第一の七つの鐘」とした。「第二の七つの鐘」は二〇〇一年から二〇五〇年まで、「第三の七つの鐘」は二〇五一年から二一〇〇年までとなる。本書三五六㌻参照）

戸田先生は、「学会っ子は、信心という永遠に輝く幸福の星、勝利の星を持って生まれてきた。この子どもたちの成長を、皆で祈ろう！　若き人材のために学会はあるからだ」と語られていました。

私が第三代の会長に就任し、いち早く高等部、中等部、少年部の未来部を結成したのも、この恩師の真情を受け継ぐ決意からでした。

当時、〝ほかに優先すべきことがあるのでは〟という最高幹部の声もありました。

しかし、私は宣言しました。

「苗を植えなければ、木は育たない。大樹が必要な時になって苗を植えても、手遅れだ。手を打つべき時を逃してはならない」と。

時は待つものではない。創るものです。

最も心を砕き、力を注がなくてはならないのは、苗を植えた時です。私は、太陽の光を注ぎ、滋養を贈る思いで、高等部の代表に、「諸法実相抄」「生死一大事血脈抄」「佐渡御書」などを、全精魂を込めて講義しました。真剣でした。共に語り、共に学び、共に歌いました。未来部は、結成から今日に至るまで、私の手作りです。

そして、私が何より頼もしいのは、私の心を心として未来部を大切にし、私と一緒に後継の育成に労を惜しまずに皆さんが立ち上がってくれていることです。

この半世紀余り、いずこの地でも、また、いかなる嵐の状況の中でも、私と不二の祈りで未来部を育んでくださった方たちがいます。その功労は絶対に忘れません。学会は、これだけ多彩に未来部育成に取り組んできたからこそ、今日の大発展を成し遂げたといっても過言ではありません。

人材を育てる人こそが、真の人材です。

私たちが人を育てることは、新たな地涌の人材が活躍する舞台を築くことに通じます。

「花は根にかへり真味は土にとどまる」（御書三二九ジペー）との原理のうえから、地涌の勇者が法を弘める功徳は、育てた人の福徳にもなります。仏子を育む果報は無量無辺なのです。

「一人を大切にする」「この世から不幸をなくす」「どんな人も必ず幸福になれる」等、妙法に則った生き方や信念は、学会員の戦う姿に触れることで受け継がれていきます。

だからこそ、未来っ子は「学会の庭」で育てていきたい。

そのためには、なぜ、わが家が学会に入会したのか。時には、一家の広布の歴史や発心した原点など、信心のルーツを語り伝えることです。地域の同志が語る蘇生の体験談に、座談会などで一緒にふれることも大きな触発になります。

現在、壮年・婦人部の未来本部長や青年部の二十一世紀使命会をはじめ、地域の同志が、若き友に温かく接してくださっています。

何でも聞いてくれる、親身に相談に乗ってくれる、一緒に真剣に祈ってくれる——その真心の励ましこそ、未来部の成長の原動力です。

あとに続く人を自分以上の人材にしていく。自分が先輩から激励してもらった以上に、後輩を大切に激励していく——この最も尊い魂の触発が、学会の人材育成の伝統です。

一九七六年五月五日、関西戸田記念講堂で開催された未来部の勤行会で、私は五月五日を「創価学会後継者の日」とすることを発表しました。

私は、皆の成長を心から願い、一人一人と約束を交わす思いで六つの指針を贈りました。後にもう一つ加えて、二十一世紀の指針としました（二〇一三年五月）。

①「健康でいこう」
②「本を読もう」
③「常識を忘れないでいこう」
④「決して焦らないでいこう」
⑤「友人をたくさんつくろう」
⑥「まず自らが福運をつけよう」
⑦「親孝行しよう」

この「七つの指針」を、未来部の友が挑戦してくれています。

私には、その成長し活躍する洋々たる前途、そして世界広布の壮大なる将来像が胸に浮かび、心が躍ります。

今、未来部歌として歌われている「正義の走者」は、当初、高等部歌として発表されました。直後の一九七八年八月三日、東京・立川文化会館に全国の友が集まり、第十一回高等部総会が開かれました。

私は「ひとたび決めた信念を生涯、貫いていく人に」と期待を寄せました。「全員で肩を組みながら歌おうよ。固いスクラムを組む皆の勇姿が見たいんだ」と提案した私に、皆、生き生きとスクラムを組んで、輝く顔で歌ってくれました。

〽 我れ今あとを　継がんとて
心凜々しく　時待たん……

命と命が〝一つ〟になった高等部員の轟く歌声は、今も鮮烈に蘇ってきます。

〝我れ〟とは、他のだれでもありません。私たち一人一人です。

永遠に勝ち栄えゆく未来の創価を創るため、全同志がスクラムを組んで、〝正義の走者〟をいやまして育てゆこうではありませんか！

30-6 生命を大切に

未来部の友に伝えたい人間教育の根本として、「生命を大切にする」という一点を強調し、ゆえに「絶対に戦争を起こしてはならない」ことを教えたい、と訴えています。

池田先生の指針

「本部幹部会」（二〇〇〇年七月十八日、東京）

沖縄で尊敬されている偉人の一人に、十八世紀、琉球王国の黄金時代を築いた蔡温という有名な哲人指導者がいる。

〝人間学の達人〟であった蔡温は、次のようなエピソードを書き残している。

それは、一人の少年に対する、おじいさんの「励ましの対話」である。

この沖縄の少年は、誇りをもって、おじいさんに言った。

「私は、先祖代々に伝わる大切な剣を持っています。それを毎日、一日も怠らず、磨いております」

すると、おじいさんがたずねた。

「その剣以外に、おまえは何か宝を持っているか」

少年は答える。「何も持っておりません」

おじいさんは静かに言った。「その剣など、小さな宝にすぎないのだよ。君は、最高の宝を持っている。それは、君自身だ」

君自身の生命の宝を、なぜ磨こうとしないのか？

この教えに、少年は深く感じ入って、おじいさんに感謝したという話である。（崎浜秀明編著『蔡温全集』本邦書籍。参照）

仏法にも通ずる話である。

私が申し上げたいのは、つねに立ち返るべき原点は「自分自身」であり、「生命それ自体」であるということである。

人間が人間らしく生き、人間らしく生命を輝かせていく。これ以上のことはない。そこにはじめて、人間らしく「幸福」と「平和」と「自然との共生」を実現していける。一切の科学や技術の進歩も、そのためにある。

二十一世紀を前に、人類は、もう一度、この基本を確認していかねばならない。今こそ、「人間」

という原点に返るべきではないだろうか。

その点、沖縄には、「命こそ宝」という哲学が光っている。

人間教育の根本も、「生命を大切にすること」である。

だから「絶対に人を殺してはならない」。

だから「絶対に戦争を起こしてはならない」。

簡潔にして根本の原則である。

この点だけは、二十一世紀の世代に、峻厳に教え伝えていかなければならない。

それ以外のことは、できうるかぎり、自由に、伸び伸びと、大らかに、未来部を育て、応援していけばよいと私は思う。

30-7 信心の継承

池田先生ご夫妻が、ご自身の家庭における信心の継承について心掛けてきたことを、ありのままに綴っています。

池田先生の指針

「随筆 新・人間革命」
（「信心の継承」、『池田大作全集129』）

子どもたちが、信心を本格的に学んだのは、今でいう未来部の会合である。私が文京支部長代理を務めた関係で、三人の息子たちも、文京支部の皆さんのお世話になった。

長男は、小・中学生時代、二人の弟を連れて、大田区の自宅から、文京区の会場まで、よく通っていた。

しかし、ときには、会合をいやがることもあった。

そんなとき、妻は言った。

「遊んでいれば、その時は面白くても、後は空しいでしょ。でも、学会の会合は、行くときはいやでも、行った後には、喜びがあるものよ」

子どもたちも、それを実感していったようだ。

私の人生は、広布ゆえの迫害の日々と覚悟を決めている。一九七〇年当時も、一身に中傷の砲火を浴びた。

気がかりといえば家族のことであったが、妻は悠然としていた。

「御書に仰せのとおりに生きるならば、難があるのは当然ですもの」と、笑顔を絶やさなかった。

そのころ、息子たちは十七歳、十五歳、十二歳。学校でも、学会のことが話題になっていたようだ。

私は言った。

「信念を貫き、偉大な人生を歩もうとするなら、必ず迫害にあうものだ。みんなも負けてはいけない」

私は、子どもたちに、真実の人間の生き方を見せようと思った。

広宣流布とは、「横」には、友から友への、友情の広がり。そして、「縦」には、親から子へ、子から孫への、信心の継承。

未来は、若き世代に託す以外にない。

30-8 子どもは世界の宝、創価の宝

若き日、少年雑誌の編集長を務めた経験に触れながら、未来に生きる世代に寄せる無限の希望と期待を綴っています。

池田先生の指針

「随筆　人間世紀の光」

（「未来部・躍進の春」、『池田大作全集137』）

私も、戸田先生のもとで、少年雑誌「冒険少年」「少年日本」の編集に携わらせていただいた。

「この雑誌を、日本第一の雑誌にしたい！」と、二十一歳の若き編集長として、青年らしく、毎日毎日、懸命に戦ったものである。

私は、ただただ、子どもたちが可愛くてならなかった。希望を贈り、勇気を贈りたかった。

「未来に伸びゆく少年」の快活な姿を思い描きながら、私は日記に書いた。

「未来の、次代の、社会の建設者なれば、日本の宝と思わねばならぬ」（『若き日の日記』）

この熱い思いは、今もって変わらない。

日蓮大聖人は、「子にすぎたる財なし」（御書一三二二ページ）と仰せになった。

阿仏房・千日尼の子息が、後継者として見事に成長し、父と同じく、はるばると大聖人のもとへ馳せ参じたことへの賞讃である。

どこまでも、正しき大師匠と共に——父母が教えた正義の道に、子は厳然と続いていったのだ。

「親の世代」から「子や孫の世代」へ、未来永劫

に涸れることなき正義の大河を開かなければ、広宣流布は絵空事になってしまう。

子どもたち一人一人が、家族の宝であり、社会の宝であり、世界の宝である。未来の宝であり、人類の宝であり、かけがえのない創価の宝なのである。

だからこそ、真剣に、正義の心を伝えなければならない。それが「未来への責任」である。

希望の若芽を、どう育んでいくか。その清新なる生命の力を、どう伸ばしていくか。

ここに、二十一世紀の命運がかかっているからだ。

「随筆　新・人間革命」「二十一世紀使命会の友へ」

（一九九八年七月二十二日、聖教新聞）

30-9 後継者を自分以上の人材に

池田先生は青年時代から、後継の人材の育成に全力を注いできました。どんなに幼い子どもに対しても、目線を合わせて、対等な人格として接してきました。その人材育成への思いを記しています。

池田先生の指針

「後生畏るべし」という。

後輩を自分以上の人材に――真剣にして、誠実な、この魂の触発が、学会の人材育成の伝統である。

私も、青年部の時代から、会場提供者のお宅などに子どもさんがいれば、必ず声をかけるようにした。

そして、つねに「若き同志」という思いで接し、真心の励ましを送ってきた。

一九五〇年ごろであったと記憶している。横浜・鶴見の会員宅を訪問した折、その家の婦人が一通の手紙を見せてくれた。

——家計を助けるため、他県に出て働いている、十代半ばの息子さんからの手紙であった。

手紙には、一部屋に数人の共同生活で勤行ができないため、タオルと石鹸を持ち、風呂に行くといっては裏山に登り、そこで勤行しているとあった。

手紙を読み終えると、私は即座にペンをとった。〝君には、君にしかできない使命がある。断じて負けるな〟と心で叫びながら、一詩をしたためて贈った。

友よ強く　雄々しく立てよ
僕が信ずる　君が心を
苦しき仕事　深夜の勉強
これも修行ぞ　苦は楽し
君が信念　情熱を
仏は　じっとみているぞ

後日、彼が奮起してくれたことを知り、本当に嬉しかった。

この詩に、後年、曲がつけられ、学会歌「友よ強く」として、多くの青年たちに口ずさまれるようになったのである。

未来のために残すべき最高の財宝は、人材である。

その人材を見つけ、育てる人こそが、真の人材である。

そして、人を育てることによって、自分自身が磨かれ、成長していくのである。

30-10 未来部の成長こそ我が勝利

創価学会の苦難の時代に、未来の勝利を見つめて、未来部の育成に全精魂を込めていった真情を綴っています。

池田先生の指針

「随筆　人間世紀の光」

(「世界の希望の宝・未来部」、『池田大作全集138』)

仏法では、「伝持の人無れば猶木石の衣鉢を帯持せるが如し」(御書五〇八ジペー)と説かれている。

「伝持の人」「後継の人」を間断なく育てることこそが、正法正義を永遠ならしめゆく唯一の道なのである。

一九六六年、私は、全精魂を注いで、高等部の鳳雛たちに御書講義を重ねた。

「強敵を伏して始て力士をしる、悪王の正法を破るに邪法の僧等が方人をなして智者を失はん時は師子王の如くなる心をもてる者必ず仏になるべし」（九五七㌻）、「鉄は炎打てば剣となる賢聖は罵詈して試みるなるべし」（九五八㌻）等々——共に拝した「佐渡御書」は、殉教の師・牧口先生以来、創価の師弟が永遠に心肝に染め抜いていく御金言である。

私は、「二十一世紀が勝負だ」と深く決意していた。

一九七〇年、あの〝言論問題〟の嵐のなか、五月三日の本部総会から約二週間後、私は記者会見に臨んだ。

学会の前途を揶揄する、陰険な質問も飛び交った。

私は厳然と言い切った。

「学会がどうなるか、二十一世紀を見てください。

社会に大きく貢献する人材が、必ず陸続と育つでしょう。その時が、私の勝負です！」

わが未来部、青年部が成長すれば、学会は必ず勝つ！

私は、そう信じて、一切の迫害をはね返し、正義の大道を切り開いてきたのだ。

今や仏教発祥の天地インドにも、尊き地涌の陣列は三万五千人に広がった。その約四割強が青年部で、さらに、青年の三割強が未来部である。

インドの座談会では、必ず未来部が参加し、創価の師弟の精神をみなぎらせ、元気いっぱいに寸劇などを行うのが伝統である。

その未来部の英姿に、多くの大人たちが感動しながら、さらに喜々として仏法を学び合っていると伺った。

大切な〝師子の子〟である未来部の友へ、師子王の心を伝え抜くことが、広宣流布の永遠の前進の道である。

見よ！　わが池田門下の青年たちが、二十一世紀の大舞台で、縦横無尽に活躍する時代となった！

私は勝った！

そして、これからも、わが学会は、永遠に、若き勇敢な師子の魂で勝っていくのだ！

30-11 創立二百周年への大行進

今の未来部こそ、創価学会の創立百周年の勝利を飾り、創立二百周年の栄光の扉を開いていく最も大切な使命の勇者であるとして、無限の期待を綴っています。

池田先生の指針

「随筆　我らの勝利の大道」「未来部・躍進の夏」

（二〇一一年七月二十七日、聖教新聞）

未来！　それは、法華経の最重要のテーマである。

釈迦仏や多宝仏、さらに十方分身の仏が、法華経の会座に集われたのは、一体、何のためであったか。ひとえに、未来の仏子たちの成仏のためである。

「開目抄」には、こう記されている。

「この三仏（＝釈迦・多宝・十方分身の仏）が未来に法華経を弘めて、未来の仏子たる一切衆生に与えようとする心の中を推しはかると、大きな苦しみにあっている一人子を見て、救おうとする父母の心よりも、はるかに強いことがうかがえる」（御書二三六ページ、通解）と。

何としても、未来に生きゆく友に大仏法を伝え、一人ももれなく幸福に――。これが、法華経に脈打つ仏の心である。その烈々たる一念に連なって祈り抜き、億劫の辛労を尽くしてきたのが、わが学会の未来部育成であるといってよい。

「あの子を広布の大人材に育てずにおくものか！」

「この子も創価の庭で大成長させてみせる！」

見返りなど何も求めない。ただ、ひたぶるに友の偉大な使命と栄光の人生を願い、励ましを贈る。ここに法華経の魂の真髄がある。だからこそ、若き地涌の菩薩が澎湃と呼び出され、躍り出てくるのだ。

地道な努力が、すぐに実を結ぶこともあれば、そうでない時もある。壮大であるがゆえに、わが身一代で成し遂げられぬ夢もある。

だが私たちは、三十年、五十年先の広宣流布の大勝利を確信して、「今」を力強く戦うことができる。

なぜか――。

私たちには、後継の未来部がいるからだ。人間主義の平和の世界の大建設を受け継いでくれる、君たちがいるからだ。

愛する未来部よ！
わが宝の生命よ！
栄光の創立百周年の誇り高き主役は、まぎれもなく君たちである。

二〇三〇年のその時――今の未来部の友は、それぞれ、何歳になっているだろうか。

少年少女部の君たちは、二十五歳から三十一歳の立派な若人に成長している。その年代は、私が、恩師・戸田城聖先生の分身となって一心不乱に全国を駆け、勝利勝利の旗を打ち立てていった、誉れの青春時代と重なっている。

さらに、現在の中等部の君たちは、恩師の後を継いだ私が、世界に飛翔し、平和の大闘争を開始した年齢を迎える。そして、高等部の君たちは、まさに社会の中核の「正義の走者」として舞い踊っていると信ずる。

思えば、永遠不滅の創価の大城を築きゆくため、私が未来部を結成したのは、三十六歳の時であった。わが未来部の君たちが、その年代になった時、どれほど遠大な未来の扉を開いてくれるであろうか。そこから創立二百周年（二一三〇年）への晴れやかな大行進が始まるに違いない。

戸田先生は、悠然と語られていた。

「百年後、二百年後のために、今、戦うのだ。二百年先には、創価の道の正しさを歴史が証明する。後世の人類が必ず証明するよ」

第三十一章　世界平和への大道

31-1 日蓮仏法の実験証明を

池田先生は語っています。

「仏法は全人類のものであり、普遍的なものです。平和・文化・教育は、広宣流布の手段ではなく、それ自体が目的です。人間を目覚めさせ、人間をつくり、人間を結び、世界に幸福と平和を創っていく――それが、創価学会の永遠の使命です」

万人に尊い仏の生命を見出し、人間自身の変革から出発する――この新しき人間主義の旗を掲げ、池田先生は自ら率先して、仏法を基調とした平和・文化・教育の行動と対話を、世界に展開してきました。

そして、今や創価学会は、平和・文化・教育の団体として世界から賞讃されています。

指導選集の最終章となる本章は、創価の平和運動の指針ともいうべき、仏法に根ざした人間主義の指導をまとめました。

冒頭の節では、トインビー博士との対話を通しながら、日蓮仏法の人間主義を掲げて人類史の底流をつくりゆく創価学会の深き使命について語っています。

池田先生の指針

「本部幹部会」（一九九九年七月三日、東京）

かつて対談したトインビー博士は、人類の歴史を大きく見て、「キリスト教の後退によって、三つの新しい宗教が興った」と言われた。

〝三つの宗教〟とは①科学技術の進歩への信仰②ナショナリズム（＝国家主義、民族主義）③共産主義――である。

しかし、それらが「いずれも満足のいくものでないことがわかった」と、博士は喝破された。全部、だめだ。全部、人間を本当に幸福にするものではない、と。

そして、「諸悪と対決し、諸悪を克服する力を、人類に与える」新しい高等宗教の出現を待望されたのである。これが、世界最高峰の大学者の結論であった。

なかんずく、博士が期待し、注目したのが大乗仏教であった。

そこで、博士のほうから私に「会いたい」との連絡があったのである。そして、約十日間、朝から晩まで論じ合った（一九七二、七三年）。懐かしい思い出である。

博士は、創価学会の実践に、心からの信頼を寄せてくださった。

今、博士との対談集（＝『二十一世紀への対話』）は世界二十一言語で出版されている。多くの世界のリーダーも読んでくださっている。

二十一世紀。それは、大乗仏教の真髄である日蓮仏法が、いよいよ世界的に「実験証明」される時代に入る。

大聖人の仏法の目的とは何か。それは、現代の言葉でいえば、「人間革命」となる。この「人間革命」を基盤とした「平和」「文化」「教育」の運動こそ、地球社会にもっとも貢献できる道である。私は、牧口先生、戸田先生が開かれたこの道を、具体的に実践し、世界に広げてきた。

この壮大なる「人類史の大実験」を、世界のあの地この地で進めておられる「先駆者」が、皆様なのである。

皆様は、華やかではない。マスコミから脚光を浴びるわけでもない。しかし、どんな有名人よりも、戦争を起こすような指導者よりも、何千倍も大きな仕事をしている。人類の歴史転換の「底流」をつくっているからである。

牧口先生、戸田先生も、最大に称えておられるにちがいない。

31-2 世界に「生命尊厳」の宝塔を

法華経の見宝塔品に説かれる巨大な宝塔は、「生命」の宇宙大の広がりと尊厳さを象徴しています。そのことを踏まえ、今こそ生命尊厳の時代を打ち立てなければならないと語っています。

池田先生の指針

「青年部総会」（一九九一年七月十四日、東京）

「生命」は、まさに宇宙的巨大さの宝塔なのである。

申し上げたいことは「生命」は〝地球〟よりも

重い、「人間」は〝国家〟よりも大きい——ということである。その信念に、私どもの人間主義の基盤がある。

私どもが今、世界に社会につくっているのは「生命尊厳の大塔」である。思想の面だけではない。現実のうえでも、高貴に、また幸福に光り輝く「尊厳なる人間」の塔を、一人また一人とつくっているのが私どもである。これ以上の聖業はない。まさに学会員一人一人が仏の使いであり、仏の行を行じているのである。

これまでは、民衆から太陽をおおい隠す「権威主義の塔」、金ピカのメッキの「経済至上主義の塔」、黒々と死の影を落とす「軍事優先の塔」といった、醜い欲望の塔ばかりが高々とそびえていた。

二十世紀は、それら黒き塔がもっとも高く、多くそびえた時代であろう。同時に、その危うさがはっきりし、盤石に見えたそれらの塔の根底が崩れ始めた時代ともいえる。

その代わりに、本当の「人間性の塔」「幸福の塔」「生命の塔」を立てているのが、われわれの戦いである。〝人類の先駆〟の戦いだからこそ、困難は必定なのである。

二十世紀は「革命と戦争の世紀」と呼ばれた。

それは「国家の尊厳」の神話が極限にまで拡大し、大いなる幻滅と悲惨をもたらした世紀である。「国家の尊厳」すなわち集団力の崇拝、ナショナリズムの神話は、スターリン主義とファシズムという左右両極で完成した。また、力への信仰は「核兵器」の出現に凝結した。キノコ雲は、まさしく「生命破壊の悪魔の大塔」であろう。

こうして、二十世紀は、いつにもまして「大量死（メガ・デス）」の世紀となった。

「国家の尊厳」の愚昧と悲惨をとことん味わい、「人間の尊厳」への希望を育て始めたのが、二十世紀後半である。

世紀の折り返し点、ターニング・ポイントである一九五一年こそは、戸田第二代会長の「広宣流布」宣言（＝第二代会長就任式における「私が生きている間に七十五万世帯の折伏は私の手でする」との宣言）の年である。また、わが青年部の結成の年である。ならば、青年部の使命は明確であろう。今こそ、世界に「人間尊厳の塔」を打ち立てねばならない。

また次にくるのは「生命尊厳」の時代、「生命の世紀」であると私は信ずる。このことは、かなり前から私は主張してきた。人類が生き残る方法はこれしかない、と。

「人間の尊厳」も実際には、その根底に「生命の尊厳」が必要である。そのことが、世界の知性の目にはしだいに明らかになりつつある。すでに、いわゆる〝人間中心主義〟〝権利と欲望の解放〟のみでは、むしろ人間の荒廃しかもたらさないことがはっきりしてきた。

ともあれ、多宝の塔は、その宇宙的巨大さで、「人間は国家より大きい」ことを教えているのである。そして、この「人間の尊貴さ」を、思想・哲学のうえで、また事実のうえで、世界に示しきっているのが、私どもの「仏法を基調にした平和・文化・教育の推進」の運動である。広宣流布の運動である。

31-3 暴力のない社会を築く

小説『新・人間革命』には、一九六二年十月、アメリカとソ連の全面核戦争の寸前までいった「キューバ危機」に際して、山本伸一会長が、平和や幸福を望みながらも憎しみあい、傷つけあってしまう人間の宿命を洞察し、その解決の方途を明快に語る場面が描かれています。

池田先生の指針

『新・人間革命7』（「文化の華」の章）

今回のキューバの問題について、会員から各幹部に、「いったいどうなるのでしょうか」「学会は米ソのどちらを支持するのでしょうか」との質問が、幾つか、あったようです。当然でしょう。

この重大問題に対する、われわれの在り方の根本は、〝絶対に戦争を起こさない、起こさせない〟という、強盛な祈りです。

また、世界は、東西両陣営に分かれていますが、学会は、右でも左でもなければ、アメリカ寄りでもソ連寄りでもありません。地球民族主義です。全世界の民衆を、平和の方向へ導こうとする立場です。

今回の問題は、角度を変えて見れば、大仏法が時代の絶対の要請であることを実感させた、出来事ともいえます。

アメリカ人も、ソ連の人びとも、キューバ人も、みんなが平和を求め、楽しく一生を送りたいと願っております。そして、民衆も、心ある指導者も、どうすれば戦争をなくせるのか、何が根本的な解決の道なのか、そのために、いかなる思想が必要かを、深刻に考え始めています。しかし、平和を望みながらも、相互不信に陥り、反目し、憎悪し合っているのが、世界の現実です。

では、どうすれば、核戦争をなくしていくことができるのか。その本当の解決の道は、仏法による以外にありません。

仏法は、一切衆生が皆、仏であると教えている。万人に仏性があり、自分も相手も、仏の生命を具えていると説く、仏法の生命哲学こそ、人間の尊厳を裏付ける大思想です。その教えが流布されるならば、必ずや、戦争を防ぐ最大の力となります。

また、誰でも信仰に励み、実際に、仏の生命を涌現していくならば、破壊や殺戮に走ろうとする、自身の魔性の生命を打ち破ることができる。

悲惨な核戦争の根本原因は、〝元品の無明〟という生命の根源的な迷いにある。この無明の闇から、不信や憎悪、嫉妬、あるいは、支配欲、殺戮の衝動など、魔性の心が生じる。

この〝元品の無明〟を断ち切り、〝元品の法性〟という、真実の智慧の光をもって、生命を照らし、憎悪を慈悲に、破壊を創造に、不信を信頼に転じゆく力こそが、南無妙法蓮華経であります。また、それが人間革命ということです。

ユネスコ憲章の前文には「戦争は人の心の中で生まれるものであるから、人の心の中に平和のとりでを築かなければならない」とあります。大事な着眼です。

では、どうすれば、本当に崩れることのない〝平和のとりで〟が築けるのか。

それを可能にするのが仏法であり、現実に、行ってきたのが創価学会です。

私たちは、対話をもって生命の大哲理を教え、一人一人の心に、最も堅固にして、難攻不落の〝平和のとりで〟を打ち立ててきたではありませんか。

私たちがめざす広宣流布の道は、遠く、はるかな道のように思えるかもしれませんが、その道こそが、世界に永遠の平和を築く直道なのです。

今こそ、仏法という〝慈悲〟と〝平和〟の大思想を、友から友へと伝え、私たちの力で、絶対に核戦争を回避していこうではありませんか。それが、われわれの使命です。

31-4 ニュー・ヒューマニズムの理念

仏教発祥の地インドで行った講演で、近代のヒューマニズムの変遷とその限界を俯瞰しつつ、仏法に基づく新しき人間主義の理念を語りました。

池田先生の指針

ラジブ・ガンジー現代問題研究所での講演

「『ニュー・ヒューマニズム』の世紀へ」

（一九九七年十月二十一日、インド）

長いスパン（期間）で見れば、「人間の社会」であるゆえに、人間主義（ヒューマニズム）こそが究極の「力」なのであります。

しかし、一口に「ヒューマニズム」と言っても、中身は一様ではありません。

ヒューマニズムの変遷については、さまざまに分析できますが、近代市民社会のエートス（基本精神）となったのは、ルネサンスと宗教改革を経て、西欧を中心に形成された「個人主義的ヒューマニズム」であると言えましょう。十九世紀後半に、その矛盾と脆弱さが露呈するにつれて、志向されたのが、「社会主義的ヒューマニズム」の試みであります。これらの近代ヒューマニズムは、確かに、中世的な〝絶対者の軛〟から、人間を解放するものであったかもしれない。

ところが、解放されたはずの人間は、今度は、自らの偏狭なエゴイズム、いわば〝小我〟に隷属していったのであります。欲望に振り回される「欲望の奴隷」になってしまった。

その弊害は、社会の退廃と環境破壊、貧富の拡大という人類的課題として噴出してしまったのであります。さらに、さまざまな原理主義の台頭に象徴されるように、〝ポスト・イデオロギー〟の人類史は、未曽有の試練に立たされているといっても決して過言ではありません。

この局面を、どう打開するか。はつらつたる、平和な「地球文明」の創造へ、どう踏み出していくか。そのための原動力は、何か。

私は、行き詰まった近代ヒューマニズムを超えて、〝コスモロジー（宇宙観）〟に立脚したヒューマニズムを提唱したいのであります。

なぜなら、イデオロギーというものは、「二元対立的」であり、どうしても他者を「差別」し「排除」しがちです。これに対して、コスモロジーは、より深い次元から、「包括的」に、あらゆる他者を受容する「寛容」の特長をもつからであります。

その好例がアショーカ大王の「ダルマというヒューマニズムの治政」であります。

それは大王の根本原則に、端的に表れております。

その第一は「不殺生」です。その第二は「互いに敬え」です。不殺生については、人間以外の生物にも拡大して論ずるべきでありますが、私は少なくとも、「人間は人間を絶対に殺してはいけない」ということを、二十一世紀の〝人類憲章〟の冒頭に掲げるべきであると主張したいのであります。

これまで、そして今も、「正義」の名のもとに、どれほど多くの血が流されたことでありましょうか。近代ヒューマニズムの象徴であったフランス革命では、多くの無辜の人々が断頭台に消えました。また社会主義的ヒューマニズムが、実験の過程で、当初の志に反して、何千万という人々を死に至らしめました。これも今世紀の厳然たる史実であります。この悲劇を断じて繰り返してはならない。

今、求められている「ニュー・ヒューマニズム」の第一項目は絶対に、「殺すなかれ」の黄金律でなければなりません。「殺」と暴力を伴う〝正義〟は、いかなる論理で装うとも、全部、にせもののの正義であります。

では、これまでの「ヒューマニズム」の脆弱さは、どこに由来するのでありましょうか。その根本は「人間への不信」ではないでしょうか。

「人間への不信」は、自己に向けられれば無力感となり、他者に向けられれば対話の拒否となり、暴力となるからであります。不信は不信を生み、憎悪は憎悪を生む。限りなき流転に歯止めをかけるものは、一体、何か。それこそ「一人の人間の生命は、大宇宙と一体の広がりをもち、最高に尊貴なものである」と見る「宇宙的ヒューマニズム」であると思うのであります。

その思想は、貴国のウパニシャッドの賢人や釈尊の教えに結実しております。

釈尊の教えの最高峰である「法華経」は、その真髄と言えましょう。

法華経は人々に「差異へのこだわり」を捨てて、共通の「生命の大地」を知ることを教えました。その大地に立てば、「差異」は対立をもたらすものではなく、豊かさをもたらすものとなります。

31-5 二十一世紀は生命の世紀

池田先生は、多くの識者と仏法の人間主義をめぐって語り合ってきました。ここでは、アメリカの宗教学者から二十一世紀の宗教の使命を語る意義を問われて、池田先生が答えた内容を紹介します。

池田先生の指針

ハーバード大学「世界宗教研究センター」
ローレンス・E・サリバン所長との語らい
（一九九三年三月二十七日、東京）

人類の営みは、すべて「人間から」出発し、「人間の幸福へ」つながるべきです。

「人間から」出発し「人間へ」帰着する――その「人間」自身に最も根本的に影響を与え、「人間」自身を形成するのは思想であり、哲学であり、より根底的には宗教です。

政治にせよ、経済にせよ、文化、教育にせよ、それらはいわば、大地に生じた桜や紅葉、ユリやバラの花が、人々の心を潤す姿にたとえられるでしょう。

問題は、その大地が、きちんと耕されているかどうか。健康で豊かな生命力をもっているかどうかです。そうでなければ、せっかくの美しい花や木も根付きません。

「大地」は人間です。人間の生命です。その生命を方向づける宗教もまた「大地」にたとえられるでしょう。

健全な大地にこそ、豊かな花が咲き薫る。私たちが、平和・文化・教育の運動を「仏法を基調として」進めている意義もここにある。

「生命とは何か」「人間とは何か」「人間は、どう生きるべきか」という、人間の最も根本の問題に答え得る宗教を基盤としてはじめて、生活や文化、政治や経済が豊かに花開くと考えられます。

科学や経済が、どんなに発展しようと、原点は、あくまで「人間」です。「生命」です。

「自分を知る」「他者を知る」とは、突き詰めれば「人間とは何か」「生命とは何か」を知り、人間の尊さを知ることにほかなりません。

「人間を知る」に当たって、どうしても避けることのできないのが「生老病死」の苦悩です。生まれ、生きる苦しみ、老いる苦しみ、病む苦しみ、死の苦しみ――仏法では「四苦」と呼びますが、この〝根本苦〟の解決なくしては、どんな「幸福の追求」も、「砂上の楼閣」や「浮草」のように、はかないものになってしまう。

また仏法は、更に、愛別離苦（＝愛する者と別れねばならない苦しみ）、怨憎会苦（＝怨み憎んでいる者と会わねばならない苦しみ）、求不得苦（＝求めても得られない苦しみ）、五陰盛苦（＝肉体・精神の働きによって起こる種々の苦しみ）の四つの苦悩が人生にあるとします。

生老病死の「四苦」と、これらの四つを合わせ、「八苦」と呼んでいます。

「四苦」「八苦」の解決は、人類の不変の要求です。それに応えられるのは「生命の法」を説いた宗教しかない。今こそ、その解決の道を、人類に向かって宣言しなければならない。

二十一世紀を、人類の「希望の世紀」にするためには、もう一度、人間の原点に立ち返って、幸福の「土台」の建設をしなければならない。それが「生死」への取り組みであり、私は「二十一世紀は生命の世紀」と長年、主張してきました。

31-6 焦点は「人間」

ブルガリアの芸術史家アクシニア・ジュロヴァ博士との対談集『美しき獅子の魂』のブルガリア語版発刊の際のインタビューのなかで、二十一世紀は人間の幸福と万人の平和を目的としなければならないと語っています。

池田先生の指針

『美しき獅子の魂』発刊記念のインタビュー
（二〇〇〇年八月十日、聖教新聞）

二十世紀は「戦争の世紀」でありました。

戦争――それは虐殺であり、破壊です。人間を不幸にする。地獄に落とす。最も野蛮な行為です。

しかし、二十世紀の人類は、それをやってしまった。

世紀の後半になると、一歩前進して、「経済の世紀」となりました。

戦争が「力の論理」ならば、経済は「利害の論理」です。

ですから、経済が発達すれば、金持ちが出てくる半面、どこかで貧しい人が出る。商売に失敗して自殺するような人も出る。

どうしても、人間に大きな差をつけてしまう。「人間の平等」「人間の自由」を壊してしまう。そういう側面が経済にもある。

だからといって経済を否定するわけではありま

せん。人間の営みとして、なくてはならないものですから。

それはそれとして、最も大切なことは、政治も経済も、根本は「人間を幸福にするためにあった」ということです。

一切の哲学も、政治も、経済も、すべては「人間を幸福にする」ためにあらねばならないし、そのためにあったのです。

それが、だんだんと分断されて、「人間」から離れていってしまった。

その意味において、私は、全人類が、もう一回、「人間」に光を当てるべき時代に入ったと思うのです。

焦点は「人間」です。

この探求なくしては、同じ不幸を繰り返してしまうでしょう。

ゆえに新しい世紀は、「人間主義」でなければならない。

人間は、どう生きるべきなのか？

人間は、どうしたら幸福になるのか？

人間は、どうしたら平和に生きられるのか？

そこに最大の眼目を置き、知恵を結集していくべきです。すべての学者も、教育者も、指導者も。

「人間根本主義」とも言えるでしょう。

これが二十一世紀の最大の課題ではないでしょうか。

人間の権利を幸福に結びつけていくのです。

万人が等しく平和で、幸福で、満足できる時代をつくっていくのです。

そのために、「人間の復権を！」「人間に帰れ！」と申し上げたいのです。

仏教は人間主義です。

宗教というと、教会や寺院、また布施や供養を思い浮かべる人が多い。

しかし、仏教の開祖である釈尊は、最後まで、権威、形式を離れ、飾らない一人の人間として輝き続けました。私どもの信奉する日蓮大聖人も、そうです。人間としての行動がすべてでした。

その意味で言えば、仏教は既成の宗教の枠を超えた教えです。

釈尊も普通の人間でした。日蓮大聖人も普通の人間です。信徒と差異はありません。男女の差別もありません。全部、平等です。

仏法は、どこまでも人間のための教えなのです。

そして、その人間が宇宙や自然と共生しながら、生きとし生ける、すべての生命を慈しむ——ここに仏法の優れた教えがあるのです。

31-7 「人間尊敬」の生き方を広める

創価学会は、仏法の人間主義の理念と実践を通して、万人を尊敬する真の「人間」をつくる団体です。その根本の使命について語っています。

池田先生の指針

「本部幹部会」（一九八八年六月二十一日、東京）

有名な御書であるが、大聖人は「不軽菩薩の人を敬いしは・いかなる事ぞ 教主釈尊の出世の本懐は人の振舞にて候けるぞ（中略）賢きを人と云いはかなきを畜といふ」（一一七四ジベー）と仰せである。

——（法華経に説かれる）不軽菩薩が、人々を敬い、礼拝したというのは、どういうことであろうか、よく考えてごらんなさい。（不軽品は、仏の出世の本懐である法華経の〝修行の肝心〟であるから、結局）教主釈尊の出世の本懐は、人として振る舞う道を説くことであった。（中略）賢いものを「人」といい、愚かなものを「畜生」というのである——と。

　人間としての振る舞い、生き方において、賢いものを「人」というと、大聖人は教えられている。人間に生まれただけで、真の人間になれるのではない。人間らしく生きる努力が必要である。それなくして、人間を侮蔑するような愚かな行動は、「畜生」つまり動物と変わらなくなってしまう。

　仏法は、「人間の尊厳」を、生命というもっとも根本的な次元から説きつくしている。しかも、いわゆる〝観照（＝理性に照らして客観的に見つめること）の哲学〟にとどまるものではない。むしろ、現実の人生と生活に生きる実践的な人間学ともいえるかもしれない。

　真実の「人間の尊厳」を、みずからも事実のうえに証明し、他の人にも認め、実現せしめていく。いわば自他ともに最高に「人間を尊敬する」実践が、仏法なのである。

　学会は、この仏法の根本精神のままに、徹底して、たがいに「人間を尊敬する」世界である。また「人間を尊敬する」生き方を広めている団体である。さらに、そうした実践のなかで、本物の「人間」をつくる世界である。

社会には、さまざまなモノをつくる世界もある。経済的価値や、芸術的価値を生みだす世界もある。また戦争を準備するような世界もある。

そうしたなかにあって、学会は、真実の仏法を根底に、一切の基本となる「人間」を立派につくり、鍛え、幸福にしている、かけがえなき世界なのである。

正法流布の使命は深く、荘厳であり、他とは根本的に次元が異なっているといえよう。

ともあれ、人間という高貴なる存在に、どこまでも気高く会釈しゆく、心豊かな人生でありたい。そして私どもは、民衆を愚弄し、人間の尊厳を冒していく動きに対しては、絶対に反対する。

31-8 人間触発の大地

創価学会は、平和・文化・教育への貢献を通して広く社会を潤し、人間触発の大地となって、あらゆる分野に人材を輩出していく使命を担っています。小説『人間革命』には、大阪の戦いを大勝利で飾った直後、この創価学会の社会的使命を語り合う師弟の対話が描かれています。

池田先生の指針

『人間革命10』（「展望」の章）

戸田は、話しだした。

「広宣流布が進んでいけば、社会のあらゆる分野に人材が育っていく。政治の分野にも、経済の分野にも、学術・芸術・教育など、どんな分野にも、社会の繁栄、人類の平和のために、献身的に活躍している学会員がいるようになるだろう。つまり、あそこにも学会員がいる、ここにも学会員がいる、というような状況になっていく——広宣流布していく時代を具体的に表現すれば、こういう様相になるんじゃないか。

要するに、創価学会は、人類の平和と文化を担う、中核的な存在としての使命を課せられることになると、私は考えている。

伸ちゃん、創価学会は、そのための人材を育て上げていく、壮大な教育的母体ということになっていくんじゃないか。

要は、『人間』をつくることだ。伸ちゃん、この人間革命の運動は、世界的に広がっていくことになるんだよ」

戸田は、伸一と語り合っているうちに、知らず知らず、広宣流布の未来図を話していた。話しているうちに、おのずと描かれたのである。

伸一は、その未来図を、遠く望むように目を細めて言った。

「創価学会が、広く社会を潤し、壮大な人間触発の大地となる。そこから、人類の輝かしい、新しい未来が眼前に開ける、まことに雄大な構想ですね。ずいぶん先の将来に思えますが……」

「遠いといっても、百年も先ということにはなるまい。しかし、私の生涯に、そのような時代が来るとは思えない。伸ちゃん、君たちの時代だ。それも、後半生の終わりごろから、その傾向が顕著に現れてくるんじゃないかな」

「創価学会は、間違いなく宗教界の王者になるにちがいない。大聖人が、『此の経文は一切経に勝れたり地走る者の王たり師子王のごとし・空飛ぶ者の王たり鷲のごとし』（御書一三一〇ページ）と仰せになっているように、大聖人の仏法は、思想・哲学の王者だ。その偉大な仏法を、創価学会は、世界に弘めようと立ち上がったんだからな。

だからこそ、社会のあらゆる分野に、御本尊を持った真に優れた人材を送り出していくのが、創価学会の使命なんだよ。

それらの一人一人の、偉大な人間革命の実践が、新しい世紀における人類社会に、偉大な貢献をすることになる。

政体とか、政権といったものは、長い目で見れば、その時代、その時代で変わっていくものだ。そんな移ろいやすいものに、目を奪われてはいけない。民衆自身に光を当てていかなければ、この厄介な社会を寂光土化する広宣流布という仕事は、決してできはしない。

われわれの仕事は、今は、世間は誤解こそすれ、誰一人、理解しないだろう。それで結構。人目につかなくても結構だ。しかし、いずれは世間が目を見張る時が、きっと来る。その時になって、初めて広宣流布という未聞の偉業を理解し、やっと讃嘆することになるだろう」

31-9 校舎なき総合大学

人を育てることは永遠性に連なる大事業であり、創価学会は人間教育の「校舎なき総合大学」であると語っています。

池田先生の指針

「関西支部長会」（一九八九年二月二日、大阪）

現在、学会は、仏法を根底にした平和・文化・教育の運動を世界に展開している。

学会全体が、いわば「校舎なき総合大学」といってよい。人間を育て、人間の指導者を育成する、民衆のなかの壮大な〝人間教育の場〟である。その意味から、私はさまざまな角度からスピーチもさせていただいている。

「思想の流れ」「精神の系譜」のもつ力は絶大である。私どももまた、万年にわたる壮大な精神文明の流れをつくっている。この流れは、時とともに、大河へ、そして大海へと広がっていくことはまちがいない。

その遠大な展望に立つとき、一時の表面的なさざ波に左右されることは、あまりにも愚かであるといわざるをえない。大いなる目的にふさわしい、大いなる境涯であり、大いなる人生であっていただきたい。

教育――。ある意味で、これほど深き意義ある仕事はない。

先日、私は関西創価学園の芳名録の第一ページに、求められてこう書いた。

「教育とは　最極の人生の　聖業なり」と。

「人間」にしか「人間」は育てられない。「真の人間」にして初めて「真の人間」を育てることができる。

教師の方々はもちろんとして、真剣に〝人を育てる〟活動はすべて、この人生にあって、あまりにも尊い、永遠性にも通じていく仕事である。

31-10 教育こそ平和の土台

「母と子が笑いさざめく世界」にこそ真の平和がある――池田先生は常々、この信念を訴えてきました。ここでは、そうした崩れざる平和の土台を築くためには、人間教育が重要であると訴えています。

池田先生の指針

『母と子の世紀3』（まえがき）

子どもの瞳の輝きに、国境はあるでしょうか。

子どもの笑い声に、民族の違いがあるでしょうか。

子どもの悲しみの涙に、宗教の違いがあるでしょうか。

すべての子どもたちに平和を！　これこそ、人類の悲願です。

世界中のどの子どもにも、平和に生きる権利があります。

どの国のお母さんも、どの国の子どもたちも、「家族と一緒に、平和に、安心して暮らしたい」と願っています。

しかし現実には、このささやかな願いすら、かなえられない家族が、世界に大勢います。

「ある場所での不正義は、すべての場所における正義への脅威です」（クレイボーン・カーソン編『マーティン・ルーサー・キング自伝』梶原寿訳、日本基督教団出版局）とは、アメリカの人権運動の指導者キング博士の言葉です。

この言葉は、次のようにも言い換えることができるでしょう。

「いかなる場所における戦争も、すべての場所における平和への脅威である」

すなわち、世界のどこであれ、戦火におびえ、飢えにさいなまれている人がいるかぎり、私たち人類は、本当に「平和」とはいえない。「幸福」とはいえません。

「平和」を創るには、どうしたらよいのでしょうか。

私は、「平和への最も根本的にして、最も確実な道は、正しい『人間教育』である」と信ずる一人です。

歴史を振り返ると、戦争を起こしてきたのは、往々にして、高い学歴をもった人や、エリートと言われるような指導者たちであったという、皮肉な事実に突き当たります。

ここに、人類の大きな悲劇があるのではないでしょうか。

教育を受け、知識を身につけ、学問を修めた人間が、それを民衆のため、平和のために使うのではなく、他人より秀でるために、自分の利益のために利用してきた歴史があります。また「人間」よりも、「国家」を優先させてきた現実があります。そうした世界の状況は、今も変わっていません。これは、「教育の悪用」と言わざるを得ません。

私の少年時代、日本では、「戦争のための教育」、そして「国のための教育」が行われていました。

そうした時代にあって、創価教育を提唱した、牧口常三郎創価学会初代会長は「教育は、子どもの幸福のためにある！」と叫びました。そして、国家権力の迫害に屈せず、牢獄で崇高な生涯を閉じられたのです。

私は今こそ、牧口会長が実践されていた「平和のための教育」「幸福のための教育」をいちだんと広げていかねばならないと考えています。

子どもたちに、生命の尊さを教え、他者を尊敬する心を育んでいきたい。勇気ある世界市民の心を養い、知識を人間の幸福のために使う智慧を磨いていきたい。

そこにこそ、いな、そこにしか、二十一世紀の崩れざる平和の土台を築くことはできないと思うからです。

31-11 人類に何を残すか

池田先生が世界の各地に創立した創価教育の機関は、創価大学、創価女子短期大学、東京と関西の創価学園、アメリカ創価大学、札幌・香港・シンガポール・マレーシア・韓国の創価幼稚園、ブラジル創価学園など、七カ国・地域の十五校に広がっています。教育にかけてきた深き真情を、アメリカ創価大学の開学式に寄せたメッセージで語っています。

池田先生の指針

「アメリカ創価大学開学式」へのメッセージ

（二〇〇一年五月三日）

「教育」に思いをはせる時、私の胸には、二十世紀を代表する歴史家トインビー博士との語らいが蘇ってまいります。

その第一回の対談は、一九七二年。場所は、ロンドンの博士のご自宅。博士が八十三歳、私が四十四歳の時でありました。

対話の冒頭、私は申し上げました。

「もし、この対話が二十一世紀に生きる多くの未来の人々にとって、さまざまな問題解決への何らかの糸口となるならば、私にとって、また人類にとって、望外の喜びです」

博士は言われました。

「ミスター池田、私も長い間、この機会を待っておりました。私もまた、きたるべき次の世紀に照準を当てて、物事を考えております」

「未来において、私はもちろんのこと、あなたさえも、もはやこの世にいなくなり、それからさらに長い時を経た時代に、世の中はいったいどうなっているだろうか——このことに、私は大変、大きな関心を寄せているのです」と。

自分が亡き後の人類に何を残すか。人間はそこに思いをいたし、今を生きるべきだ、と博士は教えられたのであります。

私にとって、それは「教育」であります。「大学」であります。

正しい「教育」の持つ普遍性こそが、「宗教」の陥りがちな独善を正し、世界を結び合わせていく“平和の力”だからであります。

そしてまた、大学こそが、他のいかなる制度にもまして永続し、知性の光で人類を照らし続ける“希望の光源”だからであります。

トインビー博士との対話で強調されていた一つは、「人間は、人間性が喪失される度合いに応じて、操作されやすくなる」との点でありました。その最たる例が“戦争教育”であります。

この“戦争教育”に対決し、人間性を守り抜くために、生命を賭して戦い抜いてきたのが、創価学会の牧口常三郎初代会長、戸田城聖第二代会長であります。

第二次世界大戦中、狂った日本の軍部政府は、創価学会を弾圧し、両会長を投獄。牧口会長は、七十三歳で獄死したのであります。

人間性と正義の揺るぎなき大城を、また、平和の文化の不滅の要塞を、人類に残したい——この初代・二代会長の熱願、そして暴力と野蛮に蹂躙された多くの先人たちの悲願の結晶が、我らのアメリカ創価大学なのであります。

創価教育の父・牧口会長も、高らかに宣言いたしました。

教育の目的は「幸福」にある、と。

今、「幸福」という普遍の価値を追求する希望の大地に、人類の「幸福」を第一義とする大学が誕生いたしました。

地球上のすべての人に、幸福になる「権利」がある。未来永遠にすべての人が、幸福になる「力」をもっている。そして人間は、自らの気高き「使命」を果たすことによってこそ、自他共に幸福になることができる——これが、私どもの信念であります。

ゆえに、一人一人の「使命」を呼び覚まし、幸福になる「力」を引き出し、「平和」という崇高な目的に人類を結束させていく「哲学」の指導者が必要であります。そうした指導者を育てる「教育」が不可欠であります。

31-12 広宣流布は大文化運動

「信仰で得た喜びや境涯を人々にわかるように表現するのが、創価の文化運動である」との池田先生の信念から、創価学会は平和文化祭や音楽祭など、民衆による文化運動を推進してきました。池田先生は、男子部・女子部の結成五十周年を記念する本部幹部会において、音楽隊・鼓笛隊に代表される創価の文化運動の意義を語っています。

池田先生の指針

「本部幹部会」（二〇〇一年十一月十二日、東京）

広宣流布の楽雄・音楽隊、いつもありがとう！

音楽隊は一九五四年五月に結成された。以来、半世紀、勇壮な調べで、つねに全同志を鼓舞してくれた。

「嵐にも　ああ　音楽隊　仏天の曲」と句を贈りたい。

あの「大阪大会」の日（一九五七年七月十七日）――。（無実の罪で大阪拘置所に勾留されていた）私に届けとばかり、朝から中之島の川岸で、学会歌を力の限り演奏してくれたのも、わが音楽隊であった。

本当によく聞こえた。その勇ましい響きは、今も忘れない。
「平和の天使」鼓笛隊も、本当にありがとう！
「はつらつと　乱世に光る　鼓笛隊」と讃えたい。

鼓笛隊と聞くと、皆が聴きに行きたくなる。けなげにも「平和の光」を広げてきた功徳は大きい。

思えば、一九五六年、東京・大田区の小林町の小さなわが家——吹けば飛ぶような家で、妻とともに、女子部の代表と鼓笛隊の夢を語りあったことが、今日の鼓笛隊の淵源となった。

法華経に登場する「妙音菩薩」は、その行くところ、向かうところ「百千の天の音楽」が鳴り響いたと説かれている。

（妙音菩薩品には「〈妙音菩薩が〉経る所の諸国は、六種に震動して、皆悉七宝の蓮華を雨らし、百千の天楽は、鼓せざるに自ずから鳴る」〈法華経六一〇㌻〉と）

御書には「音の哀楽を以て国の盛衰を知る」（八八㌻）との言葉が引かれている。

世の中に満ちている「音」——その「音」で国の将来を知る。その国が栄えていくのか、滅んでいくのか——未来の姿が音に表れる。

「音」とは、人間の声であり、広く見れば、音楽をはじめとする文化・芸術も含まれよう。

広宣流布は、音楽や芸術を最大に尊重しゆく大文化運動である。音楽隊、鼓笛隊も、こうした仏法の本義のうえから創設された。

戸田先生に、私が音楽隊と鼓笛隊の結成を願い出たとき、先生は一言、「大作がやるんだったら、やりたまえ！」とおっしゃってくださった。

それから、私が工面し、いくつかの楽器を買ってさしあげ、音楽隊は十六人、鼓笛隊は三十三人で出発した。

それが現在では、音楽隊、鼓笛隊ともに、二万人の陣容にまで発展した。また、各種のコンクールで日本最高の栄冠に輝いていることは、皆様も、ご存じのとおりである。

すごいことである。この活躍自体が「大芸術運動」であり、「大文化運動」である。〝妙音の連帯〟は、今や世界の約三十カ国・地域に広がった。

世界の音楽隊・鼓笛隊は、国家の重要な式典にも何度も参加し、絶讃を博すなど、栄光の歴史をつづっている。

名実ともに「世界一の鼓笛隊」「世界一の音楽隊」となったことを、私は最大に賞讃申し上げたい。

『ふるさとの光』

31-13 人間を結びあう芸術の力

池田先生の指導のもと、創価学会は一貫して、文化の価値を重んじ、文化によって人間を結んできました。ここでは、文化交流への深き思いを綴っています。

池田先生の指針

芸術は、生きる歓びの歌である。
芸術は、人間を結びあう力である。
芸術は、波濤を乗り越えて平和へ進みゆく、生命の勝利の舞である。

文化は、地味かもしれない。しかし、人間の心の奥深くまで照らし、一人一人の智慧を触発しながら、平和の方向へ、繁栄の方向へと、歴史変革の確かなる底流を形づくっていくのが、文化の力である。

この文化の価値を再生させ、文化の交流を民衆レベルで幅広く進めることは、世界平和への潮流を強めていく直道にほかならない。

私が一九六三年、東西冷戦の混迷が深まる時代にあって、民主音楽協会（民音）を創立し、さらに東京富士美術館などを開館したのも、その信条からであった。

文化は、誰のものなのか、誰のためにあるのか。「人間のため」「民衆のため」という一点を忘れた文化は、いかに表面的な華やかさを誇っても、砂上の楼閣に等しい。

国と国の友好といっても、所詮、一人一人が互いをよく知ることから始まる。

どんな国家や体制でも、社会を現実に支えているのは民衆だ。その民衆同士が文化の交流を通じて、互いに理解を育んでいくならば、崩れざる平和の土壌が耕されるはずである。

31-14 詩心の復権

池田先生は、現代文明を蘇生させる一つの方途として、「詩心の復権」を訴えてきました。日本の英字紙「ジャパンタイムズ」（二〇〇六年十月十二日付）に寄せた連載コラムでも、その重要性に触れています。

池田先生の指針

『明日をみつめて』

「天の海に　雲の波立ち　月の船　星の林に　こぎ隠る見ゆ」（佐佐木信綱編『新訓　万葉集』上、岩波文庫）

千三百年前の和歌である。現存する最古の歌集「万葉集」に収められた一首だ。

この歌を口ずさむと、大気圏の彼方へ人間を送り出し、月面に足跡を印した今日よりも、太古の人々のほうが、月や星を身近に感じながら、心広々と生きていたのではないか——そうした思いに駆られる。

物質的には比較にならぬほど恵まれていても、夜空を見上げる心のゆとりもてない現代人と、はたして、どちらが真に豊かな人生を生きているのだろうか。

膨大な物質と喧騒に囲まれた現代人の心は、広大な宇宙、そしてまた永遠なる時の流れから切り離され、孤独と疎外感にさいなまれているように見える。その心の渇きを鎮めようとして、刹那的な享楽に走ったとしても、いっそう渇望は募るばかりである。

現代文明の悲劇の根底には、「分断」がある。すなわち、人間と宇宙、人間と自然、人間と社会、そして人間と人間の絆が引き裂かれ、それぞれのつながりが弱められてしまった。

たしかに科学技術の発展によって、人間はかつてない「力」を得た。生活や健康には、計り知れない恩恵がもたらされた。

しかし、その一方で、外なる現象を自己から切り離し、対象化し、距離を置いて見るようになり、「物」や「数」という要素に還元しようとする思考の傾向性が強まってきたことも否めない。

そこでは、ともすれば、人間や生命さえも「物」と化してしまう。戦争の犠牲者さえ、統計上の「数」として数えられ、一人一人の語り尽くせぬ悲しみや苦しみは没却される。

そうした趨勢のなかにあって、「誰もがかけがえのない人間だ」と見つめるのが、「詩人の目」であるといってよい。

世界を操作しようとする才知の傲りに対し、詩心は世界の神秘に敬虔に頭を垂れる。

天空に広がる大宇宙と呼応して、地上に生きる人間も、確かな法則に則りゆく一つの小宇宙である。この大宇宙と小宇宙が共鳴するとき、詩が生まれるのではないだろうか。

いにしえ、人は皆、詩人として、大自然と対話していたと言えるかもしれない。

「万葉集」には、ありとあらゆる階層の人びとが詠んだ歌が収められている。そのうちの、ほぼ半数は「詠み人しらず」――すなわち、無名の人びとが詠み残した歌である。

名前を残すために詠んだのではない。やむにやまれぬ〝心の発露〟として詠じられた歌が、永遠の生命をもって時を超え、国を超えて、万人に歌い継がれてきたのだ。

この「詩心」とは、人間のいかなる営みにも見いだし得るものであろう。目をみはりながら、真理の探究に打ち込む科学者にも、詩心が躍動しているはずだ。

詩人は、物すらも、単なる物とは見ない。その眼差しは「心」に向けられている。

花は、ただの花ではない。月も、天上に浮かぶ物質の塊ではない。詩人は、月や花を媒介として、人間と世界との妙なるつながりを直観するのだ。

その意味において、子どもたちは、本来、生まれながらの詩人といってよい。その子どもたちの詩心を大切に伸ばしゆくことは、大人にとっても、新鮮な世界の発見となろう。

もとより人間は、欲望を満たすためだけに生きているわけではない。確かな幸福とは、「より多く」もつことではなく、自己と世界との深き「調和」によって実現されるものであるからだ。分断された世界に「調和」をもたらすのが、詩心の力である。

詩人は、世界のあらゆる複雑性や抗争、対立や亀裂のただなかに、たじろぐことなく身を置き続ける。誰かが傷つくならば、詩人の生命もまた、痛みに震えずにはいられない。

しかも、詩人は臆さずに、人びとのために、勇気と希望の声を放ち、より深き、より高き次元から、人類共通の〝永遠なる魂〟を開いてゆく存在なのである。

今こそ、若き生命を雷鳴のごとく揺さぶる、詩人の大音声が必要だ。生きとし生けるものを結び合う、詩人の〝平和と共生の叫び〟が必要だ。

そして、生きる喜びと、生き抜く活力を呼び覚ます、詩人の〝知恵の言葉〟が必要だ。地球人は、皆、詩人たるべきなのだ。

今、私たちの地球は傷つけられ、生態系が重大な危機に瀕している。緑の地球を〝生命の言の葉〟で守りたい。現代の文明には、「詩心の復権」が何よりも求められている。

31-15 写真は「世界語」

創価学会の文化運動は、民衆に開かれた価値創造の営みです。その一つとして、池田先生は、誰でも手軽に取り組める写真文化を愛好し、世界の光景を友に見せたいとの真情から、自らカメラを手にしてきました。そうした写真への思いを小説『新・人間革命』に綴っています。

『新・人間革命15』（「開花」の章）

池田先生の指針

山本伸一が本格的に写真撮影を始めてから十年

が過ぎようとしていた。

仲一が創立し、一九七三年に静岡・富士宮に開館した富士美術館（＝後に東京富士美術館に統合）の関係者をはじめ、懇意にしていた写真家などから、彼の写真展の開催を勧める声があがった。

仲一にとっては、汗顔のいたりであった。プロの写真家でもないし、もともと、そうした意図で撮ったものではない。しかし、開催を要望する声は強かった。

思えば、仲一なりに、新たな民衆文化の波を起こしたいとの考えもあって始めた写真である。彼は、皆の要請に押されるかたちで、了承することになった。

「平和と文化を写す」と題して、彼の写真展が富士美術館で行われたのは一九八二年四月のことであった。ここには、日本国内だけでなく、ヨーロッパ、アメリカ、中国などで撮影してきた作品も含めて、約二百五十点が展示された。

写真展を鑑賞した人たちの反響は大きかった。

「自然と平和を愛する気持ちが伝わってきて、心が豊かになる思いがしました」「身近な風景のなかに、生命の鼓動が感じられ、強く生きなさいと言われているようで、元気づけられました」など、大好評であった。

自分の撮った写真を贈ることで、少しでも同志の激励になればというのが、仲一がカメラを手にした最大の動機であった。だから、自分の写真で元気づけられた人がいたことが嬉しかったし、それで満足であった。

仲一は、こうした好意あふれる言葉に、申し訳なさを感じ、身の縮まる思いがした。

また、仲一の写真展や写真集を目にした本部の職員たちから、「先生の写真を、学会本部や各会館に飾りたい」との声が起こり始めた。

学会の会館は、人間文化を地域に発信する〝文化の城〟の役割を担っている。しかし、ロビーや階段の踊り場などに、絵画を飾れば、かなり高額なものになる。

伸一は、自分の写真が少しでも役に立つのならと、その要請に応えることにした。「創価」とは、すべてにわたる価値の創造である。

こうして、全国の会館で、彼の写真が飾られるようになっていった。

その写真と対話し、額縁の中に、伸一の「励ましの心」を感じ、勇気を奮い起こしたという同志も少なくない。

写真は「世界語」である。言葉は理解できなくとも、写真を見れば、すべてがわかる。心を分かち合うこともできる。

人は、ほとばしる水を見れば、生命の躍動を感じ、岩にしがみつくように根を張る雑草の健気さに、勇気を覚える。伸一は、写真を通して、民族、国境を超えて、人間と人間の心をつなぎたかった。

写真には力がある。かのビクトル・ユゴーが、亡命先で数多くの肖像写真を撮らせたことは有名である。それは、権力者ナポレオン三世の暴圧に対する挑戦であったのである。

亡命生活は最終的に十九年に及んだ。〝ユゴーはめげて、意気消沈しているにちがいない〟と、誰もが思った。しかし、送られてくる堂々たる彼の肖像写真は、こう宣言していた。

〝われは健在なり！〟

〝われは不屈なり！〟

彼にとって、写真は単なる写真ではなかった。

伸一にとっても、写真は、人びとの胸の奥深く、歓喜と希望と勇気を送る、蘇生への光の弾丸であった。

そして、写真は、「負けるな！　強くあれ！　私とともに進もう」との、同志への励ましのメッセージとなった。

31-16 活字文化の復興

池田先生は、人間の成長と進歩のために、活字文化の重要性を一貫して主張してきました。ここでは、そうした学びの息吹が創価学会の活動にみなぎっていると強調しています。

『母の舞』

池田先生の指針

創価学会の日常活動には、学びあう伝統が組み込まれている。

年代を超えて、皆、つねに〝学ぶ人〟である。

毎月の座談会でも、御書を学ぶ。さまざまな会合で、一生懸命、読み、聞き、学習する。

「一切の法は皆是れ仏法なり」（御書五六六ページ）——人生の万般、世の中の事象、すべてが仏法だ。こうとらえるのが日蓮仏法である。

だから、小説も学ぼう。トルストイも、ゲーテも、ユゴーも、学んでいこう。政治も経済も、文化も音楽も知っていこう。そこから、人生のあらゆる知恵を身につけよう——そういう生き方である。

ここにも、創価学会の強みがある。学会は、まさに「学ぶ会」なのである。

私は、「良書」を、「良き文章」を、とくに青年に読ませたい、と願ってきた。

「本」を読むことは、人類の知的遺産を継承することでもある。活字を読むことで、はじめて頭脳は鍛えられる。批判力も身につく。テレビだけでは受け身である。幻惑される面もある。でっちあげた「うその文」ではなく、人間の深い心から出た「真実の文」を復興させていく必要がある。

私にとって、十代終わりの多感な時代は、太平洋戦争がようやく終結した混乱の時代であった。戦争中、学問から遠ざけられてきた青年たちにとって、空腹を満たすかのように、新しい知識を求めずにはいられなかった。

私の近所にも青年グループの読書会があり、私も参加していた。乏しい書物を、借りたり、貸したり。私自身、貧しい生活のなかで、本だけは何よりの財産として、大切にしていた。部屋の書棚には、文学書が大部分であったが、古今東西にわたる書籍が並んでいた。

人生観を深く確立したい――そのころの私の切実な願いである。だからこそ、「生命哲学の話があるから来ませんか」と、同窓の友に誘われて、私は出かけた。そこで、戸田城聖第二代会長にめぐりあったのである。

その大きな人格、苦悩の民衆への深き人間愛に、私は感動した。以来、私自身、ほとんどの教育を、戸田先生の個人教授から受けたといっても過言ではない。

戸田先生は、叫ばれた。

「青年よ、心に読書と思索の暇をつくれ」と。

恩師は、私に、毎日のように、「今、何の本を読んでいるか」と聞かれた。それは、質問というより、尋問のような厳しさであったように思う。読まずして、先生にお会いすることはできなかった。そうした真剣勝負の学びがすべて、私の力となり、財産となった。

また、戸田先生は、会長就任後、男子部、女子部のメンバーをそれぞれに、精魂こめて薫陶された。それは、次々と、世界の名作を読破することから始まったのである。『三国志』『水滸伝』『二都物語』『モンテ・クリスト伯』『九十三年』等々――。

先生は、感想を語りあわせ、また質問には縦横無尽に答え、ときには個人的な相談にものりながら、一人一人を磨いていかれた。そこでは、人生に出あうであろう、あらゆる問題が取り上げられたのである。

一個の人間が、一生に経験することには限りがある。しかし、読書によって、他の人が経験したことを、自分のものとすることができる。人生の深さ、世間の広さを知り、人間を洞察し、社会を見る眼を養うことができるといってよい。

学会の青年たちが、回を重ねるごとに、急速に成長をとげていったことはいうまでもない。

読書は「一生の財産」。何ものにもかえがたい「心の栄養源」。そして「万学の基礎」である。読む力なくして、考える力も育たない。自分の世界も広がらない。

また、良き未来は、良き過去に学んでこそ生まれる。

思えば、二十世紀は、〝物質〟面の進歩のめざましい時代であった。その半面、〝精神〟面の立ち遅れは、人類を破滅させかねないほどの危機的状況にある。だからこそ、二十一世紀は〝精神〟が進歩する時代にしなくてはならない。

31-17 「人間の機関紙」聖教新聞

聖教新聞は、一九五一年四月二十日、池田先生が戸田先生と共に発刊を成し遂げた「人間の機関紙」です。世界の民衆に勇気と希望を与えゆく、聖教新聞の原点と使命について綴っています。

池田先生の指針

「随筆 新・人間革命」

（「『聖教新聞』の使命」、『池田大作全集129』）

戸田先生が最初に、学会の機関紙をつくるという着想を口にされたのは、一九五〇年の八月のことであった。先生が経営の指揮をとられていた信用組合の経営が行き詰まり、営業停止となった時のことである。

その日（八月二十四日）、私は先生とともに、東京・虎ノ門の喫茶店で、信用組合の営業停止を知った、ある新聞社の記者と会った。この帰り道、先生は、しみじみとした口調で言われた。

「新聞というものは、今の社会では想像以上の力をもっている。一つの新聞をもっているということは、じつにすごい力をもつことだ。学会もいつか、なるべく早い機会に新聞をもたなければならんな。大作、よく考えておいてくれ」

それから四カ月が過ぎた師走、東京・新橋駅近くの、とある食堂で、先生は、力強く、ふたたび私に言われた。

「新聞をつくろう。機関紙をつくろうよ。これからは言論の時代だ」

一身に非難の集中砲火を浴びていたなかで、先生は、悠然と、広宣流布の遥かな未来を展望され続けていたのだ。

年が明けた五一年二月の寒い夜のこと。

「いよいよ新聞を出そう。私が社長で、君は副社長になれ。勇ましくやろうじゃないか！」

こう呼びかけられた先生の勇壮なお顔が、今もって忘れられない。

わが「聖教新聞」が創刊されたのは、それから二カ月後の四月二十日である。

発行部数五千部、十日に一度、二ページ建てのスタート。現在の日刊、五百五十万部から見れば、隔世の感がある。

それは小さな一歩であったが、先生の構想はじつに遠大であった。

紙名をどうするかを検討した折、「文化新聞」「創価新聞」「世界新聞」などの案が出た。

戸田先生は「将来のことを考え、たとえば『宇宙新聞』なんてどうだい」と、笑いながら言われた。

結局、「聖教新聞」に決まったが、大宇宙の根本法たる仏法を、世界に伝えゆく新聞をつくるのだという先生の心意気であった。

先生は、創刊号で、一面トップの論文「信念とは何ぞや?」を書かれたのをはじめ、連載小説『人間革命』やコラムの「寸鉄」など、みずから健筆を振るわれ続けた。

私も、歴史上の人物紹介の欄などを担当した。「革命と情熱の詩人」バイロン、「運命の楽聖」ベートーベン、「前進の青春」ナポレオン等々——。

また、渉外部長として、言論界の誤報を破すために、青年らしく論陣を張ったことも懐かしい。「聖教新聞」だけは、永劫に変わらず、真実を報道していく——と。

先生も、私も、「これは、わが愛する同志への手紙だ」と、生命を刻む思いで、原稿を書きつづっていった。

「この新聞を、日本中、世界中の人に読ませたいな」

こう語られていた恩師は、創刊五周年（一九五六年）の年頭から、アジア諸国の指導者に、「聖教新聞」の贈呈を開始された。

インドのネルー首相、フィリピンのマグサイサイ大統領、中国の毛沢東主席と周恩来首相など十氏である。

書簡には、「本紙を通じて仏教の何たるかの理解を一層深められ、以て東洋文明の為に尚一層の力を尽されます様御祈りするものであります」とあった。

先生は、「聖教新聞」をもって、東洋の友好と平和へ、突破口を開こうとされたのである。

奇想天外と笑う人も多かったが、私は師匠の心をそのとおり、まっすぐに実現してきた。

東洋が生んだ人権の闘士ガンジーは、獄中にあっても、新聞を発行し続けた。

彼が獄中で書き始めた自叙伝も、新聞に掲載され、幾千万の民衆がむさぼり読んだという。新聞を通じて彼は、「非暴力による抵抗」という自身の信念を訴え、民衆を鼓舞していった。

私たちも、この「聖教新聞」を通して、いかなる迫害のなかでも、正義の道を、真実の道を訴え、創価の新しき人間主義のうねりを世界に広げてきた。

「今や、日本の良心は創価学会であり、『聖教新聞』です」との声を寄せてくださる識者もおられる。

すべて、同志の尊き献身があればこそである。

あまりにも暗き、世紀末の世相。無責任な言論の横行。迷路のごとき、哲学なき社会。

そのなかにあって、「真実の言論紙」たる「聖教新聞」には、希望の太陽となって二十一世紀を照らしゆく使命がある。

私も書く。断じて書き続ける。

わが同志よ、ともに、力を合わせ、この「民衆の言論の城」を、育てゆこうではないか。

31-18 芸術を万人に開きたい

池田先生は一九七三年五月に富士美術館を、そして八三年十一月に東京富士美術館を創立しました。それは、先生が世界の文化人と手を携えて築き上げた、文化交流の結晶でもあります。その美術館の建設に込めた深き思いを語っています。

池田先生の指針

「教育文化協議会」(二〇〇五年九月十二日、東京)

東京富士美術館は、本年の十一月で開館二十二周年を迎える。今や、私立の美術館として、日本を代表する〝美と芸術の殿堂〟に発展した。

これまで、「世界を語る美術館」をモットーに、世界の至宝を紹介する数々の展覧会を開催してきた。日本・東洋・西洋のさまざまなジャンルの約三万点を所蔵している。

(東京富士美術館が所蔵する)西洋絵画コレクションの骨格は、世界的な美学者である、故ルネ・ユイグ氏の助力によってできあがったものである。

ユイグ氏は、かつてルーブル美術館の絵画部長を務めた。第二次世界大戦の際は「人類の至宝」の数々を、ナチスの手から、命がけで守り抜いたことでも知られる。氏とは何度も語り合い、対談集『闇は暁を求めて』をともに出版した。

そのユイグ氏が、東京富士美術館の開館準備の段階より、豊かな経験と慧眼をもって、西洋絵画の蒐集から展覧会の企画・構成まで、こまやかにアドバイスしてくださったのである。

東京富士美術館の開館を飾った「近世フランス絵画展」（一九八三年—八四年）をはじめ、「栄光の十八世紀フランス名画展」（八六年—八七年）、「フランス革命とロマン主義展」（八七年）などの成功は、ユイグ氏によるところが大きい。

東京富士美術館へのユイグ氏の指導や助言は、一九九七年に、九十歳で逝去されるまで続けられた。その薫陶の数々は、美術館にとって重要な指標となっている。

「美術館」の意義は、一つには、一部の特権階級だけが楽しんでいた美の遺産を、広く一般の市民に開放した点にある。多くの市民に、一流の芸術作品に触れてもらいたい。万人に芸術を開いていきたい——これこそ、東京富士美術館の使命である。

本物の美に出あった時、人は心を動かされる。芸術の魂に触れた時、人は「感動」する。その「感動」は、「生きる力」となる。

「文化」と「教育」は、人間の精神を耕し、豊かにし、平和を築いていくための源泉である。

私の耳には、あのユイグ氏の深みのある声が、今も響いている。

「池田会長、戦争の原因は『物質だけを追い求める』物質主義にあります」

「物質主義の砂漠を超えて、みずみずしい『内面の豊かさ』を復興させるべきです！」

「池田会長と私との友情は、『精神の復興』のための精神の共同戦線です！」

私どもは、文明を荒廃させる「野蛮な物質主義」に対抗し、「精神の戦い」すなわち「文化と教育の戦い」を力強く推進してまいりたい。
平和の建設のために！
人間主義の未来のために！

31-19 文化で世界を結ぶ

池田先生は一九六三年十月、民主音楽協会を創立しました。その設立に込めた真情や、音楽で世界を結んできた足跡について綴っています。

池田先生の指針

「随筆　新・人間革命」「『民音』四十周年の栄光」
（二〇〇三年十二月二十四日、聖教新聞）

音楽は心に呼びかけ、誰もが持っている「魂の琴線」に共鳴と友情のハーモニーを響かせる。
その音律は、ある時は生きる勇気を、ある時は平和の祈りを、また、ある時には人間の誇りを呼び覚ます。そういう徳の力が、音楽にはあるのだ。

音楽で人間を結びたい！

そして世界に、文化と平和の虹の調べを奏でたい！

これが、私の若き日からの夢であった。

本年（二〇〇三年）十月、わが民音（民主音楽協会）は、創立四十周年の佳節を、晴れやかに迎えることができた。

創立以来、民音が開催してきた公演は、オーケストラ、室内楽、オペラ、バレエ、ポップス、タンゴ、民族舞踊など、六万回を遥かに超える。

「文学にしろ、音楽にしろ、一流のものに触れよ」とは、わが師・戸田先生が常に言われていた指導であった。

私も青春時代、手回しの蓄音機で聴いたベートーベンの名曲に、どれほど心を励まされ、苦闘の日々を生き抜く力を得たことだろう。

しかし、クラシック音楽や舞台公演は、私が会長に就任した一九六〇年ごろでも、一般の庶民感覚からは、高価で縁遠い存在であった。

民衆の時代だ。芸術は一部の特権階級のための、閉ざされたものでは決してない。

人類共通の宝である最高の音楽を、民衆の手に届くものにしたい——この願いが民音創立の原点にある。その道を開くために、私も必死で動き、戦った。

「民音や学会に呼べるわけがない」などと嘲笑さえ浴びながら、創立時からの夢であった、オペラの至宝「ミラノ・スカラ座」の絢爛たる日本公演も、文化交流の発展のために実現した。

初交渉から十六年後の一九八一年のことである。

当時のバディーニ総裁が、「スカラ座の建物の壁だけを残して全部、日本に運んできた」と言われた〝大引っ越し公演〟の壮挙であった。

民衆は大地だ。

この民衆の大地に、平和の音楽が鳴り響く時、社会も、世界も、どんなに善美の光に包まれゆくことか。

創立三年の一九六六年、「世界バレエ・シリーズ」の第一回として民音が招聘したのは、ソ連のノボシビルスク・バレエ団であった。

当時は、厳しい東西冷戦の時代である。政治次元の対立ばかりが喧伝され、国民の間にも、ソ連は〝怖い〟というイメージが根強かった。

それだけに、美しき〝文化の親善大使〟の来日は、人間と人間の共鳴を広げ、友好の花々を咲かせたのである。

文化交流とは、まさに相互理解の懸け橋であり、平和の先駆けである。

「遥かなる平和の道」を主題に、中国、トルコ、ソ連のウズベク共和国（当時）の三カ国、そして日本の音楽家が共演した、「シルクロード音楽の旅」シリーズの第四回公演の時のことである。

その実現までの道程は険しかった。「中ソ対立」が影を落としていたからだ。

だが、そこに住むのは人間だ。どうして、わかり合えないはずがあろうか！

民音のスタッフは〝文化は国家間の対立を乗り越えられる〟と信じ、粘り強く交渉を続けていった。この民音がめざす文化交流への熱意が伝わった時、中ソ両国からＯＫのサインが出たのである。

一九八五年、全国二十六都市三十回の公演を大成功に終えた代表団を、私は信濃町の聖教新聞社で歓迎した。

それぞれの国の団長が、異口同音に語っておられた。

〝今回の日本公演が、必ずや将来の平和と友好の道を、さらに深めていくに違いありません〟

――その言葉に、私は文化の勝利の凱歌を聞く思いがした。

中ソが劇的に和解したのは、四年後のことである。

音楽には壁がない。国境を超え、言語や人種、民族の差異も超えて、心と心を結び、平和の調べを奏でる。民音が九十カ国・地域にわたる文化交流を行ってきた理由も、この一点にある。

この人類を結ぶ文化交流の大道を、私は「精神のシルクロード」と呼びたい。

文化で世界を結べ！

わが民音の前進とともに、壮大な「精神のシルクロード」が開かれつつあると感じるのは、私一人ではあるまい。

31-20 創価の連帯は人間共和の縮図

創価学会の運動に対するインドの著名な思想家の声を紹介し、創価の人間主義の連帯こそ世界の希望であると語っています。

池田先生の指針

「全国総県長会議」へのメッセージ

（二〇〇一年十一月十三日）

私はインドを代表する思想家のロケッシュ・チャンドラ博士と、「世界の哲学を語る」と題して対話を重ねてきた。（＝対談は『東洋の哲学を語る』と題し、二〇〇二年十月に発刊された）

インドは、仏教発祥の地であり法華経の智慧の源流である。

その最高峰の知性との対話は、格別に意義があると私は思ってきた。その対談の連載が、まもなく完結する。

結びに博士は、光栄にも私どもの運動を評価して言われた。

〝池田先生と創価学会が人類に貢献している姿は、あたかも法華経の寿量品の偈のようです〟と。

そして、自我偈の一節を唱えられた。私たちも日々、勤行で読誦している「我此土安穏。天人常充満」の部分である。

自我偈には、こう、うたわれている。

「衆生が『世界が滅んで、大火に焼かれる』と見る時も、私（＝仏）の住むこの国土は安穏であり、常に天界・人界の衆生で満ちている。そこには、種々の宝で飾られた豊かな園林や多くの立派な堂閣があり、宝の樹には、たくさんの花が咲き薫り、多くの実がなっている。まさに衆生が遊楽する場所なのである。

多くの天人たちが、種々の楽器で、常に妙なる音楽を奏でており、天空からは、めでたい曼陀羅華を降らせ、仏やその他の衆生の頭上に注いでいる」

インドの大哲人である博士は、創価の運動が、この法華経の真髄の経文どおりに、人類に対して「人間であることの喜び」を呼びかけ、「精神の開花」を促し、「世界平和への協調」を広げていると、結論された。「生命について本質的な価値を創造しているという意味で、創価学会は、現代世界における比類なき存在なのです」とも讃嘆してくださった。

創価学会は、国を超え、民族を超えて、一人また一人と仏の大境涯を開かせながら「歓喜の中の大歓喜」（御書七八八ページ）の生命の宝塔を打ち立てている。各地の会館、研修道場は、法華経に説かれる「園林諸堂閣」そのものであり、それぞれの地域社会の「安穏と繁栄の大城」である。

とともに、学会には、「人間教育の力」が満ち満ちている。「青春の華」が咲き薫り、人生の総仕上げの「勝利の実」が結実している。さらにまた、鼓笛隊や音楽隊、合唱団の方々などが、絶えず「妙なる音楽」を奏でてくださる。芸術部の活躍をはじめ、「文化の創造の力」が、みなぎっている。そして、天から麗しい曼陀羅華が降り注ぐように、世界中から学会に、信頼と共感と賞讃を寄せていただいている。

まさに、この創価の和合のなかに、「人間の共和」の縮図がある。「生命の共生」の模範がある。「平和の文化」の理想がある。

大聖人正統の創価学会は、「人類の安穏」と「世界の平和」のために、新世紀の希望の光明である人間主義の連帯を、いよいよ広げ、深め、強めてまいりたい。

31-21 戦争ほど残酷なものはない

池田先生の平和行動の原点である自身の戦争体験について、若き後継の友に、ありのままに語っています。

池田先生の指針

「創価学園入学式」へのメッセージ

（二〇〇五年四月八日）

いま、私は、皆さんと同じ年代の青春の日々を思い起こしております。

六十年前の一九四五年、日本が終戦を迎えた八月十五日——。このとき、私は十七歳であった。

ちょうど高校生の皆さんの年代です。当時、わが家は、今の東京・大田区に住んでいました。私は、八人きょうだいの五男です。四人の兄は全員が軍隊にとられ、中国大陸などの戦地へ、次々に出征しておりました。

海苔の製造業を営んでいた父は、リウマチを患い、思うように働くことはできませんでした。頼みとしていた働き盛りの四人の息子を次々に奪われ、どれほど苦しんだことか。母の苦労も、並大抵ではありませんでした。

私の下には、まだ幼い弟や妹がおります。私は、少しでも家計を助けようと、小学生のときから新聞配達をしました。

国民学校を卒業すると、兄が勤めていた近所の新潟鉄工所で働き出しました。進学は許されませんでした。家を護らなければならなかったからです。

もともと、私が小学五年生まで住んでいた家は、立派な二階建ての屋敷で、家族そろって楽しく暮らしておりました。しかし、戦争の暗雲が垂れ込めるとともに、その広い屋敷は人手にわたり、軍需工場に変わりました。

近くに引っ越した家も、空襲が激しくなったため、強制疎開させられ、母の妹の家に一棟を建て増しして移ることになりました。

その新しい家ができあがり、荷物をリヤカーで運び終えて、さあ、いよいよ明日からは皆で暮らせるという、一九四五年五月二十四日の夜のことです。

突然の空襲で、焼夷弾の直撃を受け、完成したばかりのわが家が全焼してしまったのです。かろうじて運び出した衣装箱を開けると、そこにあったのは、妹の「ひな人形」でした。本当に一夜にして何もかも失ってしまったのです。

それでも、気丈な母は「このおひなさまが飾れるような家に、きっと住めるようになるよ」と、皆を励ましてくれました。

戦争が終わっても、兄たちはなかなか戻っては来ませんでした。元気に復員してくる人たちを見るたびに、羨ましく思ったものです。

私が最も慕っていた長兄（＝一番上の兄）の戦死の知らせが届いたのは、終戦から二年後の五月です。悲しみの涙を懸命にこらえていた、あの母の姿を、私は忘れることができません。

私自身も肺病で、寝汗がひどく、咳や血痰に苦しみました。やせ細って、医師からは、茨城県の鹿島の結核療養所で静養するように勧められましたが、それは不可能なことでした。

わが家も、私の青春も、戦争によって、散々な目に遭いました。わが家だけではありません。日本中の家々が苦しみ抜きました。いな、アジアでも、世界でも、どれほど多くの人々が、何の罪もなく、戦争の痛ましい犠牲になったことか。

戦争ほど、残酷なものはない。戦争ほど、悲惨なものはない。

ゆえに、私は、戦争を憎みます。戦争を起こす権力の魔性を、断じて許しません。

絶対の平和主義に立って、一生涯、戦い抜くことを、若き命に刻みつけたのです。

【参考】

戦争で最も苦しむのは、母と子である――この池田先生の訴えは、自身の実体験に深く根ざしています。一九六八年に先生が女性誌に寄稿した随筆「一枚の鏡」には、〝どの母も、どの子も、どの家族も、幸福であれ〟との祈りが込められています。

『私はこう思う』「一枚の鏡」

私の手元に一枚の鏡がある。ほぼ掌大の硝子の破片といえば破片にすぎない。その裏表には、こまかいカスリキズがいっぱいある。しかし、物体を映すには事欠かなかった。どこのゴミ捨て場でも、いくらも見受けられるやや厚目の鏡の破片であるが、私は、これを手放すことはできない。

私の父母は、大正四年（一九一五年）の結婚であったようだ。この時の嫁入り道具の一つとして、良質の鏡をはめた鏡台があった。鏡面は曇りなく歪みなく、花嫁姿の母を映したはずである。――二十数年たった時、なにかの拍子に、この鏡が割れた。居合わせた長兄の喜一と私は、鏡の破片のなかから適当なのを、それぞれ貰って自分のものとした。つまり破鏡の一片である。

時代はやがて戦争に突入していった。四人の兄たちは、次々と出征していってしまう。ある者は中国大陸に、ある者は東南アジアで戦っていた。四人の男の子を戦争に奪われた母は、悲しみにじっと堪えていたが、急に老いた。

やがて空襲下の毎日となった。私は、母の顔を見るのが辛かった。私は、母の命を護るかのように、この破鏡の一片を肌身はなさず胸に抱き、焼夷弾のなかをくぐり抜けたこともある。

戦争が終わって、長兄のビルマ（＝現ミャンマー）での戦死が確定的となった時、私は兄の胸のポケットに、入っていたであろう一枚の鏡を思い出さずにはいられなかった。兄は戦場のひと時、自分の髭面をその鏡の破片に映したこともあったろう。そして、故国の母にはるかに想いを馳せて懐かしんだにちがいない。もう一つの鏡の破片を分かち持っていた私には、その兄の心情が痛ましくもよく分かる。私は私の鏡を手にして兄を偲んだ。

敗戦後の荒波のなかで、私はあえて家を出た。そして、アパートの狭い一室に暮らすことになったのである。殺風景な、貧しい部屋には鏡一つなかったが、鏡の破片は、机の引き出しにしまっておいた。朝の出勤前に、この鏡にわが痩せた顔を映して、髭を剃り、髪を梳り、ポマードを塗るには差し支えなかった。一日一度、この鏡を手にする時、私はいやでも母を想ったのである。心の底で自然と呟いていた。――お母さん、お早よう、と。

昭和二十七年（一九五二年）、私が結婚した時、妻は新しい鏡台を運んできた。私の顔は、新しい鏡に映すことになったが、ある日、妻は破鏡の一片を手にして、不審顔で見ていた。ガラクタの廃品もいいところである。子供のおもちゃにしては、さっぱり魅力がない。屑籠行きの運命を、私は察知すると、初めて妻に、母や戦死した兄のこと、この鏡の破片にまつわる歴史を語った。

妻は、桐の小箱をみつけてきて、鏡をそれにしまって、無事今日に至っている。

一本のつまらぬ万年筆といえども、それが大作家の遺品とあれば、数々の傑作の秘密を語っていよう。人々の注目を浴びることも当然なこととされている。

私の一枚の鏡は、私自身の伝えがたい青春の日々と、母の祈りと、不幸な長兄のことを尽きることなく語っているようである。

31-22 恩師の遺訓「原水爆禁止宣言」

戸田先生が後継の青年に託した「原水爆禁止宣言」に触れて、人類の生存と生命の尊厳を脅かす「魔」の働きを打ち破りゆく創価学会の平和運動の魂を綴っています。

池田先生の指針

『人間革命12』（「宣言」の章）

〈一九五七年九月八日、横浜・三ツ沢の陸上競技場での創価学会〝若人の祭典〟で、戸田先生が挨拶に立つ場面〉

（戸田城聖は）悠然としてマイクの前に立つと、力強い声で語り始めた。

「天竜も諸君らの熱誠に応えてか、昨日までの嵐は、あとかたもなく、天気晴朗のこの日を迎え、学会魂を思う存分に発揮せられた諸君ら、また、それに応えるこの大観衆の心を、心から喜ばしく思うものであります。

さて、今日の喜ばしさにひきかえて、今後とも、難があるかも知らん。あるいは、身にいかなる攻撃を受けようかと思うが、諸君らに、今後、遺訓すべき第一のものを、本日は発表いたします」

「前々から申しているように、次の時代は、青年によって担われるのである。広宣流布は、われわれの使命であることは申すまでもないことであり、これは、ぜひともやらなければならぬことであるが、今、世に騒がれている核実験、原水爆実験にたいする私の態度を、本日、はっきりと声明したいと思うものであります。いやしくも私の弟子であるならば、私のきょうの声明を継いで、全世界にこの意味を浸透させてもらいたいと思うのであります」

「それは、核あるいは原子爆弾の実験禁止運動が、今、世界に起こっているが、私は、その奥に隠されているところの爪をもぎ取りたいと思う。

それは、もし原水爆を、いずこの国であろうと、それが勝っても負けても、それを使用したものは、ことごとく死刑にすべきであるということを主張するものであります。

なぜかならば、われわれ世界の民衆は、生存の権利をもっております。その権利をおびやかすものは、これ魔ものであり、サタンであり、怪物であります。

それを、この人間社会、たとえ一国が原子爆弾を使って勝ったとしても、勝者でも、それを使用したものは、ことごとく死刑にされねばならんということを、私は主張するものであります」

戸田城聖は、まず、核兵器を、今世紀最大の「魔」の産物としてとらえた。「魔」とは、サンスクリットの「マーラ」の音訳であり、「殺者」「能奪命者」「破壊」等と訳されている。つまり、人間の心を惑わし、衆生の心を悩乱させ、生命を奪い、智慧を破壊する働きといってよい。

そして、この「魔」の頂点に立つものこそ、第六天の魔王であり、それは、他化自在天王といわれるように、他を支配し、隷属化させようとする欲望をその本質とする。

この観点に立つ時、人間の恐怖心を前提にして、大量殺戮をもたらす核兵器の保有を正当化する核抑止論という考え方自体、第六天の魔王の働きを具現化したものといってよい。

彼の原水爆禁止宣言の特質は、深く人間の生命に潜んでいる「魔」を、打ち砕かんとするところにあった。

当時、原水爆禁止運動は、日本国内にあっても、大きな広がりをみせていたが、戸田城聖は、核兵器を「魔」の産物ととらえ、「絶対悪」として、その存在自体を否定する思想の確立こそが急務であると考えたのである。それなくしては、原水爆の奥に潜む魔性の爪をもぎ取ることはできないというのが、彼の結論であった。

それは、いかなるイデオロギーにも、国家、民族にも偏ることなく、普遍的な人間という次元から、核兵器、及びその使用を断罪するものであった。そこに、この原水爆禁止宣言の卓抜さがあり、それが、年とともに不滅の輝きを増すゆえんでもある。

戸田が、原水爆禁止宣言のなかで、原水爆を使用した者は「ことごとく死刑に」と叫んだのは、決して、彼が死刑制度を肯定していたからではない。

彼は、しばしば、「本来、生命の因果律を根本とする仏法には、人が人を裁くという考え方はない」とも語っていた。

では、その戸田が、なぜ、あえて「死刑」という言葉を用いたのだろうか。戸田は、原水爆の使用者に対する死刑の執行を、法制化することを訴えようとしたのではない。彼の眼目は、一言すれば、原水爆を使用し、人類の生存の権利を奪うことは、「絶対悪」であると断ずる思想の確立にあった。

そして、その「思想」を、各国の指導者をはじめ、民衆一人一人の心の奥深く浸透させ、内的な規範を打ち立てることによって、原水爆の使用を防ごうとしたのである。

原水爆の使用という「絶対悪」を犯した罪に相当する罰があるとするなら、それは、極刑である「死刑」以外にはあるまい。もし、戸田が、原水爆を使用した者は「魔もの」「サタン」「怪物」であると断じただけにとどまったならば、この宣言は極めて抽象的なものとなり、原水爆の使用を「絶対悪」とする彼の思想は、十分に表現されなかったにちがいない。

彼は、「死刑」をあえて明言することによって、原水爆の使用を正当化しようとする人間の心を、打ち砕こうとしたのである。いわば、生命の魔性への「死刑宣告」ともいえよう。

当時は、東西冷戦の時代であり、原水爆についても、東西いずれかのイデオロギーに立っての主張が大半を占めていた。戸田のこの宣言は、それを根底から覆し、人間という最も根本的な次元から、原水爆をとらえ、悪として裁断するものであった。

宣言を述べる戸田の声は、一段と迫力を増していった。

「たとえ、ある国が原子爆弾を用いて世界を征服しようとも、その民族、それを使用したものは悪魔であり、魔ものであるという思想を全世界に弘めることこそ、全日本青年男女の使命であると信ずるものであります。

願わくは、今日の体育大会における意気をもって、この私の第一回の声明を全世界に広めてもらいたいことを切望して、今日の訓示に代える次第であります」

宣言は終わった。大拍手が沸き起こった。感動の渦が場内に広がっていった。

戸田城聖が、この原水爆禁止宣言をもって、第一の遺訓とした意味は深い。日蓮大聖人の仏法が、人間のための宗教である限り、「立正」という宗教的使命の遂行は、「安国」という平和社会の建設、すなわち人間としての社会的使命の成就によって完結するからである。

戸田は、原水爆の背後に隠された爪こそ、人間に宿る魔性の生命であることを熟知していた。そして、その魔性の力に打ち勝つものは、仏性の力でしかないことを痛感していたのである。

原水爆をつくりだしたのも人間なら、その廃絶を可能にするのも、また人間である。人間に仏性がある限り、核廃絶の道も必ず開かれることを、戸田は確信していた。

その人間の仏性を信じ、仏性に語りかけ、原水爆が「絶対悪」であることを知らしめる生命の触発作業を、彼は遺訓として託したのである。

以来、この宣言は、創価学会の平和運動の原点となっていった。

山本伸一は、戸田城聖の原水爆禁止宣言を、打ち震える思いで聞いていた。彼は、この師の遺訓を、必ず果たさなければならないと、自らに言い聞かせた。そして、戸田の思想を、いかにして全世界に浸透させていくかを、彼は、この時から、真剣に模索し始めたのである。

31-23 生命それ自体の変革を

第二次世界大戦において原爆の被害を受けた広島の地で、池田先生は恒久平和を築くための根本の道を示しました。社会の混乱は人間生命の濁りから起こるという仏法の法理に基づいて、生命それ自体の浄化と変革を目指すのが創価学会の実践であると語っています。

池田先生の指針

「広島県記念勤行会」（一九八九年十月十五日、広島）

戸田先生は、核兵器が従来の兵器とはまったく異なり、人類の存在自体をおびやかすものであることを見抜かれていた。

今や、核兵器の廃絶は、世界の平和運動の最大の目標の一つとなっている。それは現在では当然のことかもしれない。それだけに世界が核兵器拡大競争に入るや、その本質を鋭くとらえて「禁止宣言」をされたことが、どれほど先駆性、卓越性をそなえたものであったことか。

誰人にも生きる権利があり、幸福をつかむ権利がある。その「生存の権利」は絶対に侵されてはならない。人間の「魂の自由」も、何者にも奪われてはならない。

民衆が弱く、権力の前に卑屈である限り、ますます〝魔〟は増長し、民衆を利用しようとする。ゆえに、こうした権力悪、〝魔〟の働きに対しては、民衆自身が強い怒りをもって立ち上がり、戦っていく以外に、真の「平和」も「幸福」もない。恩師の叫びは、この見えざる魔性への挑戦と叱咤の声であった。

私どもの信仰は、まさに民衆自身が、いかなる権力の悪にも屈することなく、堂々とわが信念を貫き、幸の大道を歩んでいくためのものである。「人間の尊厳」を守り、崩れざる「平和」と民衆の「魂の自由」を勝ちとるための信仰なのである。

私どもは、卓越した「人格」と「見識」と「信念」に裏づけられた恩師の遺訓を胸に、平和と民衆の大河を、世界へ世紀へと大きく広げていきたい。

では、「戦争」をはじめとするさまざまな人類の脅威は、何から引き起こされるのか。その因はどこにあるのか。

御書には次のように仰せである。

「瞋恚増劇にして刀兵起り貪欲増劇にして飢餓起り愚癡増劇にして疾疫起り三災起るが故に煩悩倍隆んに諸見転た熾んなり」（七一八㌻）

――瞋りが激しくなれば、その国土に戦争が起き、貪りが盛んになると飢饉が起き、愚かが多い時は、伝染病が起きる。このように三災が起こってくると、人々の煩悩はますます盛んになり、諸々の邪悪な思想や宗教がはびこることになるのである――と。

ここでは、戦争・飢饉・疫病という社会の混乱は、根本的には人間生命の濁り――貪・瞋・癡の三毒から起こることを指摘されている。

この意味から言えば、日本も世界も、将来どのような災いに遭わないともかぎらない。

私は第三代会長に就任してから、「地震の起きないこと」「お米の収穫が良いこと」の二つを、真剣に祈り続けた。尊い仏子である学会員を守るための懸命な祈りであった。今もその思いは変わらない。

政治や経済のみの次元では、永続的な平和を築くことはできない。生命の病ともいうべき三毒の濁りを取り除いていく。つまり生命それ自体を浄化し、変革していくことこそ、確かなる恒久平和への道なのである――。これが仏法の法理であり、私どもの実践である。

ここに、人類・社会の病を根本的に治癒しゆく確実な〝処方箋〟があると確信してやまない。

31-24 争いは瞋りの心から起こる

池田先生は、ハワイの東西センターで行った記念講演の中で、争いや戦争の根本要因を洞察するとともに、その解決への方途が仏法に示されていることを論じました。

池田先生の指針

東西センターでの記念講演
「平和と人間のための安全保障」
（一九九五年一月二十六日、アメリカ）

仏法は、一貫して、人間生命の慈悲に基づく「智慧」に焦点を当ててきました。私どもの信奉する仏法に、こういう一節があります。

「仏教を習ふといへども心性を観ぜざれば全く生死を離るる事なきなり、若し心外に道を求めて万行万善を修せんは譬えば貧窮の人日夜に隣の財を計へたれども半銭の得分もなきが如し」（御書三八三㌻）

——仏教を習ったとしても、自分自身の心の本性（仏性）を内観しなければ、全く、生死の苦しみから離れることはできない。もし、心の外に道を求めて、万行万善を修めたとしても、それは、例えば貧窮している人が、日夜にわたって、隣の人の財産を数えたとしても半銭の得もないようなものである——と。

仏教をはじめとして、総じて東洋的思考の特徴は、一切の知的営為が、「自己とは何か?」「人間いかに生くべきか？」といった実存的、主体的な問いかけと緊密に結びついて展開されている点にあります。

この一文も、その象徴的事例といえましょう。

最近、水などの資源をめぐる地域紛争が憂慮されておりますが、それに関連して、私が思い起こすのは、故郷での水争いに対して示した釈尊の智慧であります。

――釈尊が、布教のため、故郷の一帯を遍歴していた折のことである。旱魃のため、二つの部族の間を流れる川の水量が乏しくなり、争いが起こった。

彼らは、互いに一歩も譲らず、武器を手に、流血も辞さないという事態となった。まさに、そのとき、釈尊は、自ら分け入って、こう呼びかけたのであります。

「殺そうと争闘する人々を見よ。武器を執って打とうとしたことから恐怖が生じたのである」
（『ブッダのことば』中村元訳、岩波文庫）

武器をもつからこそ、恐怖が生ずる――この明快なる一言には、皆の目を覚まさせる響きがあった。

人々は武器を捨て、敵、味方ともに一緒になって、その場に腰をおろした。

やがて釈尊は、目先の〝いさかい〟よりも、更に根源的な恐怖である「生死」について語り始めた。

誰人も避け得ぬ「死」という最大の脅威を、いかに打開し、安穏の人生を生きゆくか――人々の心に染み入るように、釈尊は訴えていったというのであります。

確かに、現代の複雑な葛藤と比較すれば、素朴にすぎるエピソードであるかもしれません。

旧ユーゴスラビアをめぐる紛争にしても、そのルーツをたどると、二千年近くもさかのぼってしまう。その間、東西キリスト教会の分裂あり、オスマン・トルコによる征服あり、今世紀には、ファシズムやコミュニズム（＝共産主義）による蹂躙ありで、民族や宗教がらみの敵意は、想像を絶する根の深さ、すさまじさであります。

少し、その経緯をたどっただけでも、それぞれの勢力が、歴史的な見地から差異を強調しあい、自己の正当性を言い立てていては、とても収拾がつきません。

しかし、だからこそ、釈尊の勇気ある対話が垂範するごとく、人間を分断するのではなくして、人間としての共通の地平を見いだそうとする智慧、すなわち、思い切った精神の跳躍が要請されているのではないかと思うのであります。そして、仏教は、そのための無限の宝庫たりうるでありましょう。

仏典には、平和への英知の言句は、枚挙に暇がありません。

例えば、日蓮大聖人の一文には、平和や安全の危機と、人間生命の内的な要因との連関について、こう洞察されております。

「三毒がうじやうなる一国いかでか安穏なるべき（中略）飢渇は大貪よりをこり・やくびやうは・ぐちよりをこり・合戦は瞋恚よりをこる」（御書一〇六四ページ）

――貪り、瞋り、癡かさという三種の生命の毒が強盛な国が、どうして安穏でいられようか。……飢饉は、激しい貪りの心から起こり、疫病は癡かさから起こり、戦争は瞋りの心から起こる――と。

こうした欲望や憎悪にとらわれた、個人的自我としての「小我」を打ち破り、民族の心の深層をも超えて、宇宙的・普遍的自我である「大我」へと生命を開き、充溢させていく――その源泉こそ、仏法が明かした智慧なのであります。

この智慧は、どこか遠くにあるのではない。「足下を掘れ！　そこに泉あり」というごとく汝自身の胸奥に開かれゆく「小宇宙」そのものに厳然と備わっているのであります。そして、その智慧は、人間のため、社会のため、未来のため、勇猛なる慈悲の行動に徹しゆくなかに、限りなく湧きいずるものであります。

この「菩薩道」を通して薫発される智慧をもって、エゴイズムの鉄鎖を断ち切っていく――。

そのとき、もろもろの知識もまた、地球人類の栄光の方向へ、生き生きと、バランスよく回転を始めるのではないかと私は考えるのであります。

31-25 原爆を抑える力

戸田先生の原水爆禁止宣言を受けて、池田先生は核兵器の廃絶を訴える展示会を世界に展開してきました。コスタリカを初訪問した先生が、〝核の脅威展〟の開幕式に出席したときのこと。先生が挨拶に立つと、会場と低い壁を隔てたすぐ隣の「子ども博物館」から、子どもたちの元気に遊ぶ声がひときわ響いてきました。その声に笑みを浮かべながら、先生は当意即妙にスピーチしました。

池田先生の指針

「『核兵器――人類への脅威』展開幕式」
（一九九六年六月二十八日、コスタリカ）

「未来からの使者」である少年・少女の皆さん。二十一世紀を担いゆく「未来からの使者」である皆さんが出席してくださったことが、どれほどすばらしいことか。

また、このセンター（＝コスタリカ科学文化センター）の「子ども博物館」で遊ぶ子どもたちの元気な声が、この式典会場にまで聞こえてまいります。にぎやかな、活気に満ちた、この声こそ、姿こそ、「平和」そのものです。ここにこそ原爆を抑える力があります。希望があります。

子どもたちは、伸びゆく「生命」の象徴です。

核は「死」と「破壊」の象徴です。

このセンターで、子どもたちとともに〝核の脅威展〟（「核兵器――人類への脅威」展）を開催したことが、どれほど意義深いことか、と私は思うのであります。

〝あらゆる暴力の否定〟が創価学会の永遠の信念であります。

牧口初代会長と戸田第二代会長は、第二次世界大戦中、日本の軍国主義に絶対反対を訴え、ともに投獄されました。牧口は、七十三歳で獄死しております。

そのあとを継いだ第二代の戸田は、核兵器の拡大競争が激化するなかで、一九五七年、逝去の前年に、「原水爆禁止宣言」を発表いたしました。恐るべき〝大量死〟の時代を招いた「核兵器の脅威」に対して、恩師は、真っ向から挑み、世界の民衆の「生存の権利」を、師子のごとく叫んだのであります。

「生命の尊厳」の思想を時代精神にまで高め、広げていく――これが、恩師が私たち青年に託した「第一の遺訓」でありました。

ゆえに、私も、微力ながら「平和」への対話と友情を世界に結んでまいりました。

焦点は、〝核の力〟よりも偉大な〝生命の力〟を、いかに開発させていくかであります。そして、〝核の拡大〟よりも強力な〝民衆の連帯〟を、どう拡大していくかであります。

「人間教育」、そして「民衆教育」の重大な課題が、ここにあるのではないでしょうか。

私自身、皆様方とともに、「暴力のない世界」を創るために、終生、〝限りなき精神闘争〟を貫く決心であります。

31-26 対話こそ平和の王道

二〇〇一年九月のアメリカ同時多発テロ事件は、世界に大きな衝撃を与えました。打ち続くテロの不安や軍拡競争への脅威が深まるなかにあって、池田先生は一貫して、「対話」の二字を手放してはならないと訴え続けてきました。

池田先生の指針

第30回「SGIの日」記念提言

（二〇〇五年一月二十六日）

二〇〇一年九月のアメリカでの「同時多発テロ事件」以来、世界ではグローバルな緊張状態が強まっています。

いつ起こるともしれないテロに対抗する形で、多くの国で安全保障政策が優先化される中、こうした緊張状態から生じる言いようのない不安が市民生活の間で広がりつつある現実は、異常な事態といえましょう。

冷戦時代もこれに似た状況はありましたが、現在の脅威には、それ以上の底知れなさが感じられます。相手の姿がはっきりとつかめないばかりか、何をもって終結となるのかが一向に見えないために、軍事行動や治安措置をいくら講じても安心感を得られず、たえず不安にさらされる重苦しさがあるからです。

近年、多くの国々で「セキュリティー（安全保障）」の優先度が高まるあまり、軍縮どころか軍拡への傾向が強まったり、治安優先のために人権が制限される事例が増えるとともに、貧困や環境破壊といった他の地球的問題群への国際的な対応が遅れがちになり、人々の生活や尊厳を脅かす脅威が深刻化していることは、テロの時代が招いたもう一つの大きな悲劇といえます。

　では、こうした二十一世紀の人類が直面する危機をどう乗り越えていけばよいのか――。

　もとより、〝魔法の杖〟を一振りすれば済むような打開策はなく、前途は険しいと言わざるを得ません。問答無用の暴力にどう立ち向かえばよいのかというアポリア（難問）が、立ちはだかっているからです。

　とはいえ、いたずらに悲観に陥る必要はないでしょう。人間が引き起こした問題である以上、人間の手で解決できないものはなく、どんなに時間がかかろうとも、もつれた紐を解くための努力を投げ出さない限り、打開の道は必ず見えてくるはずだからです。

　その最大のカギとなるのが、言い古されているようで、なお未解決の難題であり続けている「対話」の二字であります。

「対話こそ平和の王道」とは、人類史がその歩みを止めようとするのでない限り永遠に背負い続けていかねばならない宿題ではないでしょうか。

　どんなに反論や冷笑を浴びようとも、この叫びを最後まで叫び抜く気力を失ってはならない。

　思えば、ＳＧＩが発足した一九七五年は、第四次中東戦争やベトナム戦争の余燼が冷めやらぬ中、西側諸国がサミットを初開催して結束を固める一方で、東側陣営内での中ソ対立が激化するなど、世界の分裂が深まっていた時代でした。

その中で私は、ＳＧＩ発足に先駆ける形で、七四年に中国とソ連を相次いで初訪問し、一触即発の緊張下にあった両国の首脳と誠心誠意、対話を重ねました。

当時の日本では、ソ連の人々に対する敵対意識が激しく、「なぜ宗教者が宗教否定の国へ行くのか」といった批判も数多く受けました。しかし、世界の約三割を占めていた社会主義諸国の存在を無視したままで世界平和の展望を描くことはできず、その状態を一日も早く打開しなければならないというのが、仏法者としての私の偽らざる思いだったのです。

初訪中の際、ソ連の空襲に備えて地下に防空壕をつくる北京の人々の姿を目にした私は、三カ月後（一九七四年九月）にお会いしたコスイギン首相に「中国はソ連の出方を気にしています。ソ連は中国を攻めるつもりがあるのですか」と、単刀直入に聞きました。

「ソ連は中国を攻撃するつもりも、孤立化させるつもりもありません」との首相の言葉を得た私は、再び中国へ向かい、そのメッセージを伝えるとともに、周恩来総理とお会いし、日中両国が友好を深め、ともに世界のために行動する重要性について語り合いました。

そして一九七五年一月にはアメリカを訪れ、国連本部で創価学会青年部による核廃絶一千万署名を手渡し、キッシンジャー国務長官とも意見交換を行いました。

こうした「対話」の渦を広げる真っただ中で、三十年前（一九七五年）のきょう一月二十六日に、第二次世界大戦の激戦地の一つであったグアムに五十一カ国・地域の代表が集い、ＳＧＩは〝民衆による一大平和勢力〟の構築を目指して、出発を果たしたのです。

以来、今日にいたるまで、私どもは「対話こそ平和の王道」との信念のままに進んできました。私も、分断化に向かう世界を友情と信頼で結ぶ「人間外交」と、文化・教育分野における幅広い「民衆交流」の推進に、全力を傾けてきました。

国家やイデオロギーを超えて、世界の指導者と対話を重ね、キリスト教やイスラム教、ユダヤ教やヒンドゥー教や儒教をはじめとする、あらゆる思想的・文化的・宗教的背景を持った識者の方々と語り合う中で、二十一世紀の人類に要請される対話の依って立つ基盤は、やはり、「結合は善、分断は悪」を信念とする「人間主義」をベースにしていく以外にない。これが、私の変わらぬ結論なのであります。

31-27 対話の選択が人間性の勝利

池田先生は世界の数多くの識者と交流を結んできました。真摯な対話を通して、世界平和と広宣流布を切り開いてきた真情を綴っています。

池田先生の指針

「随筆 新・人間革命」

（「『対話』は人間の大道」、『池田大作全集134』）

二十世紀を代表する大歴史学者トインビー博士と私の対話は、五月に始まり、そして五月に終わった。

それは、第一回が一九七二年の五月五日。回を重ね、最後が翌年の五月十九日――延べ四十時間に及んだのである。

あの日あの時、八十四歳の博士は柔和な目に鋭い光をたたえて、四十五歳の私に言われた。

「人類の道を開くのは、対話しかありません。あなたはまだ若い。これからも世界の知性との対話を続けてほしい」

以来、三十年。私は、この信託に応えるべく、千五百回を超える対話を重ねてきた。

なかでも、キッシンジャー博士、ウィルソン博士、ペッチェイ博士、ユイグ先生、ログノフ博士、デルボラフ博士、ウィックラマシンゲ博士、常書鴻画伯、ヘンダーソン博士らと、哲学、平和、文化、教育などを縦横に語り合い、対談集を刊行したことは、人生最大の思い出である。

「対話」――それは、私の人生そのものといってよい。

違いがあるからこそ、対話によって、新たな価値が生まれ、新たな発見も得られる。

対話という鏡に照らされて、人は他者を知り、自分を知る。対話が、自己の殻を破り、境涯を拡大するのだ。

もちろん、この濁り切った複雑な人間世界、「話せばわかる」というほど単純なものではない。しかし、「話さなければわからない」ことは明確にいえる。

会って話すこともせず、憶測や先入観で決めつける傲慢さが、無用な誤解や敵意を増幅し、どれほど人類を苦しめてきたことか。

　個人の人間関係も、近隣の交際も、さらにまた、国際的な関係も、会って、対話し、互いを知ることが一切の基本である。人と会う勇気、語る勇気をもつことだ！

「対話の選択」そのものが平和の勝利であり、人間性の勝利であるからだ。

　ゆえに私は、国家、民族、宗教、イデオロギー、世代、性別、立場等の差異を超え、一個の人間として、あらゆる人びとと会ってきた。

　キリスト教、イスラム教、ヒンドゥー教、ユダヤ教などを信仰する方々とも、平和への宗教間対話を広げてきた。

　国家指導者をはじめ、政治家もいれば、教育者、文学者、科学者、経済学者、平和運動家、ジャーナリスト、作家、詩人、芸術家、宇宙飛行士など、立場も多岐にわたる。獄中闘争の闘士もいた。

　お会いする時、私がいつも心がけるのは、その人が何に人生を懸けてこられたのか、いわば〝人生の本懐〟を尋ね、そこから学ぶことである。

　一流の人物の珠玉の経験と知恵を聞くことは、万巻の書を繙く以上の得難い一時だ。

　対話は、何幕もの劇のようでもある。火花の散る瞬間があり、共鳴の音楽が高鳴る至福の時がある。生き生きとした対話には、充実があり、活力が漲る。だから私は、いかなる対話であれ、真剣勝負で臨む。

「言葉が種となる」とは、お隣・韓国のことわざだ。対話を通して蒔かれた種は、時とともに花を咲かせる。眼前の一人は、一人ではない。その人の背後に家族があり、友人がいる。後継の若人がいる。

心通う麗しき対話は、つねに新たな対話への出発となり、大いなる〝友情の環〟を広げる第一歩となるのだ。

対話のなかに、対立から協調への軌道があり、平和の懸け橋が築かれる。

私は生涯、「日々、これ対話」の人生を歩み抜きたい。

この大道に、わが青年たちが限りなく続きゆくことを信じて！

31-28 宗教間対話の叡智

小説『新・人間革命』には、山本伸一会長が、宗教間対話をはじめ、対話の重要性を語る場面が散りばめられています。

池田先生の指針

『新・人間革命』

〈「近年、先生が会談されている要人の方は、さまざまな分野に及び、さらに、全世界に広がっております。また、イデオロギー的に見れば、社会主義の人も自由主義の人もおりますし、宗教も全く異なっています。

しかも、そういう方々が、先生とお会いになったあとは、先生を尊敬され、深い信頼を寄せられています。主義主張も、価値観も違う人びとと、共感し合い、友情で結ばれていくには、どういう心構えが必要でしょうか」との青年の声に答えて〉

「いろいろ違いがあるというのは、当然のことじゃないか。違いというのは個性でもある。違いがあるからこそ、この世界は多様性に富んだ、百花繚乱の花園なんだよ。

だから、差異は本来、認めることはもとより、尊敬し、学び合うべきものだ。まず、その視点をもつことだ。したがって、いかなる宗教の人であろうが、人間として尊重することが大前提だよ」

「人には、さまざまな違いがある。多様である。しかし、その差異を超えた共通項がある。

それは、皆がこの地球に住む、同じ人間であるということだ。そして、生老病死を見つめながら、誰もが幸福であることを願い、平和を望んで、懸命に生きているということだよ。

その共通項に立てば、共有すべき〝思想〟に行き着くはずだ。

それは、生命は尊厳なるものであり、誰にも生存の権利があるということだ。幸福になる権利があるということだ。だから、絶対に戦争を許してはならない。

その生命の尊厳を裏付けているのが、一切衆生が、本来、仏であるという日蓮仏法の哲理だ。

ゆえに戸田先生は、仏法者の立場から、地球民族主義を提唱され、原水爆禁止宣言を発表されたんだよ」

伸一の対話の目的は、この人間としての共通項を確認し合い、平和への共感の調べを奏でることにあった。国家、民族、宗教の違いを超えて、生命の尊厳を守る人間のスクラムを築き上げることにあった。

　彼は人間の良心を信じていた。胸襟を開き、誠意をもって語り合えば、必ず理解し合い、共感、信頼し合えるというのが彼の確信であった。

　伸一は言葉をついだ。

「人間には、国家の利害や立場をはじめ、さまざまなしがらみがある。それを超えて、人間としての普遍的な価値のために立ち上がってもらえるのか。また、不信を信頼に変えさせうるのか――という生命の啓発作業が対話ともいえる。

　だから、対話には、忍耐、粘り強さ、英知、確信が求められる。

　また、対話を通して、人格や思想、信念に触れ、新しい知識や智慧、発想などを吸収することもできる。対話は人間を高める直道なんだよ」

（第21巻「人間外交」の章）


〈初めてのヨーロッパ訪問の折、同行の青年が、「ヨーロッパは、基本的にはキリスト教ですし、中東に行けば、ほとんどがイスラム教です。そして、世界の歴史をひもとけば、宗教戦争という悲惨な歴史があります。世界に日蓮大聖人の仏法を弘め、折伏していこうとすれば、必ず摩擦が生じるのではないでしょうか」と質問したのに答えて〉

「海外に出ると、皆、必ず、そのことを考えるようだ。インドへ行った時も、同行したメンバーから、同じような質問を受けたよ。

　まず、宗教戦争については、本来、人間のための宗教であるのに、その関係が逆転し、宗教のための人間になってしまったことに最大の原因がある。宗教が違うからといって、異教徒を弾圧したり、虐殺したりすることは、それ自体が本末転倒だ。

宗教は、どこまでも、人間のためのものであり、最優先されるべきは人間の尊厳です。宗教の違いによって、人間を差別するようなことがあっては絶対にならない。

また、いかなる宗派の人であれ、人間として最大限に尊重していくことが、本来の仏法の精神であり、創価学会の永遠不変の大原則です。なぜなら、平和を、そして、一人一人の幸福を実現していくための仏法であり、それが人間の道であるからだ。

私の友人に、キリスト教に入った人がいた。戦後間もなく、森ケ崎に住んでいたころ、一緒に読書会を開き、文学や哲学を学び合った親しい仲間だった。彼は、ある大きな悩みを抱え、キリスト教の門を叩いた。私が、学会に入会する直前のことです。

その後、彼も、私も移転してしまい、消息は途絶えてしまったが、今も私は、この友人の幸せを祈っている。心の友情は、決して色あせてはいません……」

「……もし、彼と会うことができたら、また、人生を語り合いたい。そして、仏法を教えたいと思う。布教といっても友情から始まる。相手を尊重してこそ、本当の対話ができる」

〈「先生のお話を聞いていると、布教は、人間としての友情の発露であるということが、よくわかります。しかし、世間では、日蓮というと、折伏を行うということで、非寛容な宗教であるととらえている人がほと

んどです」との声に答えて〉

「確かにそういう見方はある。しかし、民衆の苦しみをわが苦とされ、自らが命を捨てることも辞さない大聖人の御振る舞いは、大慈悲に貫かれている。

仮に、大聖人を非寛容というなら、それは、権力者や、権力に取り入って民衆を蔑む、宗教指導者に対してだ。民衆に対しては、このうえなく寛容です。

また、大聖人は、諸経のそれぞれの意義というものは十分に認められていた。だから、御書にも、あらゆる経典を引用されている。ただ、部分観や仮の教えをもって、それが最高であり、仏法の根本であると主張する諸宗の在り方を、厳しく戒められたのだ。大聖人が、折伏を展開された背景には、当時の時代状況があったことを、忘れてはならない」

〈日蓮大聖人の御在世当時の状況を考えますと、大聖人が破邪顕正の大折伏を展開された意味がよくわかります。そうしますと、時代や状況に応じては、折伏の必要はなくなってしまうということなのでしょうか」との声に答えて〉

「そうではない。人びとの幸福のために正法を説いていく折伏の大精神は、決して変わることはない。

今、日本では、弘教の大波を起こし、皆、必死で戦っているが、誤った教えを正すことは当然です。特に戦後になって、さまざまな宗教が台頭し、何もわからずに、それを信じ、結果的に不幸に泣いている人はあまりにも多い。それだけに、宗教の教義には厳然と相違があることを教え、人びとが宗教批判の眼を培っていくことは、現在の大事な課題だ。

しかし、そのうえで、方法においては、国や時代によって異なってくる。

たとえば、大聖人は、当時の日本のように、仏法が広まりながら正法が破壊されている邪智・謗法の国においては、折伏を前面に立てていきなさいと言われているが、仏法を知らない国では、摂受を表にしていくように述べられている。

摂受というのは、宗教上の考え方の違いがあったとしても、その考えを容認しながら、次第に正法に誘引していくことです」

〈「ヨーロッパなどでは、キリスト教などの他の宗教に、学会としては、どう対応していけばよいのでしょうか」との声に答えて〉

「大事なことは、まず対話をすることでしょう。他の宗教は謗法であるからといって、対話もしないのは臆病だからです。

宗教的な信条や信念は異なっていたとしても、まことの宗教者ならば、世界の平和を願い、人類の幸福の実現を、真摯に考えているものです。私は、その心が、既に仏法に通ずると思っている。

その善なる心を引き出し、人間としての共通項に立って、平和のため、幸福のために、それぞれの立場で貢献していくことです」

「人類の歴史は、確かに一面では、宗教と宗教の戦争の歴史でもあった。だからこそ、平和の世紀を築き上げるには、宗教者同士の対話が必要になる。特に将来は、それが切実な問題になってくるでしょう。

仏教とキリスト教、仏教とユダヤ教、仏教とイスラム教なども、対話を開始していかなければならない。それぞれ立場は違っていても、人間の幸福と平和という理想は一緒であるはずだ。要するに、原点は人間であり、そこに人類が融合していく鍵がある。そして、宗教同士が戦争をするのではなく、〝善の競争〟をしていくことだと思う」

「〝善の競争〟というのは、平和のために何をしたか、人類のために何ができたかを、競い合っていくことです。また、牧口先生が言われた、自他ともの幸福を増進する〝人道的競争〟ということでもある。

たとえば、世界平和に貢献する優れた人格の人を、どれだけ輩出したか、あるいは、民衆に希望や勇気を与えたかなど、さまざまなことが考えられる」

「時をつくり、時を待ち、私たちは、平和のため、人類のためにこうしてきましたという実証を、着実に積み上げていくことです。

ともかく、いつか、その流れをつくり、宗教の違いによる人間同士の争いや反目は、根絶していかなければならない。私は、それが最終的には、人類史における、学会の大事な使命になると思っている」

（第5巻「歓喜」の章）

〈〝神の唯一絶対性を強く打ち出しているイスラム教との対話は、難しいのではないでしょうか〟という青年の問いに答えて〉

「なぜ、そう決めつけてしまうんだい。実際にやってみなければ、わからないじゃないか。自分の先入観にとらわれてはいけないよ。

それに、イスラム教との対話といっても、宗教上の教義をめぐって、語り合わなければならないということではない。同じ人間として、まず語り合える問題から、語り合っていけばよいではないか。

文化や教育のことについてでもよい。あるいは、人道的な立場から、平和への取り組みについて語り合ってもよい。文化の向上や平和を願う人間の心は、皆、一緒だよ。

また、そうした問題を忌憚なく話し合っていくならば、自然に宗教そのものについても、語り合っていけるようになるにちがいない。

いずれにしても、対話の目的は、どうすれば、みんなが幸福になり、平和な世界を築いていけるかということだ。それにイスラムは、偶像は認めないが、文字は大事にしている。これは、大聖人の仏法に近い側面といえるのではないだろうか。

また、唯一神アッラーについては、イスラム神学上の難しい議論もあるとは思うが、全知全能にして天地万物の創造者という考え方は、宇宙の根源の法則である妙法を志向しているようにも思える。それは、ユダヤ教も、あるいは、キリスト教も同じかもしれない。そうだということになれば話は早い。

私は、対話を重ねていくならば、イスラム教の人びとも、仏法との多くの共通項を見いだし、仏法への理解と共感を示すにちがいないと確信している」

「よく戸田先生は、こう言われていた。

――大聖人をはじめ、釈尊、イエス・キリスト、マホメットといった、各宗教の創始者が一堂に会して、『会議』を開けば、話は早いのだ、と。

たとえば、企業でも、トップ同士だと、話は通じやすいし、決断も早い。自分が責任をもって、あらゆることを考えているからね。

同じように、世界宗教の創始者は、それぞれの時代の状況は異なっていても、迫害のなかで、民衆の幸福を願い、戦い抜いてきている。いずれも時代の改革者であり、聡明な〝勇気の人〟〝信念の人〟だ。

だから、お互いに会って、語り合えば、仏法の深さもわかったであろうし、これからの人類のために何が必要であり、何をなすべきかも、すぐに結論を出すことができたと思う。

残念ながら、この会談は実現することはできないから、現在の人びとが、民衆の救済に生きた創始者の心に立ち返って、対話を重ねていく以外にない」

（第6巻「宝土」の章）

31-29 人道的競争の世紀へ

牧口先生の著書『人生地理学』には、人類の平和と共生のための「人道的競争」という先見性に満ちた思想が論じられています。その深い意義について語っています。

池田先生の指針

「SGI総会」（一九九三年十月二十二日、東京）

〝一人一人の人類が、世界をわが家とし、世界を人生の舞台とする「世界市民」として、ともに生きる〟――いわばこれが『人生地理学』の主題

（テーマ）である。

タイトルのごとく、「人間」（人生）と「世界」（地理）を結ぶ、偉大なる探究の書であった。

『人生地理学』の中で牧口先生は、人類の発展の段階を四つに分けて論じておられる。

すなわち、まず①「軍事」の競争の時代から②「政治」の競争の時代へ、そして③「経済」の競争の時代へと移っていく、と。たしかに、そのとおりである。

牧口先生は、当時の世界を、この「経済」中心の時代であるとし、〝物事がすべて利害関係によって決まっている〟とみられた。

しかし先生は、「経済」が人類の最終段階であるはずがない、と考えておられた。

それでは「経済」の次にくる四番目は何か――。

先生は、きっぱりと宣言されている。〝それは「人道」の時代である〟と。

（「経済的争闘時代に代わって次に来たるべきものは人道的競争形式ならんとは吾人の想像に難からざる所なり」〈『牧口常三郎全集2』〉とある）

「軍事」や「政治」「経済」の競争ではなく、「人道」の力こそが世界をリードする時代が必ず来ることを、牧口先生は展望されていたのである。本当に偉大な先生であられた。

〝武力〟（軍事）や〝権力〟（政治）や〝財力〟（経済）ではなく、人間としての〝人格〟の力、〝人間〟の力をいかに強め、増していくか――ここに人類の希望の道がある。また、仏法の大道がある。

牧口先生の卓見のとおり、今や「人間主義」の光が、全世界を照らし始めている。人類が進むべき道は「人間主義」以外にない。

私どもは、仏法を基調とした「平和」「文化」「教育」の力で、「人道の世紀」を晴ればれと開いてまいりたい。

31-30 二十一世紀はアフリカの世紀

池田先生は常々、「二十一世紀はアフリカの世紀」と訴えてきました。この大いなる時代展望に示された人類革命の思想について述べています。

池田先生の指針

『私の世界交友録2』

一九六〇年十月。私はニューヨークの国連本部にいた。委員会や本会議を傍聴した。

この年は「アフリカの年」とも言われ、十七カ国が一挙に独立した。国連でも、アフリカの代表の生き生きした表情が、私の目に焼きついた。老いた大国の傲りや、ずるさは、そこになかった。

「さあ、これから国づくりだ！」。長い長い間の鎖を断ち切った喜びに、目が燃えていた。

私も第三代会長に就任し、人権の夜明けへの長征を始めたばかりであった。

私は万感の思いを、友に語った。

「二十一世紀は、アフリカの世紀になるよ。その若木の成長を世界は支援していくべきだ」

「アフリカの世紀」とは、一番苦しんだ人が、一番幸せになる世紀である。屈辱の泥をなめさせられた人々が、胸を張って太陽を仰ぐ世紀である。

人類史の主役は代わる。

世界から頭上に苦悩を押しつけられた人々こそが、次は、世界の未来を担う人々になる。人類の残酷さを極限まで味わった人々こそが、人類を変革する歴史的使命をもつ。

アフリカの世紀。それは生きとし生けるものが調和して生きられる「生命の世紀」でもある。奪われても、奪われても、命の陽気な鼓動を失わなかったアフリカのエネルギーに、強さに、英知に、「世界が学ぶ」時が来たのだ。

遅れた国を「助けてあげる」のではない。その心は、「未開人を導いている」と称した植民地主義者に通じてしまう。

同じ人類の一員として、「ともに生きる」のだ。同じ人類として、アフリカの人々は、困難な挑戦を続けている。ならば私たちも、苦しみを「ともに生きる」べきであろう。世界市民であるならば。

31-31 女性の力で「平和の文化」を

女性の力に象徴される、地道にして励ましに満ちた生命触発の拡大こそ、平和の文化を広げる原動力であると訴えています。

池田先生の指針

第25回「SGIの日」記念提言

（二〇〇〇年一月二十六日）

人類の長い歴史のなかで、戦争や暴力、圧政や人権抑圧、疫病や飢饉など、社会が混乱や不安に陥った時、最も苦しめられてきたのが女性たちでありました。

にもかかわらず、社会の歩みをたえず「善」なる方向へ、「希望」の方向へ、「平和」の方向へと、粘り強く向けてきたのも、女性たちであったといえましょう。

マハトマ・ガンジーが〝もし、「力」が精神の力を意味するのであれば、女性は計り知れないほど男性よりもすぐれている。もし、非暴力が、私たち人間の法則であれば、未来は女性のものである〟（ハリーバーウ・ウパッデャイ『バープー物語』池田運訳、講談社出版サービスセンター。参照）と強調していたように、希望の未来を開くカギは女性が担っているのです。

〝一人一人が日々、粘り強く平和の振る舞いを持続する過程のなかに「平和の文化」が存在する〟と訴える平和学者のエリース・ボールディング博士は、特にこの面での女性の役割を重視しています。

平和といっても遠きにあるものではない。他人を大切にする心を育み、自らの振る舞いを通して、地域の中で友情と信頼の絆を一つ一つ勝ち取っていくなかでこそ、世界は平和へと一歩一歩前進するのです。

毎日の振る舞い、そして地道な対話を通し、「生命の尊厳」「人間の尊厳」への思いを高め合うなかで、「平和の文化」の土壌は豊かになり、新しい地球文明は花開くのです。

女性に限らず、一人一人の人間が目覚め、立ち上がることこそ、社会が「戦争の文化」へと暴走するのを押し止めるブレーキとなり、平和の世紀を築く原動力となりましょう。

SGIでは、自他ともの幸福を目指す仏法の理念に基づき、「人間革命」という名の、〝民衆の民衆による民衆のためのエンパワーメント運動〟に取り組んできました。

ここでいう、エンパワーメントとは、人間誰しもに本来備わっている無限の可能性と力を最大に引き出すことに眼目があります。

そのために、人々と積極的に関わり合い、生命と生命との触発作業を繰り返すなかで、自他ともの平和と幸福が実現され、世界平和への礎は、より強固となると私たちは考えるのです。

世界各地でSGIのメンバーが、悩み苦しむ友を励まし、生きる勇気と希望を引き出す地道なエンパワーメントの実践に取り組む一方で、よき市民として平和・文化・教育の運動を通して「民衆の連帯」を築き上げてきたことに、私は大いなる喜びと、強い自負を感じます。

この「人間と人間の連帯」「心と心の連帯」の拡大こそが、「平和の文化」のほかならぬ実践であることを、あらためて確認しておきたい。

平和が人間一人一人の心の中に根づいてこそ、「平和の文化」を全地球的規模に広げることができ、永続化させることができると私は確信するのです。

31-32 持続可能な地球社会へ

池田先生は、二〇一二年六月五日の「世界環境デー」にあたり、ブラジル・リオデジャネイロで開催される「国連持続可能な開発会議（リオ＋20）」に寄せて提言を発表しました。その提言で、持続可能性という重要なテーマを掘り下げながら、一人一人が無力感を乗り越えて地球社会の変革に挑んでいくために大切なことは何かを論じています。

池田先生の指針

提言「持続可能な地球社会への大道」（二〇一二年六月五日）

今日叫ばれる「物質的拡大」から「持続可能性」へのパラダイム（思想の枠組み）転換は、経済や環境政策の見直しはもとより、社会や人間のあり方までも根底から問い直す文明論的課題としての性格を帯びています。

大切な人々の命が奪われ、尊厳が傷つけられ、住み慣れた地域の自然や生態系が損なわれる事態は、災害のみならず、環境破壊や紛争などによっても容赦なく引き起こされるものです。特に環境破壊は、温暖化がもたらす気候変動が象徴するように、長い目でみればリスクから無縁であり続けることができる場所は地球上のどこにもなく、将来の世代にまで危険の及ぶ恐れがあります。

〝かけがえのない尊厳〟の重みに思いをはせ、社会にとって最も大切なものは何か、皆で力を合わせて守るべきものは何かを見つめ直す――。そうした営為を通じてこそ、「持続可能性」への転換という文明論的課題も、一人一人が生活実感に根ざした等身大のテーマに置き換えて考えることができるようになるのではないでしょうか。

ゆえに「持続可能性」の追求も、可能な範囲で経済と環境のバランスをとることを模索するといった、政策的な調整にとどまるものであってはならないと強調したい。

あくまでその核心は、現在から未来の世代にいたるまでのあらゆる人々の尊厳と、地球の生態系のかけがえのなさ――つまり、「生命の尊厳」を何よりも大切にしていく社会を築くために、皆で共に行動する挑戦にあらねばならないと訴えたいのです。

「持続可能性」の追求というと、何かを制限されたり、抑制的な姿勢が求められるといったイメージで受け止められてしまうかもしれませんが、その段階にとどまっていては変革の波動は広がりません。

資源は有限であっても、人間の可能性は無限であり、人間が創造することのできる価値にも限りがない。その価値の発揮を良い意味で競い合い、世界へ未来へと共に還元していくダイナミックな概念として位置付けてこそ、「持続可能性」の真価は輝くのではないでしょうか。

「他の国々（人々）のために行動する中で、自国の姿（自分の人生）をより良いものに変えていく」、また、「より良い未来を目指す中で、現在の状況をさらに良いものに変えていく」――その往還作業の中で、「持続可能性」の追求は、互いの〝かけがえのない尊厳〟を大切にしながら、皆が平和で幸福に生きられる世界の構築へと着実につながっていくと、私は確信するのです。

ここで問われてくるのは、「同じ地球に生きる責任感」であり、「未来への責任感」にほかなりません。

しかし実際には、世界各地で起きている悲惨な出来事や、地球生態系への深刻な脅威をニュースなどで見聞きし、心を痛め、何とかしたいと思っても、次々と起こるそうした出来事を前に、むしろ無力感を募らせてしまう場合が少なくないという現実があります。

無力感に自分を埋没させないためには、自らの行動の一つ一つが「確かな手応え」をもって現実変革に向けての前進として感じられる「足場」を持つ以外にありません。

私は、その足場となるものこそ、「地域」ではないかと考えるものです。

「同じ地球に生きる責任感」や「未来への責任感」が大切といっても、日常の生活実感を離れて一足飛びに身につけられるものではありません。顔の見える関係や身近な場所で築くことのできないものが、世界や未来といった次元で築けるはずがないのです。

責任感を意味する英語の「レスポンシビリティ」は、字義的な成り立ちを踏まえると「応答する力」という意味になります。

今、自分が人生の錨を下ろしている地域での出来事に対し、「応答する力」を粘り強く鍛え上げていく先に、「同じ地球に生きる責任感」や「未来への責任感」を培う道も開けてくるのではないでしようか。

結び――未来への希望

池田先生の指導は、広宣流布の未来を、創価学会の前途を、永遠に赫々と照らしゆく、不滅の光源であり、希望の太陽です。

指導選集の結びにあたり、広宣流布と創価学会の未来を大きく展望した先生の指導を紹介します。

広宣流布の永遠の師匠である池田先生と共に、創価の人間主義の大行進は、万年にわたって威風堂々と世界を包みます。

① 「七つの鐘」――広宣流布の展望

二〇〇一年、新たな「七つの鐘」のスタートにあたり、五月三日を記念したメッセージで、その意義に触れつつ、世界市民の連帯をさらに広げ、揺るぎない世界平和の基盤をつくり上げていきたいと語りました。

池田先生の指針

「全国総県長会議」へのメッセージ

（二〇〇一年四月二十六日）

学会創立百周年の二〇三〇年へ、新しい前進を力強く開始した。同時に、新たな「七つの鐘」の出発となった。これから七年ごとに、また十年ごとに、希望と勝利の節を刻みながら、前進してまいりたい。

まず、「第一の鐘」を締めくくる、七年後の二〇〇八年の五月三日。次に創立八十周年の二〇一〇年の五月三日。また「第二の鐘」の結びとなる二〇一五年の五月三日。さらに創立九十周年の二〇二〇年の五月三日。そして創立百周年の二〇三〇年の五月三日を絢爛たる勝利で飾りたい。

この間に「第三の鐘」（二〇一五年から二二年）、「第四の鐘」（二〇二二年から二九年）も刻まれる。そして、二〇五〇年は創立百二十周年であり、「第二の七つの鐘」の総仕上げの年に当たる。

アメリカ創価大学の第一期生、また現在の学生部、未来部の諸君は、このころ、ちょうど今の私と同じ年代になる。青年を育てることは、未来を育てることだ。縦横に活躍する姿が、本当に楽しみである。

「報恩抄」には、「日蓮が慈悲曠大ならば南無妙法蓮華経は万年の外・未来までもながるべし」（御書三二九ページ）と仰せである。

万年の広宣流布の源流となりゆく、誇り高き使命の皆様なのである。

歴史を巨視的に見れば、大聖人が出現されたのは、韓国から日本に仏法が伝来してから七百年後であった。それは、中国の天台大師の時代から七百年後でもあった。

御書には、こう仰せである。

「仏法が日本に渡ってから、今、七百余年になる。前代未聞の大法が、この国に流布して、インド、中国、さらに全世界の一切の人々が仏に成ることは、まことにありがたいことである。ありがたいことである」（一二八三ページ、通解）

そして大聖人の法戦から七百年後に創立され、「全世界に広宣流布せよ」との仏の未来記を実現しているのが、わが創価学会である。学会がなければ、法華経も、また御書も、ことごとく虚妄となってしまったであろう。

この七百年という節目は、正法の命脈を守り抜く時である。それは、壮絶な信心の戦いによってのみ成し遂げられる。

涅槃経には、釈尊が亡くなって七百年の後に、魔が正法を破壊しようとするが、その魔は、聖人や仏のような姿で現れると説かれている。大聖人は、その文を引いておられる（御書六五一ページ）。

大聖人の滅後七百年、まさにこの方程式のとおりに現れた天魔の坊主らの正法破壊の陰謀に対し、学会は、断固として戦い、断固として勝った。

われらはさらに、異体同心の模範の団結で、いよいよ二十一世紀の新たな「七つの鐘」を、高らかに打ち鳴らしてまいりたい。

創価学会は、一九三〇年の創立以来、最初の「七つの鐘」を堂々と鳴らし終えた。そして、西暦二〇〇〇年は創立七十周年。

まさに七百年分の歴史を、七十年に凝縮した戦いであったといえよう。この七十年の間に、わが同志が唱えた題目も、結んだ仏縁の広がりも、積み上げた福運の大きさも、まさしく天文学的な巨大なスケールとなるにちがいない。

今、創価学会には、無数の人材が光り、無量のエネルギーがみなぎっている。

いよいよ西暦二〇五〇年を目指し、新しい「七つの鐘」が始まる。創価学会が、世界市民の連帯をさらに広げ、アジアと世界の揺るぎない平和の基盤をつくり上げていく時代である。

平和の鐘の音は、一人一人が使命を強く自覚してこそ響いていく。一心不乱に、真剣な精神闘争を貫いてこそ、正義の勝利の鐘は鳴り響く。

② 二十三世紀への決意

池田先生は、「生命尊厳」「恒久平和」の世界を築きゆく〝決意〟として、二十一世紀から二十二、二十三世紀への広宣流布運動の展望を語っています。

池田先生の指針

「関西代表者会議」（一九九七年五月十七日、大阪）

（私たちが）見つめているのは二十一世紀、二十二世紀、二十三世紀、末法万年である。

二十一世紀の前半は「第二の七つの鐘」を打ち鳴らしながら、東洋をはじめ世界の平和の基盤をつくってまいりたい。

「生命の世紀」――二十一世紀の後半は、「生命の尊厳」の哲学を時代精神にし、世界精神へと定着したい。

二十二世紀の前半には、世界の「恒久の平和」の崩れざる基盤をつくりたいと願っている。

その基盤のうえに、二十二世紀の後半には、絢爛たる人間文化の花が開いていくであろう。

――私は、今は二十二世紀のことを考えている。二十一世紀は、もう見通しているつもりである。

二十三世紀の半ば（二二五三年）、日蓮大聖人の立宗千年を迎える。このあたりから、次の展開が始まるであろう。

これらは、もちろん「予言」というようなものではなく、平和を願う「決意」ということで申し上げておきたい。

広宣流布は「末法万年」の長期戦であるゆえに、五十年、百年単位で展望しながら、「今」を勝っていくことが正しい軌道だからである。私は万年を見つめて、着々と手を打っている。

未来がどうなるか、それはだれもわからない。わかるのはただ「未来の果は現在の因にあり」ということである。

ゆえに今、目先にとらわれず、「偉大なる目的」を胸にいだいて立ち上がることである。

今、広宣流布へ「鉄の信念」で戦ってこそ、その人が二十一世紀をつくっている。二十二世紀、二十三世紀をつくっている。その時にも活躍できる原因を、わが生命に刻んでいるのである。

3 生命尊厳の哲学を時代精神に

アメリカでの同時多発テロ事件のちょうど一カ月後に行われた本部幹部会で、池田先生は、一九九七年五月の関西代表者会議などで示した未来展望に再び触れて、広宣流布と世界平和の未来を開くための確かな方途は「対話」しかないと強調しました。

池田先生の指針

「本部幹部会」（二〇〇一年十月十一日、東京）

人類の未来は、まだまだ危うい。混迷を打ち破る根本の道は、人間自身の変革しかない。この遠大なる展望に立ち、広宣流布という「永遠の平和の鐘」を、一つまた一つ、確実に、そして厳然と打ち鳴らしていきましょう！

世界の平和、そして、人類の共生は、二十一世紀に託された夢であり、希望である。その実現への最も確かな第一歩は、あらゆる差異を超えた「人間と人間の対話」である。

「屢談話を致さん」（御書一七ページ）――これは日蓮大聖人の「立正安国論」の大事な一節である。主人が客に対して、〝ともに語りあおうではないか〟と呼びかける。

大聖人は、どこまでも「一対一の対話」を大切にされた。「立正安国論」自体が、主人と客の対話で成り立っている。平和の原点の書である。

大聖人の仏法は、「立正安国論」に始まり、立正安国論に終わる」と言われる。その根幹をなすのが、対話なのである。

武力ではない。力による政治でもない。「一対一の対話」によって、人間と人間が、本当の信頼を結んでいくことである。

国家や民族の差異を超え、一切の差別なく世界の人々が集いあう。きょうも大勢、海外の代表が来ておられるが、ＳＧＩは、その〝理想の縮図〟である。それを拡大していけばよいのである。

私たちは、「平和への対話」を世界中に広げている。文明間に広げている。

私自身、トインビー博士をはじめ世界の五大陸の知性と千五百回を超える対話を重ねてきた。文明を結ぶ、世界の識者との「対談集」も、現在、進めているものを含めると約四十冊になる。

「対話」で、生命尊厳の哲学を「二十一世紀の時代精神」へと高めているのが、創価学会の平和運動なのである。

皆様の日々の語らいが、どれほど尊く、偉大であるか。最高の自負と誇りを持って、進んでいただきたい。

4 永遠に民衆の側に立つ

池田先生とトインビー博士は、はるかな未来を展望して語り合い、「中道」こそ、これからの人類が歩むべき道であるという点で深く一致しました。その「中道」の意義に触れて、未来永遠の創価学会の使命を論じています。

池田先生の指針

『勝利の経典「御書」に学ぶ14』

二十世紀を代表するイギリスの歴史家トインビー博士を、ロンドンのご自宅にお訪ねし、語り合ったのは、一九七二年と七三年のことでした。

博士は八十四歳、私は四十五歳。

「自己中心性を乗り越える道」「国家主義の軛から解放する道」――等々、私たちは人類の根本課題を見つめて真剣に語り合いました。

対話を終える際、「私個人に、何かアドバイスを」とお願いすると、博士は「学問の世界の人間が行動の人に忠言するなど、差し出がましいことですが」と前置きされ、語られた。

「私に言えることは――池田会長と私とは、人間がいかに生きるべきかについて意見が一致した。池田会長ご自身が主張された『中道』こそ、今後、歩むべき道である、ということです」と。

「中道」とは、仏法の生命尊厳の哲学に基づく「人間主義」です。どこまでも民衆のために、民衆とともに歩む「漸進主義」です。

トインビー博士は、続けて「私は、創価学会が、はるかな未来を展望していることを確認しました。これは、われわれすべてが、とらねばならない態度です」と言われました。

二十一世紀に入り、はや十余年。ますます博士の言葉は重みを増しています。時代はさらに混迷の度を深めているからこそ、「何が根本か」「何が一番大事であるか」を、つねに見失わない「中道」の生き方が強く求められています。

仏法の「人間主義」とは、永遠に民衆の側に立つことです。これこそ、日蓮仏法の正道です。民衆のために戦い、目の前の「一人」を心から大切にする。その根底に、人間の最高善の力に対する限りない信頼がある。この確信こそが、「希望のスクラム」を築く力となり、未来を開くのです。

5 創価の前進は断じて行き詰まらない

時代が最も深い闇に覆われた時こそ、正法が興隆しゆく新たな希望の時である――この日蓮仏法の偉大な変革の哲理を強調しています。日蓮仏法を師弟不二で行じゆく創価の前進に、断じて行き詰まりはありません。

池田先生の指針

『勝利の経典「御書」に学ぶ7』

社会の発展は、その社会を構成する人々が、いかなる思想・哲学を重視するかによって決まります。

かたくなに大聖人の正義を認めなかった社会。それは、民衆を苦しめる謗法を容認してきた社会です。民衆救済をなおざりにしてきた宗教、あるいは、見せかけの救済を行ってきた宗教を容認してきた社会が、正しく発展することは困難である。

しかし、大混乱の闇の時代にこそ、正法の智慧の光が真価を発揮する。最も深い闇夜こそ、人々が目覚める暁の前相であり、転機であると大聖人が捉えられていたと拝されます。

大聖人は教えられています。「大悪は大善の来るべき瑞相なり」（御書一四六七㌻）と。

〝決して悲観する必要はない。太陽のごとき仏の智慧を持つ日蓮が闇夜の時に応じて出現した。大悪は広宣流布という大善が到来する兆候にほかならない〟――この大聖人の大確信に包まれて、門下は深き勇気を漲らせたに違いありません。

さらに、「一閻浮提うちみだすならば閻浮提内広令流布はよも疑い候はじ」（同㌻）とも仰せです。

いうまでもなく、これは破壊的な「終末」観を説く思想ではありません。あくまでも、この現実社会の民衆の嘆きを救うのが仏法です。すべてが行き詰まった末法の時代だからこそ、あらゆる旧弊を打ち破って根本から見直し、根源から出発して変革しようと動き出せるのです。

大変革だからこそ当然抵抗はあります。しかし、そこにこそ新たな道が開けるのです。

苦悩に充満したこの娑婆世界を、必ず幸福の楽土に転換していくことができる現実変革の誓願の宗教が、日蓮大聖人の仏法です。

6 創価の師弟は誓願とともに永遠

池田先生は、広宣流布大誓堂が落慶した二〇一三年十一月、落慶記念勤行会および創立記念勤行会へのメッセージで、〝「広宣流布の大願」と「仏界の生命」は一体であり、その大願に立ち上がった仏意仏勅の教団が創価学会である〟〝創価の師弟は広宣流布の大誓願とともに永遠なり〟と呼び掛けました。ここに、創価学会を永遠ならしめる根本の要諦があります。

池田先生の指針

この大殿堂の南側と北側には、それぞれに八本の柱が立ち並んで、来館される方々をお迎えいたします。

日蓮大聖人は、「御義口伝」で、「此の品（＝普賢品第二十八）の時最上第一の相伝あり、釈尊八箇年の法華経を八字に留めて末代の衆生に譲り給うなり八字とは当起遠迎当如敬仏の文なり」（御書七八一ページ）と仰せです。

八本の柱は、「必ず仏の如くに法華経の行者を敬う可し」（同ページ）という「法華経の心」、すなわち学会員を仏の如くに大切にする「創価の心」を体した八文字の象徴なりと、私は後世のために申し上げておきます。

大聖人は、命にも及ぶ佐渡流罪の大難の中で、「大願を立てん」（御書二三二ページ）と宣言なされました。一切衆生を救う「柱」「眼目」「大船」になるとの誓いに立たれて、ただただ、広宣流布の実現を願われたのです。「大願」とは「法華弘通」つまり「広宣流布の大願」にほかなりません。

大聖人の立宗より七百年。闘諍言訟の末法が極まった現代にあって、この御本仏のお心のままに、「広宣流布」の大願を成就することを誓って立ち上がった仏意仏勅の教団が、創価学会であります。

「広宣流布の大願」と「仏界の生命」とは一体です。だからこそ——この誓いに生き抜く時、人は最も尊く、最も強く、最も大きくなれる。

この誓いを貫く時、仏の勇気、仏の智慧、仏の慈悲が限りなく湧き出でてくる。

この誓いに徹し切る時、どんな悩みも変毒為[illegible]し、宿命をも使命へと転じていける。

これが、創価の最極の同志であります。

これが、学会の無敵の陣列であります。

そして、我ら誓願の学会が奉ずる「法華弘通のはたじるし」（御書一二四三ページ）こそ、この大礼拝室に御安置奉った「大法弘通慈折広宣流布大願成就」と、お認めの常住御本尊であられるのです。

私は戸田先生の不二の弟子として、本部の師弟会館で、この御本尊を厳然とお守り申し上げるとともに、一閻浮提への「大法弘通」「慈折広宣流布」の大願成就のために、世界へ打って出ました。

軍国主義と戦い獄中で殉教された、牧口先生の「立正安国」の誓いを、わが誓いとし、平和と文化と教育の大連帯を全世界に開き、広げてきました。

この御本尊の御前で、全同志の健康・長寿とご多幸、人間革命と一生成仏を祈り抜きながら、末法万年尽未来際を見つめて後継の人材の大河を創り、完璧なる令法久住への指揮を執り続けてきたのであります。

そして時は満ち、時は来りて、遂に待ちに待った師弟の大城の完成を見ました。

まさしく法華経さながらに、全世界から地涌の菩薩が勇み来り、広宣流布の御本尊と境智冥合して、久遠元初の大誓願の生命を、昇りゆく旭日のように光らせ、生まれ変わった息吹で出発する黄金の会座であります。

この須弥壇の基底部には、日本の全国四十七都道府県と、世界五大陸の百九十二カ国・地域の石が埋納されております。

我らの祈りは、わが地域から全地球まで包みます。

この大殿堂は、「生死一大事血脈抄」の御聖訓の通り、ありとあらゆる差異を超えて、妙法の世界市民が集い合い、「自他彼此の心なく水魚の思を成して異体同心にして南無妙法蓮華経と唱え」(御書一三三七㌻)、民衆の幸福と安穏、社会の繁栄、世界の平和、人類の宿命転換へ、共々に励まし、誓願へ勇猛精進していく究極の人間共和の宝塔なのであります。

ゆえに本日より、この城を「広宣流布大誓堂」として、世界広宣流布の新時代へ、歓喜踊躍して正義と希望の大前進を開始したいと思いますが、いかがでしょうか!

大聖人は「ちかいし願やぶるべからず」(御書二二三二㌻)と仰せになられました。

我ら創価の家族は、この広宣流布大誓堂ととに、「ちかいし願」をいよいよ燃え上がらせて、いかなる試練も断固と乗り越え、金剛不壊にして所願満足の大勝利の人生を、仲良く朗らかに飾りゆくことを約束し合い、私の記念のメッセージといたします。

（二〇一三年十一月八日、落慶記念勤行会）

法華経本門では、仏の生命は久遠より常住不滅なりと明かされました。

その真髄が説かれた寿量品は「毎自作是念　以何令衆生　得入無上道　速成就仏身」（法華経四九三ページ）と結ばれております。すなわち、「仏は常に、どのようにすれば、衆生を無上の道に入らせ、速やかに仏の身を成就させることができるかと、念じている」というのであります。

要するに仏とは、ただひたすらに民衆の幸福を願い、「万人の成仏」のために、この娑婆世界でたゆまず戦い続ける「一念」であり、「生命」であります。誓願が永遠なるゆえに、仏の生命は永遠なのであります。

日蓮大聖人は、「毎自作是念の悲願」（御書四六六ページ）と言われました。この悲願を離れて、永遠の仏はおりません。

大聖人は、熱原の法難の渦中、若き南条時光に厳然と「願くは我が弟子等・大願ををこせ」（御書一五六一ページ）と仰せになられました。そして、広布の大願に命を捧げていけば、露を大海に入れ、塵を大地に埋めるように、永劫に朽ちることのない大生命となり、仏の大境涯に連なることができると約束くださっております。

この御本仏の仰せに寸分違わず、五濁悪世の現代において、牧口・戸田両先生を先頭に、「大法弘通慈折広宣流布」の大願を起こし、あらゆる三類の強敵と戦い抜いてきた地涌の菩薩の陣列こそ、我ら創価の師弟なのであります。

健気な同志は、いかなる悪口罵詈の迫害も、いかなる宿命の嵐も、断固と勝ち越え、生老病死の苦悩も常楽我浄の大歓喜へと転じてこられました。

広布の途上に逝かれた功労の創価家族の生命も皆、生死不二の法理の上から、この大誓堂の会座に連なっておられることと、私は確信いたします。

我らには「広宣流布の大誓願の御本尊」があります。

我らには「広宣流布の大誓願の師弟」があります。

そして、我らには「広宣流布の大誓願の同志」がおります。

ゆえに、我ら創価の師弟は、広宣流布の大誓願とともに永遠なのであります。

さあ、我らは、異体を同心とする団結で、苦楽を分かち合い、いよいよ明るく仲良く賑やかに、所願満足の大勝利の生命の旅を共々に飾りゆこう！

これからも、忍辱の鎧を着て、勇気の声を響かせ、人類の心を聡明に結び合いながら、この地球上に「立正安国」の楽土を築き広げていこうではないか！

（二〇一三年十一月十八日、創立記念勤行会）

⑦ 後継の友と生命尊厳の未来へ

二〇〇〇年四月二日、アメリカの人権の闘士で「私には夢がある」との名演説で知られるマーチン・ルーサー・キングの母校モアハウス大学において、キングとインドのガンジーの精神遺産を継承する記念式典が開かれました。池田先生は式典にメッセージを寄せ、生命尊厳の哲学を未来に伝え託しゆく大いなる夢を語りました。それは、未来へ世界へ轟きわたる希望の師子吼です。

池田先生の指針

「アメリカ・モアハウス大学での記念式典」へのメッセージ（二〇〇〇年四月二日）

私どもの初代会長、第二代会長も、第二次世界大戦中、日本のファッショ政府に抵抗して投獄されました。その弾圧には、仏教の精神を裏切った堕落の聖職者も加担しました。

そして初代会長は獄死しました。二代会長は、二年間の獄中闘争を経て、戦後の日本で、民衆の「精神の目覚め」の運動を開始いたしました。

きょう四月二日は、その二代会長――私の恩師の命日であります。

恩師には「夢」がありました。それは「この世から、ありとあらゆる『悲惨』をなくしたい」という夢であります。

恩師は生涯、貧しき人、病める人の最大の味方でありました。そして、冷戦のさなかに「地球民族主義」と「核兵器の廃絶」を叫びました。

四十二年前、恩師とお別れしてから、私どもは師の「夢」を「現実」に近づけるために生きてまいりました。

「精神の継承」こそが、人間の人間としての栄光であります。

動物にも「親子」「兄弟」はあります。「夫婦」も「仲間」もあります。しかし、精神を継承する「師弟」は人間にしかありません。

だから、皆様、今、ともに子どもたちに伝えようではありませんか。

「夢をもちなさい！　夢をもつ人は、いつか夢に近づけるでしょう！」と。

ともに子どもたちに伝えようではありませんか。

「障害を乗り越えて進みなさい。あなたたちには『世界をより良くする』エネルギーと、使命があります。その事実を自覚したとき、あなた方は自分の才能を大きく開花させるでしょう。驚くほど強い自分自身になるでしょう！」と。

子どもたちに伝えようではありませんか。

「悪に抵抗しなさい。麻薬にも、暴力にも、悪の誘惑に対しては毅然と『ノー！』と言いなさい。

自分を大切に扱う人に対してでなければ、他人は敬意を示してくれません。そして、自分を大切に扱う人だけが、他人をも大切に扱えるのです」と。

子どもたちは「未来からの使者」です。彼らに語りかけることは、「未来」に向かって語りかけることです。

彼らには、私たちの世代とは違う問題があります。これから、想像さえしなかった問題に直面することがあるでしょう。だからこそ、私たちは、彼らが勇敢に立ち向かえるよう、彼らを応援し、手助けしようではありませんか。

子どもたちに伝えようではありませんか。

「悪を見ながら黙っているのは、悪の味方になることです。『善いことをしない』のは『悪いことをする』のと結果として同じです。あなたが、一つの悪を見逃すたびに、一つの悪の草は、はびこります。

人を『排除』することは暴力です。しかし、悪に対する『無視』も『放置』も『無関心』も、暴力の一種なのです」と。

子どもたちに伝えようではありませんか。

「自分の魂を眠らせてはなりません。自分の中にある同情心やヒューマニズムを『表現』しなければなりません。

行動です！　怠惰や臆病から抜けだして、何らかの行動を始めなさい。

行動にしか『魂の成長』はなく、『魂の成長』なくして『幸福』はないからです。お金では、決して幸福は買えないのです」と。

子どもたちに伝えようではありませんか。

「忘れてはなりません。長い長い『夜』の間に、『光』を掲げながら倒れていった先人のことを忘れてはなりません。前の世代は、苦しんできた先祖のために、そして、あなた方、子孫のために戦ってきたことを」と。

そして伝えようではありませんか。

「子どもたちよ、戦ってきた先輩がいちばんうれしいのは、あなた方が『闘争を受け継ぐ』ことです。

あなた方も私たちと同じく、未来の世代の幸せのために戦いなさい。悩める人のために奉仕しなさい。

そのとき、初めて、わかるでしょう。どうして、私たちが『でっちあげ』と『残酷さ』に囲まれながら、これほど誇り高く生きてこられたかを！

そのとき、初めて、わかるでしょう。私たちが、裏切られても裏切られても、どうして夢を捨てなかったかを！　私たちの行進に向かって、石を投げられても、銃を向けられても、どうして頭をあげて、前進を続けたのかを！

すべて、あなたたちに『すばらしい未来』を贈るためだったことを！」

さらに伝えようではありませんか。

「子どもたちよ、民衆を愛し、偉大な人生を生きなさい！

自分の人生を、闇を照らす『灯台』へと築きあげなさい。後世の人々を導く『道しるべ』へとつくりあげなさい！

そして、二十一世紀、力をあわせて、地球に打ち立ててほしい。

人殺しのない世界を！

だれ一人、『自分は見捨てられた』と嘆く人のない社会を！

『すべての人間の友愛』という光り輝く記念碑を！」と。

池田大作先生の指導選集［下］

広宣流布と世界平和

二〇二一年八月二十四日　発行

編　者　池田大作先生指導選集編集委員会
発行者　松岡　資
発行所　聖教新聞社
〒一六〇-八〇七〇　東京都新宿区信濃町七
電話　〇三-三三五三-六一一一（代表）

印刷所　光村印刷株式会社
製本所　牧製本印刷株式会社

落丁・乱丁本はお取り替えいたします

定価はカバーに表示してあります
ISBN978-4-412-01683-5